不本意入学になる人とならない人の分岐点

－第一志望でなければ不本意なのか－

目　次

序　章

序　章

1. 本書内でみる研究の目的と問題意識

　本研究は，実態としての現代の大学「不本意入学者」の特徴を明らかにすることを目的とする。

　現代の大学「不本意入学者」の実態を問題として設定した背景は，大きく分けて二点ある。一点目は，文部科学省（2015）が現在の日本の大学を，入学者選抜の観点から，「選抜性が高い大学」，「選抜性が中程度の大学」，「選抜性が機能しなくなっている大学」の三つに区分していることや，中井浩一（2007）が，大学全入時代を迎え，今や入試に独自性を発揮できるのは一部私大と国立大だけで，もはや大学が選抜するのではなく，選抜される時代になっていると指摘していること[2]，また，田中義郎（2014）が，「今や選抜は必ずしも機能しているとはいえないが，選択は常になされている」と述べているように[3]，「不本意入学」の発生要因となる大学入試における選抜機能が，大学群によって選抜性が分化する形で変化していることである。もう一点は，樋田大二郎（2001）が1979年と1997年の二度の高校生に対する調査より，「業績主義的な階層構造や生徒の序列化は，中位・下位ランクの高校を中心に変わった。たとえて言うと，正月のお鏡餅のようになった。つまり，高校階層構造は輪切りにスライスされた構造から，密柑であるところの少数の上位校（および一部の中の上位校）とそれ以下の餅の部分の二極化された構造になった」と述べていることや[4]，耳塚寛明（2007）が，1990年代に高校生文化が多様化したとはいえ，上位校の生徒文化は維持されていると指摘しているように[5]，高校生の進学に対する意識や，受験する入試形態が，高校の進学レベルの階層によって，分化していると考えられることである。このように，大学「不本意入学」の発生前となる高校の構造や高校生の意識，および，大学「不本意入学」の発生に直結する大学入試の選抜性が変化していることから，「不本意入学」の中でも特に現代という時期に問題意識を持つことが，「不本意入学」の予防や緩和・解消に寄与し，大学生の学生生活の充実につながると考えられる。

　入学試験とは，一定の入学者を選ぶために入学志願者に対して行う試験（『デジタル大辞泉』（2018））であり，入学者志願者が募集人員を上回った場合，入学志願者の中から合格者を選抜する機能を持つ。天野郁夫（1982）は，「教育的選抜の基本的な構造として，高い社会的地位を獲得する人々の対極にそれをはるかに上回る数

の失敗した人々が生産されていく」と述べ、中澤渉（2015）は、「競争である以上、
必ず敗者が出る」と指摘している。入学試験は、入学志願者からの選抜によって一
定の合格者と多くの不合格者を生み出しているのである。実際に、2018（平成30）
年度の大学入試の場合を見ると、国公私立大学受験者4,438,252人のうち、30.6%に
あたる1,356,219人が合格している一方で,69.4%にあたる3,082,033人が不合格となっ
ている（表0-1）。

表0-1　国公私立大学　合格者と不合格者の人数と割合（%）

	募集人員	志願者数	受験者数	合格者		不合格者		実質倍率	入学者数
				人数	割合	人数	割合		
国立大学	95,404	375,827	281,597	105,824	37.6%	175,773	62.4%	2.7	98,120
公立大学	30,724	163,627	122,280	40,198	32.9%	82,082	67.1%	3.0	32,501
私立大学	478,001	4,196,461	4,034,375	1,210,197	30.0%	2,824,178	70.0%	3.3	483,622
合計	604,129	4,735,915	4,438,252	1,356,219	30.6%	3,082,033	69.4%	3.3	614,243

出典）文部科学省『平成30年度　国公私立大学入学者選抜実施状況』＜http://www.mext.go.jp/
b_menu/houdou/31/03/1414952.htm＞（2019年4月18日アクセス）より作成。

　もちろん、この数値は実人数ではなく延べ人数であること、また、桐山雅子（1997）
の「日本中の大学がランク付けされている中で、受験生は難しい大学、実力程度の大
学、滑り止めの大学を受験する」という指摘にあるように、多くの受験生は何校でも自
由に受験できる私立大学を中心として、合格することが難しい、すなわち、合格の可能
性が低いとわかっていながら受験する大学が一定の割合であるため、不合格者の割
合が合格者の割合に比べ実態以上に高くなっている。しかし、これらのことを差し引い
たとしても大学入試全体から見た場合、選抜によって多くの不合格者が出ていることが
考えられる。また、文部科学省が算出した大学・短期大学の入学数と志願者総数の
関係から算出した合格率は、1991（平成3）年度の64%以降上昇を続け、2002（平
成14）年度は83.4%となっている。それでも16.6%の大学・短大入学希望者がどの
大学・短大にも合格できていないということになる（図0-1）。
　この多くの不合格者を出す入試制度について中澤渉（2015）は、「敗者の負けをど
う納得させるか、いわば煽られた向上心を冷却するシステムの存否が、制度の維持を
左右する。そうでなければ敗者の不満が増幅されるからだ。」と述べている。実際、
入試制度は改変の歴史をたどりながらも制度自体を維持してきた。つまり、この指摘に
したがった場合、敗者の多くはたとえ不満があっても負けたことを受入れ納得している

という解釈が成立する。

　ここでいう勝者とは合格者であり，敗者とは選抜試験の不合格者を指すが，一般的に，合格者は満足という肯定的な感情を持ち，一方の不合格者は不満足という負の感情を持つことが考えられる。

　しかし，実際には，寺﨑昌男（2006）の「不本意入学者というのを日本の大学がたくさん抱えていることはもともと否定できない事実である。今いる大学が，本当に自分の入りたかった大学であるかどうかということについて，彼らに自信がないと思って間違いない」[11]や，寺﨑昌男（2010）の「偏差値的に上のレベルになればなるほど，よそへ行きたかったと思う率が高い。（中略）日本の大学は不本意入学，不本意学生だらけである」という指摘[12]，また，桐山雅子（1997）は，前述のランクに応じて滑り止めの大学を受験校の1／3程度入れるという指摘から，「どの大学にも，自分の大学に入学したことを不本意に思う学生がいる。大学に入学したことに不満な学生が1／3ぐらいの割合になっている」と述べている[13]。このように，敗者は選抜試験の不合格者だけでなく，勝者であるはずの合格者や入学者の中にも一定の割合で存在することが考えられるのである。したがって，選抜による合格者や入学者を単純に勝者と考えることには疑問が残る。

　前述の桐山（1997）の指摘や，川口洋一（1997）が「多くの受験生は第一志望校を含めて数校を受験している」と述べているように[14]，受験者の多くは，偏差値によるランク付けに沿って第一志望，第二志望，第三志望というように受験する各大学・学部等に対して志望順位をつける。従って，自分自身の現状の偏差値では合格することが難しいと考える大学に合格し入学した場合は満足度が高く，自分自身の偏差値よりも低い滑り止めの大学に合格し入学した場合は不本意感を持ちやすいことや，第一志望校に合格すれば満足度が高く，第二志望以下での合格の場合，志望順位が低いほど満足度が低いという志望順位と満足度の関係が成立することが考えられる。全国大学生活共同組合連合会が大学生に行った調査によると，「今の大学・学部は第一志望か」という質問に対して，大学が第一志望と回答した割合が概ね60%前後，学部を第一志望と回答した割合が概ね80%前後で推移し，大学よりも学部の第一志望率が20%程度高い傾向にあることがわかる（図0-2）。また，男女別では，男子よりも女子の第一志望率が高く（図0-3），通学形態別では，下宿生よりも自宅生の第一志望率が高い傾向がそれぞれ見られた（図0-4）。

　このように，大学入学に対する第一志望率の割合から見た場合，第二志望以下で入学する者が全体では40%前後いることから，大学に対して不本意感を持って入学した者が，志望率からだけで見れば40%前後の割合で存在している可能性があるということになる。

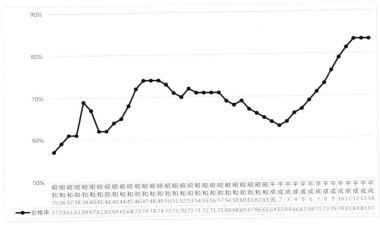

図0- 1　大学・短大合格率の推移

出典）文部科学省『大学・短期大学の規模等の推移』＜http://www.mext.go.jp/component/b_menu/shingi/giji/__icsFiles/afieldfile/2018/12/18/1411920_022.pdf＞（2019年5月8日アクセス）より作成。

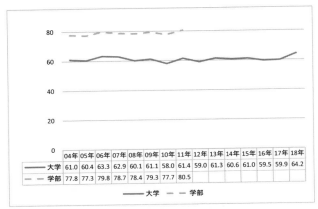

図0-2　第一志望率の推移（大学・学部別）

出典）全国大学生活共同組合連合会『学生の消費生活に関する実態調査（第40回〜第54回）』より作成（大学第一志望率：2004年〜2018年）[15]。

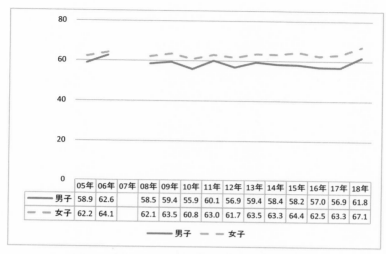

図0-3　大学入学に対する第一志望率の推移（男女別）

出典）全国大学生活協同組合連合会『学生の消費生活に関する実態調査（第40回～
　　　第54回）』より作成[(16)]。

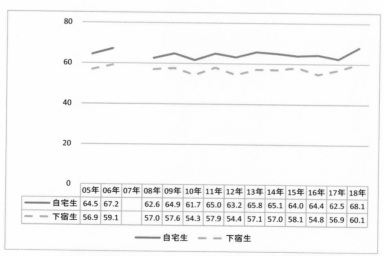

図0-4　大学入学に対する第一志望率の推移（通学形態別）

出典）全国大学生活協同組合連合会『学生の消費生活に関する実態調査（第40回～
　　　第54回）』より作成[(16)]。

　では，第一志望校に合格すれば満足度が高く，第二志望校以下での合格の場合，満足度が低く「不本意入学」となると考えてよいのだろうか。確かに，これまでの研究を見ると，小林哲郎（2000）は「不本意入学」の要因として，「第一志望不合格型」があることを指摘している。[17] また，神林博史（2014）は，小林（2000）の「第一志望不合格型」に依拠し，第一志望校不合格者を「不本意入学者」とみなし，「不本意入学者」の特徴を分析している。[18] 一方，近田政博（2016）は，第一志望でない大学への入学を「狭義の不本意入学」，第一志望でない大学，かつ，第一志望でない学部・学科への入学を「広義の不本意入学」として，「不本意入学」の概念を整理している。[19] さらに，伊藤美奈子（1995）は「不本意入学」の指標として，受験時の第一志望と所属大学への満足感を採用している。[20]

　このように，第一志望校に合格できず，第一志望ではない大学に入学することを「不本意入学」として定義した先行研究が複数見られる。しかし，山田剛史（2009）が，「近年，学生の進学に対する意識が変わってきている。従来であれば第一志望か否かという指標は，ある程度満足度と関連していたが，志望度と満足度が直接つながらない学生も増えている。8割近くが肯定的な回答をしているが，特に『まあ満足して進学した』と回答している学生の中には，多様な背景が含まれていることが考えられる」と述べていることや，[21] 森朋子（2013）が，「不本意入学といっても，学びたい内容，大学ブランド，大学の所在地などのいくつかの要因が複雑に組み合わさることから，不本意のレベルはいろいろである」と指摘しているように，[22] 第一志望校の不合格者を「不本意入学」として捉えることには疑念が残る。そこで，本研究では，「不本意入学」は志望順位に依存するのかどうかを第一の問いとして設定し，第2章，および，第4章の調査分析において検証する。次に，第一の問いの検証を踏まえ，第二の問いとして不本意感を発生させる要素は何であるのかについて調査分析を行ない，本来，選抜試験の勝者であると考えられる合格者の中になぜ不本意と感じる者がいるのかについて検討する。

　一方，辞書における「不本意」と「入学」の意味を確認すると，「不本意」は，「本意でないこと。望むところでないこと」（『広辞苑（第七版）』（2018））とあり，「本意」は「不本意」の説明するための言葉として記述されている。また，「入学」については，「新たにその学校に入って，児童・生徒・学生となること」（『広辞苑（第七版）』（2018）），

「ある学校の新しい児童・生徒・学生となること」(『デジタル大辞泉』(2016))とある。つまり,「不本意」と「入学」の意味をつなげると,「本意,もしくは,本来の意思ではないある学校に入って学生となる」ということになる。望月由起(2007)は,「本当はこの大学に入るのが希望ではなかったが,仕方なく来たというように,不本意な感じをもちながらの入学を示すものである」[23]と「不本意入学」を定義しているが,これは,辞書的な意味と一致しているといえる。

したがって,本研究では,第一志望か否かについては,不本意の定義からは外し,いくつかの要因が複雑に組み合わさる不本意を先行研究では見られない「本意ではない」という直接的な用語でまとめた上で,山田剛史(2012)が「不本意入学者」に関する調査指標として用いている「満足していない」[24]を,「本意ではない」という直接的な用語を補完し,「入学する大学に対して本意ではない(満足していない)」を,本研究における「不本意入学」の定義として設定したい(図0-5)。

以上,本書では設定した問いに対して,
1. 大学入試制度と学校歴社会の問題
2. 教育の大衆化の問題
3. 受験生(高校生)のアイデンティティ確立度と高校における進路指導の問題
という3つの問題設定を行い,先行研究,ならびに,量的調査と質的調査を組み合わせた実証研究による検討を行う。

これらの問題意識から問いに対する検討を行っていくにあたって,本研究における「不本意入学」の対象とする範囲について明確にしたい(図0-5)。

まず,時代区分であるが,「現代」を対象とする。前述の通り,大学入学者選抜機能が,大学群によって分化し,また,入試を受験する高校生の進学意識や,受験する入試形態が高校の進学レベルの階層によって分化する形で変化していることから,「現代」という時期に問題意識を持つことが,現在の大学生や今後,大学進学を目指す高校生等の「不本意入学」の予防や緩和・解消に寄与すると考えたためである。

次に,時間軸について,本研究では,大学入試と大学入学という接続時点,すなわち,大学入試を経て不満な気持ちを抱えたまま学校に入学する時点における大学「不本意入学者」を対象とした。そのため,調査はすべて大学入学直後の4月に実施し「不

本意入学者」の入学時の不本意感にアプローチした。前述した望月（2007）が定義した「不本意入学者」からは，入学を希望していた以外の学校に，本来は入学したくはなかったが最終的に入学することを選択した者であることがわかる。つまり，入学することに対して抱く不本意感の時間軸は入学することを決めた時点から実際に入学する時期までと考えることができる。小林哲郎（2000）の「実際には，不本意感を抱きながらも，クラス・サークル等での友人関係を支えにしたり，その学問に興味を持つことができて，やがて，その不満が解消したりやわらいだりする学生が多い」[25]や，伊藤美奈子（1995）の「不本意感は状況により変化の可能性がある」という指摘に見られるように，[26]もともと不満を抱えて入学した者と，期待を持って入学したが入学後早々に失望した者とでは不本意感の質が異なる。したがって，「不本意入学者」の不本意感にアプローチするためには，「不本意入学者」の入学することを決めた時点から実際に入学する時期までとする時間軸を，検討を行う期間として設定する必要性があると考えられる。

　また，教育機関については大学を対象とした。大学「不本意入学者」に着目したのは，高校への「不本意入学者」であれば，天野郁夫（1982）が「教育制度内でのいわば敗者復活的な上昇移動の道を残していた」と指摘しているように，[27]高校入試の敗者は大学入試でのリターンマッチが可能であるのに対し，大学入試の敗者の場合，大学院や学部編入の道は残されてはいるものの，上昇移動の道は高校入試における敗者と比較すると細く，現状では，多くの敗者にとって大学が開かれたリターンマッチを可能とする最終の教育機関と考えることができるからである。したがって，教育を受ける多くの者にとって，社会に出る前の実質的な最終教育機関に対する現代の「不本意入学者」にアプローチすることが「不本意入学者」の本質に迫り，設定した問いを解明することにつながると考えた。

　最後に，大学の中でも，不本意の対象を「大学」に焦点化した。不本意の対象としては，大学の他に，学部・学科等が考えられるが，豊嶋秋彦（1989）の「学部不満者が常に少ない」という調査結果や，[28]第1章で論じる学歴重視の議論が，卒業した「大学」そのもの自体を問題の対象としていることから，「不本意入学」の発生要因にアプローチする手法として対象を「大学」に焦点化することは有効であると考えたためである。

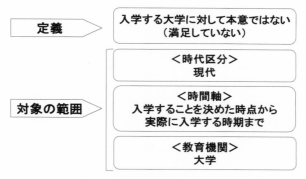

図0-5　本研究における不本意入学の定義と対象の範囲

2. 研究の方法

　本研究においては，アンケート調査（質問紙調査法）による量的分析と，半構造化インタビュー調査による質的分析によって，問いに対する検証を行なった。また，第4章の一部の調査では質問紙調査法と半構造化インタビュー調査を組み合わせた混合研究法による分析を行った。中村高康（2012）は，混合研究法について，「アンケート調査データなどの量的データを分析する方法とインタビュー記録や観察記録といった質的データを分析する方法を単一の研究の中で組み合わせた研究方法である」と定義付けている。また，中村高康（2007）は，量的方法と質的方法のミックスについて，「単一の研究においてミックスする」，「研究課題（リサーチ・クエスチョン）に応じてミックスする」，「各方法の利点を生かし，弱点をカバーするようにミックスする」，「方法技術だけでなく，問題設定から結論の推論段階まで含めてミックスする」の四点のようにミックスすることを指していると述べている。一方，川口俊明（2011）は，混合研究法が必要とされる理由について，量的調査，あるいは質的調査だけでは答えることのできない問いに答えることができること，よりよい推測を行うことが可能になること，二つの調査の違いから，現実の複雑さを理解できる可能性が増すこと，の三点をあげている。さらに，中村高康（2010）が「量的調査のあとの質的調査は，量的データの分析に対しての質的データが解釈の指針を与える」と指摘していることや，長谷川誠（2016）が，混合研究法を採用する目的として，アンケート調査の結果をインタビュー調査で補完し，説得的に論じることで実態に迫ることを強調していることなどから，本研究では，混合研究法の中の量的データを説明する目的で質的データを用いる分析手法を採用

した。

　また，アンケート調査，インタビュー調査にあたっては，被験者に対して実施前に，個人が特定されないことや論文への記載という研究目的のみで利用することを伝え，同意を得た上で実施した。

3. 本書の構成と要旨

　本書の構成と，その要旨は次の通りである。なお，依拠した先行研究の文献名等については，各章の注に記載している。

第1章　メリトクラシーと不本意入学の萌芽

　第1節　大学入試を取り巻く構造

　　1. 選抜・配分機能

　　　　まず，「不本意入学」が発生する背景には，学校の役割の一つである「選抜・配分機能」と大学入学者選抜が生み出す不合格者の不満があることを指摘する。その上で，大学入試における合格者数・不合格者数・浪人数等の推移から不満を持つ者の行動過程を整理する。

　　2. 大学入試における公平性の検討

　　　　次に，不満を持つ者は，皆が納得できる公平性を担保した入試システムは存在しないことをうすうす知りつつも，これまでは，一斉に同じ条件で試験を実施してきたという形式的な公平性の神話によって，一応，結果を受け入れてきたが，特別入試（推薦入試，AO入試等）[34]の拡大や大学全入化によって，形式的な公平性の神話が崩れてきていることを，大学入試における一般入試と推薦入試，AO入試の入学者数の割合推移等を概観しながら述べる。

　　3. 受験機会が限定された入試制度

　　　　受験回数が制限された一斉試験がその後の人生を大きく左右してしまうことが，大学入試制度に対する敗者の不本意感を生み出している可能性について，中村高康（2012c）の統一試験政策の主張等に依拠しながら統計データを用いて論じる。

　　4. 努力主義と選抜システム

　　　　マイケル・ヤング（1982）が提唱したメリトクラシーを構成する能力と努力と選抜システムとの関係に着目し，日本の努力主義の変遷について整理し，選

抜の敗者となり不満を持つ者が，失敗の要素を何に求める傾向があるのかについて，バーナード・ワイナー（1971）の原因帰属の理論に依拠しながら論じる。

第2節　学校歴社会が形成するメンタリティ

1. なぜ学校歴は重視されるのか

学歴にはタテの学歴とヨコの学歴があり，日本ではなぜヨコの学歴である学校歴が重視されるのかについて，日本の学歴主義は官僚の任用制度とのかかわりで生まれ，産業界（特に企業）がシグナリング理論やスクリーニング仮説を採用したことで強固なものになったことについて論じる。そして，ヨコの学歴が獲得できなかった場合，タテの学歴だけは獲得しておきたいというメンタリティが「不本意入学」につながる可能性と，学歴主義の成立過程から男子と女子では学歴観が異なることについて指摘する。

2. 資格試験と選抜試験

選抜試験と資格試験の違いについて説明し，日本では，最終的に絶対評価である資格試験に合格することで資格や免許を取得できるとしても，それ以前に，相対評価である選抜試験の勝者となる必要があるケースについて論じる。

また，「1」に関連して，シグナリングやスクリーニングの効果は，教育内容と資格試験を経た職業が接続し人的資本の要素が強い学部系統では小さく，「不本意入学」となりにくい一方で，教育内容と（資格試験等がなく）職業とが直結しない人的資本の要素が弱い学部系統ではシグナリングやスクリーニングの効果が大きくなり，「不本意入学」となる割合が高まる可能性を論じる。

第2章　大学入試の大衆化と不本意入学の問題

第1節　大学進学率の変化がもたらしたもの

1. 大衆化による教育問題

はじめに，教育の大衆化の定義を確認し，次に，教育の大衆化の背景，特徴，問題点から，「不本意入学」との関係を整理する。

2. マス段階における不本意入学者

　　　　マーチン・トロウ（1976）の高等教育の発展段階から日本の大学進学率
　　　上昇の過程で大学進学の意味がどのように変化してきたのかについて整理す
　　　る。次に，偏差値による細やかな傾斜的配分システムという竹内洋（1995）
　　　の理論を土台として，「不本意入学」の問題についても大衆化に起因してい
　　　る可能性に触れ，トロウのマス段階における「不本意入学者」の実態につい
　　　て，岩井勇児（1984），豊嶋秋彦（1989），桐山雅子（1997）等の先行研
　　　究を整理する。

3. 不本意入学者層の変動−不本意就学者の拡大

　　　　はじめに，高等教育がマス段階からユニバーサル段階に移行した後の「不
　　　本意入学者」について，江原武一（1983），寺﨑昌男（2006, 2010），川嶋
　　　太津夫（2006）らの先行研究を整理しながら，大学進学率が50%を超えた
　　　段階で，「不本意入学者」が依然として存在し，一方で，「不本意就学者」
　　　が増加していることについて論じる。また，伊藤美奈子（1995），近田政博
　　　（2016）の先行研究から，「不本意入学者」，「不本意就学者」の定義が
　　　複数あることを指摘する。

第2節　不本意入学者の実態

　　　　第1節で示した先行研究における大学「不本意入学者」の量的規模の状
　　　況を踏まえた上で，現代の「不本意入学者」の実態について，「関西地区の
　　　中堅私立大学の不本意入学者」の調査事例から，「不本意入学」が志望順
　　　位に依存するのかどうかについて，学習動機づけの要因との関係から検証した
　　　上で，「不本意入学者」の特徴を整理する。

第3章　高校生のアイデンティティと高校の進路指導

第1節　社会化と高校生のアイデンティティ

　　　　学校の役割の一つに社会化（志水宏吉（2010）の分類を引用）の機能が
　　　あることを示し，エリク・ホーンブルガー・エリクソン（1973）の自我同一性（社
　　　会性の確立度と自我の確立度）の理論，および苅谷剛彦（1986, 1991）の自
　　　己選抜機能の理論から，青年期においてなりたい自分となれる自分の折り合いを
　　　つけることが求められていることについて論じる。

第2節　高校の進路指導とメリトクラシーの再帰性

1. 相応の志望校選定

　　学習指導要領における進路指導の定義を示した上で，進路指導を含む日常の学校教育活動の中には，規範的期待水準の中で「相応」の志望校選定を行う自己選抜の機能が張り巡らされていることを論じる。

2. 自己選抜機能の揺らぎ

　　1989年の学習指導要領の改訂で「新学力観」が示されて以降，興味・関心・態度や，入れる大学よりも入りたい大学という本人の主体的進路選択が重視される方向にシフトしたことで，1990年代以降，自己選抜機能に揺らぎが発生している可能性について述べる。また，このような社会の変化の中で，学校制度が整備されて以降，続いてきた業績主義を標榜するメリトクラシー社会が揺らぎ，中村高康（2011）が提唱するメリトクラシーの再帰性，本田由紀（2005）が提唱するハイパー・メリトクラシーというポスト近代型能力が必要とされるようになったが，推薦入試の拡大という入試制度の変化，および，18歳人口の減少という少子化の中での進学意識や進学行動における高校の階層構造の変化によって，「不本意入学」の質が，従来の進学校と，進学中堅校を含む従来の進学校以外との間で分化している可能性を論じる。

3. 現代の高校の進路指導

　　現代の進路指導は，進路意識のベクトルが異なる生徒が増加し個別指導にシフトしている状況に触れた上で，大学入試を視野に入れた進路指導では，進路観の育成を掲げ子どもの社会化を目指す教育を行いながらも，実際は「進路保障」に重きを置いた配分機能（受験者本人が行きたい学校よりも合格できる学校を受験するように指導）が重視され，そのことが「不本意入学」発生の一つの要因となっている可能性を指摘する。

第4章　大学不本意入学者の特徴に関する実証分析

第1節　不本意入学者が依拠する合否を決める要素に関する調査

　　はじめに，「不本意入学」が志望順位に依存するのかどうかについて，受験生が重視する合否を決める要素との関係から検証する。

　　次に，第1章の努力主義に関するこれまでの研究を踏まえ，「不本意入学者」と「本意入学者」の比較から，「不本意入学者」が選抜試験の合否結果として，努力を重視する傾向が見られるのかどうかについて検討する。

第2節　出身高校の属性による特徴と高校生活の振り返りに関する調査

　　はじめに，「不本意入学」が志望順位に依存するのかどうかについて，大学新入生の高校生活の振り返り調査との関係から検証する。

　　次に，第2章の教育の大衆化によって，偏差値による傾斜的配分システムが確立し（竹内洋，1995），このシステムによって子どもたちは，もう少し頑張れば一つ上のランクの学校に手が届くと焚きつけられている中で，大学新入生の高校生活の振り返り，および，進学校出身者と非進学校出身者という高校における二つのタイプの所属集団から「不本意入学者」の特徴について分析を行う。

第3節　不本意入学者のアイデンティティ確立度の特徴に関する調査

　　はじめに，「不本意入学」が志望順位に依存するのかどうかについて，アイデンティティ確立度との関係から検証する。

　　次に，第3章の自我の確立度と社会性の確立度を計測する項目から，「不本意入学者」の特徴について，「本意入学者」との比較から検討する。

第4節　不本意入学者の出願行動から見た自己選抜に関する調査

　　第3章で言及した自己選抜機能について，国立大学入学者の出願決定時期のケースから，「不本意入学者」の特徴を検討する。

第5章　本書内で扱った研究から得られた知見

　　本章での議論，および各調査分析を踏まえ，大学「不本意入学者」の特徴を序章で示した問いに対する答えとして総括し，本書内でみる本研究の結論を述べる。

補論　大学不本意入学者の予防と緩和・解消に向けて

　　本研究から得られた知見より，大学入試改革による入学機会の拡大が「不

本意入学者」の減少につながる可能性について論じる。また、「不本意入学者」
の予防策と緩和・解消策について検討する。

第1節　不本意入学の予防策①−学校教育活動の観点より

1. バンディング型習熟度別編成の推進

　　　第4章第2節の出身高校の属性に関する調査分析からは、進学校出身者
のうち、特に、高校での成績が中下位層に位置していた者は、準拠集団で形
成される規範的期待水準の大学に合格することが難しく「不本意入学」とな
りやすい可能性が示唆された。この自分の成績とはかけ離れた難易度の高い
大学に合格したいというアスピレーションを、本人が納得するプロセスで現実レ
ベルまで冷却させる施策として、学級単位でのバンディング型習熟度別編成を
推進する有効性について、耳塚寛明ほか（1981）や菊地栄治（1987）等
の主張に依拠しながら論ずる。

2. プランドハップンスタンス・セオリーを重視した進路学習の可能性

　　　将来の予測がより困難となる社会で偶然の機会を受け入れるレディネスを身
につける進路指導と進路学習の必要性について、ジョン・クランボルツ，アル・
レヴィン（2005）のプランドハップンスタンス・セオリー（計画的偶発性理論）
に依拠しながら論じる。

第2節　不本意入学の予防策②−大学入学者選抜制度改革からの視座

　　　第1章では、受験機会が制限されていることが現在の入試制度の問題点の
一つである点に着目した。本節では、文部科学省（2014）や中井（2007）等
が指摘するところの選抜機能を維持している大学群の入試制度改革によって、
一定の大学「不本意入学者」を予防できる可能性について検討する。まず、
国立大学、私立大学共通の事項として、

1. AO入試の可能性

について述べる。次に、国立大学の入試制度の改革として、

2. 外部英語試験の活用

3. 共通テストと個別試験の配点の複数パターンの設定

の可能性について、高校教員へのインタビュー、高校生へのアンケート調査分
析から論じる。

第3節　不本意入学への対処法−緩和・解消策

　　実際の「不本意入学者」に対して，「不本意入学」を緩和・解消できる施策について，豊嶋秋彦（1987），竹内洋（1995）等の先行研究を整理した上で，

1. 大学教育改革の可能性

として，大学における特別クラスの設置の必要性について論じる。次に，浪人や仮面浪人を必要としない大学入学後のリターンマッチのための入試制度改革として，

2. 学部編入学試験の可能性

について述べる。

【注と引用文献】

（1）文部科学省（2015）『高大接続特別部会における答申（案）取りまとめに向けた要点の整理（中央教育審議会高大接続特別部会（第20回）資料1）』< https://www.mext.go.jp/b_menu/shingi/chukyo/chukyo3/siryo/attach/1357609.htm >（2021年6月24日アクセス）。

（2）中井浩一（2007）『大学入試の戦後史　受験地獄から全入時代へ』中公新書ラクレ，12.

（3）田中義郎（2014）「大学入試の世界の趨勢と未来デザインの展望」繁桝算男（編）『新しい時代の大学入試』金子書房，4，104-109.

（4）樋田大二郎（2001）「高校階層構造は変わった−輪切り選抜からお鏡餅選択へ−」『IDE現代の高等教育』2001年4月，427号，34-39.

（5）耳塚寛明（2007）「高校の現在」『IDE現代の高等教育』2007年4月，489号，4-9.

（6）天野郁夫（1982）『教育と選抜』第一法規，212.

（7）中澤渉（2015）「入試と選抜」近藤博之・岩井八郎編『教育の社会学』放送大学教育振興会，10，165.

（8）桐山雅子（1997）「学生相談室からみた現代の学生」東海高等教育研究所編『大学と教育』19，43-44.

（9）合格率＝（大学・短大入学者数／志願者総数）×100（％）で算出している。

（10）中澤渉（2015），前掲書，158.

（11）寺﨑昌男（2006）『大学は歴史の思想で変わる』東信堂，90-102.

（12）寺﨑昌男（2010）「自校教育の役割と大学の歴史−アーカイブスの使命にふれながら」『金沢大学資料館紀要』5，3-11.

（13）桐山雅子（1997），前掲書，43-44.

（14）川口洋一（1997）「最適入学者数確保のための入試合格者数決定法」『学習院女子短期大学紀要』36，70-77.

（15）大学・学部の第一志望率とも，2003年度以前は調査項目になかったため，2004年度以

降の記載としている。また，学部の第一志望率については，2012 年以降，調査項目になかったため空欄としている。

(16) 2007 年は調査項目になかったため空欄としている。
(17) 小林哲郎 (2000)「大学・学部への満足感　学歴・転学部・編入・再受験」小林哲郎・高石恭子・杉原保史 (編)『大学生がカウンセリングを求めるとき』ミネルヴァ書房，4, 61-67. 小林は，不本意入学の要因として，「第一志望不合格型」以外に，「合格優先型」，「就職優先型」，「家庭の事情型」，「学歴目的型」があることを指摘している。
(18) 神林博史 (2014)「本学における不本意入学者の特徴：東北学院大学新入生意識調査の分析」『東北学院大学教育研究所報告集』14, 15-25.
(19) 近田政博 (2016)「高学力層の大学新入生が抱える不本意感と違和感−神戸大学での調査結果から−」『学修支援と高等教育の質保証』学文社，2 章，11-46.
(20) 伊藤美奈子 (1995)「不本意就学類型化の試みとその特徴についての検討」『青年心理学研究』7, 30-41.
(21) 山田剛史 (2009)「大学志望度と満足度」『大学生の学習・生活実態調査報告書』2009 年 3 月，Benesse 教育研究開発センター，第 2 章 (1), 58.
(22) 森朋子 (2013)「初年次セミナー導入時の授業デザイン」初年次教育学会編『初年次教育の現状と未来』世界思想社，11 章，165-166.
(23) 望月由起 (2007)『進路形成に対する「在り方生き方指導」の功罪−高校進路指導の社会学−』東信堂，10-11.
(24) 山田剛史 (2012)「大学志望度と進学満足度」『第 2 回 大学生の学習・生活実態調査報告書』Benesse 教育研究開発センター，第 2 章 (1), 42-43.
(25) 小林哲郎 (2000)，前掲書，62-67. 小林は書の中で不本意入学者を入学時と入学後に分類している。
(26) 伊藤美奈子 (1995)，前掲書，30-41. 伊藤は不本意就学に関する調査時期を 5 〜 6 月で設定し，不本意就学者のタイプとして入学時は不本意感を持っていたが入学後では現状を受容し満足している学生や，入学時は不本意感を持っていなかったが，入学後の現実のキャンパスライフに失望し不本意感を募らせる学生が存在することを指摘している。
(27) 天野郁夫 (1982) 前掲書，197.
(28) 豊嶋秋彦 (1989)「大学生の不本意感と適応過程」『東北学院大学教育研究所紀要』8, 64.
(29) 中村高康 (2012)「調査方法論　混合研究法」酒井朗・多賀太・中村高康編著『よくわかる教育社会学』ミネルヴァ書房，17-5, 186-187.
(30) 中村高康 (2007)「混合研究法」小泉潤二・志水宏吉編『実践的研究のすすめ−人間科学のリアリティ』13 章，236-237.
(31) 川口俊明 (2011)「教育学における混合研究法の可能性」『教育学研究』78 巻 4 号，52-53.
(32) 中村高康 (2010)「高校生の進路選択を見る視点」中村高康編『進路選択の過程と構造』序章，22.
(33) 長谷川誠 (2016)『大学全入時代における進路意識と進路形成』ミネルヴァ書房，17.
(34) 文部科学省は，2021 (令和3) 年度入試からの入試区分について，多面的・総合的な評価の観点からの改善を図りつつ，各々の入学者選抜としての特性をより明確にする観点から，「一般入試」の名称を「一般選抜」，「推薦入試」の名称を「学校推薦型選抜」，「AO 入試」の名称を「総合型選抜」にそれぞれ変更するとしている。本書では，先行研究を概観しながら論ずることに力点を置くため，「一般入試」，「推薦入試」，「AO

入試」の表記を使用する。（文部科学省（2018）『高大接続改革に係る質問と回答（FAQ)』平成30年6月27日＜ https://www.mext.go.jp/a_menu/koutou/koudai/detail/1404473.htm ＞（2021年3月19日アクセス))。

本　章

第1章　メリトクラシーと不本意入学の萌芽

第1節　大学入試を取り巻く構造

1. 選抜・配分機能

　中澤渉（2015）は日本の大学入試について，学業成績を本人の努力の成果とみなし成績をもとに選抜を行うのが公平だという価値観があり，そこには業績主義という考え方が根本にあることを指摘した上で，業績主義を体現する場が，学校を中心とする近代教育制度であると述べている。[1] つまり，学校教育と大学入試は，業績主義を軸に本人の努力，選抜試験，公平性と密接に結びついていることが考えられる。本節ではこのように考えられるつながりと業績主義における被選抜者の行動特性について検討していきたい。

　学校制度が整備される以前の前近代社会では，武士の子どもは武士に，農民の子どもは農民にといったように生まれながらにして将来の職業・地位が決まる身分制度が存在し，能力があっても上昇できない，もしくは自分が望む職業に就くチャンスがない社会であった（図1-1）。カール・マンハイム（1976）は，エリートを選抜する方法として，血縁，財産，業績という三つの原理があると述べているが，[2] 前近代社会は，三つの原理の中の「血縁」がものをいった時代であったことがわかる。

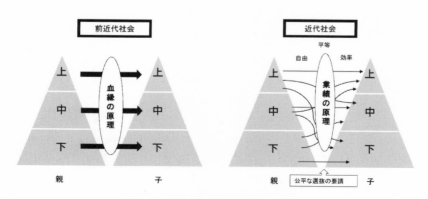

図1-1　近代化と業績の原理の台頭

出典）吉川徹・中村高康（2012）『学歴・競争・人生』日本図書センター　p.19より作成。

　江戸時代の身分制度についてロナルド・ドーア（1970）によれば，士農工商という階級において武士の割合は数パーセントに過ぎない特権的不労所得階級であったこと，また，農工商の差別は厳密に保たれてはおらず，これら三階級相互間の結婚や移動はさほど困難でなかったという。[3] また，武士とその三階級との身分の別を保つことについても，そもそも武士に与えていた教育機会をその他の階級の人たちには与えず，武士は三階級と比較されることから守られていたため何の困難もなかったと述べている。[4] つまり，ドーア（1970）の指摘からは，武士以外の者が将来への希望を持つ時，それは農工商と三階級の範囲内で希望を実現できる可能性があったこと，また，教育についてはそもそも農工商の身分の者は武士の教育内容，または，教育がされていたこと自体を知らなかったため，不満を持つにいたる情報を知らなかったということが考えられる。ただし，一方で，ロナルド・ドーア（1970）が，武士という階級の枠組みでは能力による選択がまったく排除されていた訳ではないと述べていることや，[5] 橋本昭彦（1993）が，江戸幕府の試験制度の研究の中で人材登用や役職任用等の試験の受験者の属性として，ほぼすべての幕臣，およびその子弟たちと指摘しているように，[6] 江戸時代の身分制度は血縁が基本とされてはいたが，武士という階級内の一部で試験を利用しての能力による人材登用があったことがわかる。

　ところが，明治時代以降の近代社会で学校制度が整備されると，身分に関係なく能力があれば社会階層を移動することが可能な業績主義の原理が台頭する。マイケル・ヤング（1982）はこの業績主義をメリトクラシー（meritocracy）と呼んだ。[7] メリトクラシーとは，貴族による支配体制を意味するアリストクラシー（aristocracy）に対して，能力（merit）のあるものによる支配体制を意味するもので，ヤングの造語と言われている（中村高康，2012a）。[8] 近藤博之（2015）は，前者を「何者であるか」を問題にし，後者を「何ができるか」を問題にする違いがあると述べている。[9]

　このように，学校教育の整備は，血縁の原理から能力の原理への移行をもたらす画期的な制度であった。[10] 学校教育によって，自分で職業を選択できる道ができ，個人の自由や裁量が生まれたのである。学校について，吉川徹（2012）は「同年齢の子どもたちを集めて，同じことを教えるという公的なしくみ」と定義しており，[11] この学校の主要な社会的機能・役割として「社会化」，「選抜・配置」，「組織化・正当化」（近藤博之，2015），[12]「社会化」，「配分」（志水宏吉，2010）[13] などが示されている。志水は「社会化」と「配分」の関係について次のように述べている。

「社会化」とは，通常でいうところの教育である。子どもたちを健全な大人に育てていくこと。これを社会学では，個人をその社会の一員として適切な行動をとれる存在に仕立てていくことと考え，「社会化」と呼んでいる。一方の「配分」とは，社会的選抜ともいう。諸個人をその適性や能力に応じて，異なる社会的ポジションに振り分けること。これが，「配分」の機能である。中学校や高校で行われる進路指導は，個人の進路選択をサポートすることと考えられているが，それは客観的には社会的選抜の過程に他ならないのだ。社会学では，個人が身につけた能力や達成した業績によって人生を切り拓いていくことができる社会のことをメリトクラシーが支配する社会と称する。そして，そのメリトクラシーを支える近代的制度が学校システムなのである。[14]

　志水（2010）の指摘は，メリトクラシーを支える学校は，子どもたちが能力や業績によって社会階層を移動することを可能としているが，一方で，結果として身につけた能力や業績に応じて社会に振り分けていく機能を持つことを示している。

　一方，天野郁夫（1982）は「学校はそれ自体が一つの『加熱』と『冷却』の機構として機能しており，人々は学校制度の中にある限り，意志とのかかわりなく，その選抜の過程に参加することを強いられる」と指摘した上で，配分の手段として，もっとも[15]重要な役割を果たしたのが入試であるとしている。[16]つまり，序章でも示した天野郁夫（1982）の「教育的選抜の基本的な構造として，高い社会的地位を獲得する人々の対極にそれをはるかに上回る数の失敗した人々が生産されていく」という指摘と合わせて考えると，入試で能力を証明し選ばれた人たちは，自分の希望する進路を実現[17]することはできるが，選抜され希望進路を実現できる人はほんの一握りであり，その他大勢の選ばれなかった人たちは自分の希望する進路を実現することは難しく，希望以外の進路に振り分けられていくということになる。

　しかし，学校教育の延長線上にある大学入試の場合，加熱と冷却によってストレートに配分されている訳ではない。希望する大学に合格できなかった場合，浪人して翌年度の入試で再挑戦するケースが見られるからである。竹内洋（1995）は「われわれの選抜システムは何回もの選抜が行われていることに着目するならば，棄却物（排除された者）をさらに精練（再加熱）し熱源にする再循環構造に着目すべきである」と述べ，加熱と冷却の間に再加熱があると論じている。[18]

　実際，選抜・配分の結果に納得できず改めて選抜に臨む者が，過去の大学入試で多く存在してきた。表1-1は，共通一次試験がはじまった1979（昭和54）年度〜2014（平成26）年度の高校卒業年別大学入学者数と割合の推移を示している。大学に入学した過年度卒（浪人生）の人数と割合に注目すると，最も多かったのは1994（平成6）年度の191,376人で，本表の最新年度である2014（平成26）年度の83,215人の2倍以上の人数となっている。また，現役卒と過年度卒の割合に注目すると1985（昭和60）年度は現役卒が60.9%,過年度卒が38.5%となっている。2014（平成26）年度の現役卒83.9%，過年度卒13.7%と比較すると，1990年代中頃までは現役卒で大学に入学することがいかに困難であったかがわかる。ただし，これらはあくまでも大学に入学した者の人数であり，実際には大学入学を希望し浪人したものの，結局合格できず4年制大学への進学自体を諦めた者がいることが考えられる。佐藤龍子（2007）は，大学進学を希望しても大学に入学できなかった者がピーク時で50万人近くいたことを予備校関係者や受験情報を掲載した雑誌記事の主張として紹介している[19]。実際の正確な人数はわからないものの，大学進学を希望しても大学に入学できなかったものが，浪人して大学に入学できた者の2倍以上存在していたことが窺える。また，大手予備校は一旦大学に入学しても翌年度再び大学を受験する者，いわゆる仮面浪人生が2012（平成24）年度から2017（平成29）年度にかけて年間3万人近くいることを指摘している[20]。

　このように，受験に合格できず浪人した者，もしくは合格したが再受験をした者，すなわち，アスピレーションを加熱したが選抜されず一旦冷却した後，再加熱する者や，たとえ再加熱をしても再び選抜されずに最終的には冷却せざるをえなかった者が多く存在していることがわかる。天野郁夫（1982）は「野心を達成することに失敗した人々が生産されていくというのが，現代の産業社会における教育的選抜の基本的な構造である」と指摘しているが[21]，一方で，「うらみの感情」を残さぬよう，冷却の過程によって失敗した人々を適切な水準まで減らしていかなければならないとしている[22]。この受験生を加熱させた上で「うらみの感情」を残さないように冷却させる過程で寄与してきた，すなわち，希望以外の進路や学校に配分されることを納得させてきたことの一つの要素として，西郡大（2010）が「公平かつ公正な手続きは，選抜システム自体の正当化を示す根拠となってきた。実際，多くの受験者は，合否の結果に対して納得するための根拠の一つとしてきた」と指摘する入試における評価の公平性があげられるだろう[23]。

表1-1　高校卒業年度別　大学入学者数

年度	全体	現役卒		過年度卒(計)		過年度卒(前年卒)		過年度卒(2年前卒)		過年度卒(3年以上前卒)	
	人数	人数	割合	人数	割合	人数	割合	人数	割合	人数	割合
1979（昭和54）年度	407,635	269,308	66.1%	137,269	33.7%	101,279	24.8%	25,745	6.3%	10,245	2.5%
1980（昭和55）年度	412,437	270,982	65.7%	140,298	34.0%	107,607	26.1%	23,122	5.6%	9,569	2.3%
1981（昭和56）年度	413,236	270,944	65.6%	140,902	34.1%	108,779	26.3%	22,926	5.5%	9,197	2.2%
1982（昭和57）年度	414,536	271,160	65.4%	141,809	34.2%	109,840	26.5%	22,684	5.5%	9,285	2.2%
1983（昭和58）年度	420,458	275,504	65.5%	143,029	34.0%	111,426	26.5%	22,763	5.4%	8,840	2.1%
1984（昭和59）年度	416,002	262,109	63.0%	151,742	36.5%	119,137	28.6%	23,963	5.8%	8,642	2.1%
1985（昭和60）年度	411,993	250,705	60.9%	158,810	38.5%	122,203	29.7%	27,564	6.7%	9,043	2.2%
1986（昭和61）年度	436,896	286,700	65.6%	147,194	33.7%	109,037	25.0%	28,532	6.5%	9625	2.2%
1987（昭和62）年度	465,503	301,582	64.8%	160,279	34.4%	126360	27.1%	24761	5.3%	9158	2.0%
1988（昭和63）年度	472,965	299,198	63.3%	169,681	35.9%	129952	27.5%	30149	6.4%	9580	2.0%
1989（平成元）年度	476,786	302,307	63.4%	170,077	35.7%	129,523	27.2%	30,283	6.4%	10,271	2.2%
1990（平成2）年度	492,340	312,119	63.4%	174,827	35.5%	134,319	27.3%	30,490	6.2%	10,018	2.0%
1991（平成3）年度	521,899	330,509	63.3%	184,958	35.4%	141,722	27.2%	32,563	6.2%	10,673	2.0%
1992（平成4）年度	541,604	345,161	63.7%	189,136	34.9%	144,844	26.7%	33,210	6.1%	11,082	2.0%
1993（平成5）年度	554,973	357,552	64.4%	189,526	34.2%	146,718	26.4%	31,420	5.7%	11,388	2.1%
1994（平成6）年度	560,815	360,835	64.3%	191,376	34.1%	146,482	26.1%	32,256	5.8%	12,638	2.3%
1995（平成7）年度	568,576	372,035	65.4%	188,052	33.1%	144,301	25.4%	30,617	5.4%	13,134	2.3%
1996（平成8）年度	579,148	391,246	67.6%	179,682	31.0%	138,641	23.9%	27,925	4.8%	13,116	2.3%
1997（平成9）年度	586,688	409,513	69.8%	168,909	28.8%	130,717	22.3%	25,414	4.3%	12,778	2.2%
1998（平成10）年度	590,743	425,075	72.0%	156,630	26.5%	120,465	20.4%	23,154	3.9%	13,011	2.2%
1999（平成11）年度	589,559	438,638	74.4%	140,782	23.9%	109,657	18.6%	19,186	3.3%	11,939	2.0%
2000（平成12）年度	599,655	463,627	77.3%	123,515	20.6%	95,094	15.9%	16,509	2.8%	11,912	2.0%
2001（平成13）年度	603,953	476,059	78.8%	112,812	18.7%	87,564	14.5%	14,373	2.4%	10,875	1.8%
2002（平成14）年度	609,337	475,133	78.0%	115,712	19.0%	90,340	14.8%	14,714	2.4%	10,658	1.7%
2003（平成15）年度	604,785	466,076	77.1%	120,673	20.0%	94,832	15.7%	15,771	2.6%	10,070	1.7%
2004（平成16）年度	598,331	460,287	76.9%	120,169	20.1%	93,467	15.6%	16,238	2.7%	10,464	1.7%
2005（平成17）年度	603,760	474,544	78.6%	111,752	18.5%	86,253	14.3%	15,022	2.5%	10,477	1.7%
2006（平成18）年度	603,054	492,124	81.6%	95,388	15.8%	72,788	12.1%	12,746	2.1%	9,854	1.6%
2007（平成19）年度	613,613	508,292	82.8%	88,927	14.5%	67,935	11.1%	11,780	1.9%	9,212	1.5%
2008（平成20）年度	607,159	504,545	83.1%	85,007	14.0%	65,140	10.7%	10,928	1.8%	8,939	1.5%
2009（平成21）年度	608,731	508,249	83.5%	81,693	13.4%	62,462	10.3%	10,672	1.8%	8,559	1.4%
2010（平成22）年度	619,119	517,866	83.6%	80,961	13.1%	62,798	10.1%	9,795	1.6%	8,368	1.4%
2011（平成23）年度	612,858	512,617	83.6%	81,228	13.3%	64,409	10.5%	9,382	1.5%	7,437	1.2%
2012（平成24）年度	605,390	508,166	83.9%	80,496	13.3%	63,995	10.6%	9,533	1.6%	6,968	1.2%
2013（平成25）年度	614,183	522,815	85.1%	76,425	12.4%	60,337	9.8%	9,195	1.5%	6,893	1.1%
2014（平成26）年度	608,247	510,381	83.9%	83,215	13.7%	66,305	10.9%	9,813	1.6%	7,097	1.2%

出典）文部科学省『学校基本調査』＜http://www.mext.go.jp/b_menu/toukei/chousa01/ kihon/1267995.htm＞（2019年4月27日アクセス）より作成[24]。

2. 大学入試における公平性の検討

　入試の公平性については，文部科学省大学審議会（2000）での，「社会において
は，学力検査による成績順位に基づく選抜が最も公平であり，それ以外の要素を加味
することは不公平であるという観念が根強く残っており，大学における入学者選抜もこ
のような社会の観念も意識して，学力検査による成績順位に基づく選抜が一般的になっ
ている」という答申や，中村高康（2011）の「産業社会における選抜の基準は近代[25]
的知識・技術の多寡が問われることとなるため，結果として学校を中心とする教育選
抜の手続きの公平性とその結果がかつてないほど重く扱われることになる」という指摘

などから，教育選抜の手続きとしての公平性が日本社会で重視されてきたことが確認できる。また，中村高康（2012b）は入試について，誰もが評価の公平性を信じることができる条件が重要であり，すべての受験者が一箇所に集まって，同じ時間に同じ問題を解く一発勝負の筆記試験が，評価の公平性を維持するための一定の役割を果たしてきたという肯定的な評価の側面について言及している。[27]

　一方，文部科学省大学審議会の答申（2000）では，学力検査による成績順位に基づく選抜が最も公平であるという考え方を「絶対的な公平性」と呼び，公平性をもう少し柔軟に捉え，合理的に許容される範囲内での公平性という考え方を社会全体で受け入れる重要性を謳っている。[28] また，中村高康（2011）は入試制度の多様化の観点から，「公平信仰が強いとされ，学力による競争的筆記試験を教育選抜において重視してきた戦後日本社会にあって，必ずしも公平とは思われてこなかった推薦入学制度が導入され，もはや無視できないほど大きく拡大・普及していった」と実質的な公平性に疑問を投げかけ，[29] 西郡大（2010）も「複数の異なる選抜方法が並存する多様化した大学入試制度の下では，『公平』な手続きによる選抜を実施するのは現実的に不可能なのである」と，現在の大学入試において実質的な公平性を維持することは困難となっていることを示している。[30] さらに，浅井邦二（1983）は，大学入試における反復受験者（現役と浪人一年後に同じ学部の同じ科目を受験する者）と，併願受験者（同じ年度に二つの学部で同じ科目を受験する者）を取り上げ，それぞれの科目の信頼性を相対的に比較したところ，国語と数学の信頼性が低いことを推定し，国語，数学はその時の問題によって良い成績になったり，悪い成績になったりしやすい科目であることを示している。[31] また，中村高康（2012b）は，学力検査による成績順位に基づく一般的な選抜においても，実際の入試の採点基準や配点によって同一問題でも合格者と不合格者が一定の割合で入れ替わることを指摘している。[32]

　ところで，実際の大学入試における同一問題による一斉試験，すなわち，一般入試による入学者の割合を見ると，1994（平成 6）年度から 2018（平成 30）年度の 25年間において国立大学では 80%以上，公立大学では 70%以上を維持しているものの，私立大学では 2007（平成 19）年度入試以降 50%を下回っており（図 1-2），推薦入試と AO 入試の割合を合わせると 50%を超えていることが確認できる（図 1-3）。中村高康（2011）が，「もはや一般入試は『一般』的だとはいえなくなっている」と述べているように，[33] 実際の大学入学者の状況からも同一問題を同じ時間で一斉に試験

を実施するという一般入試が中心の入試体系が崩れ，形式的な入試の公平性の維持が困難な状況になってきていることが窺える。ただし，このような状況は一般入試による入学者割合が70％以上を維持している国公立大学ではなく，50％を下回っている私立大学，その中でも入試難易度の低い大学が該当すると考えられる（図1-4）。実際，西郡大（2010）が国公立大学受験者を中心とした東北地区と東海地区の高校生に実施した調査結果によれば，現在の大学入試制度について公平性が確保された試験制度だと思うと回答した者の割合が47.0％（「そう思う」「少しそう思う」の回答者），そう思わないが19.6％（「あまりそう思わない」「そう思わない」の回答者），どちらともいえいないが33.4％となり，試験の公平性が確保されていると感じている受験生が半数近くを占めている。国公立大学受験生については，依然として入試の形式的な公平性になんとなく納得してきたことが窺われるのである。[34]

　一方，近藤博之（2001）は，不平等研究の視点から，これまでも機会の不平等は一貫して存在しており，今後も変わることがないと述べている。[35]つまり，同一問題の一斉試験を受ける以前にすでに公平性が確保されていないということになる。また，中澤渉（2015）は，大学進学の可否は学業成績という業績によって決まるのが原則であるものの，実際には進学に学費や進学することで放棄する所得のような機会費用等のコストが発生し，そのコストの負担感は出身階層によってかなり差があることから，こうした日本の入試の公平性を「形式的な公平性を重んじてきた」と整理している。[36]

　このように，形式的な公平性に違和感を持ちながらも，一応納得はしてきたものの，矛盾の顕在化によって，違和感が疑念に変化しつつあるのが，入試の公平性に対する現状認識と捉えることができると考えられる。

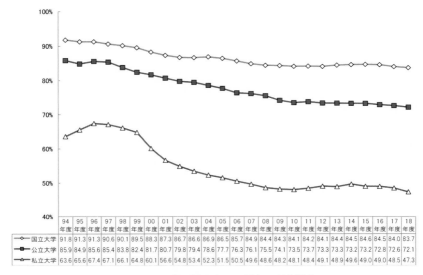

図1-2　一般入試による入学者の割合推移

出典）文部科学省『大学入学者選抜実施状況』＜http://www.mext.go.jp/a_menu/ koutou/senbatsu/1346790.htm＞（2019年4月26日アクセス）より作成。

	94年度	95年度	96年度	97年度	98年度	99年度	00年度	01年度	02年度	03年度	04年度	05年度	06年度	07年度	08年度	09年度	10年度	11年度	12年度	13年度	14年度	15年度	16年度	17年度	18年度
国立大学	91.8	91.3	91.3	90.6	90.1	89.5	88.3	87.3	86.7	86.6	86.9	86.5	85.7	84.9	84.4	84.3	84.1	84.2	84.1	84.4	84.5	84.6	84.5	84.0	83.7
公立大学	85.9	84.9	85.6	85.4	83.8	82.4	81.7	80.7	79.8	79.4	78.6	77.7	76.3	76.1	75.5	74.1	73.5	73.7	73.3	73.3	73.2	73.2	72.8	72.6	72.1
私立大学	63.6	65.6	67.4	67.1	66.1	64.8	60.1	56.6	54.8	53.4	52.3	51.5	50.5	49.6	48.6	48.2	48.1	48.4	49.1	48.9	49.6	49.0	49.0	48.5	47.3

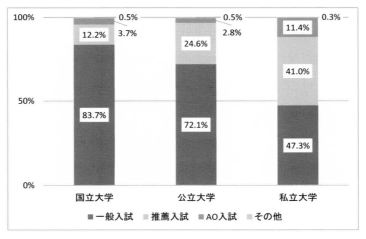

図1-3　2018年度入試　入試形態別入学者の割合

出典）文部科学省『大学入学者選抜実施状況』＜http://www.mext.go.jp/a_menu/ koutou/senbatsu/1346790.htm＞（2019年4月26日アクセス）より作成[37]。

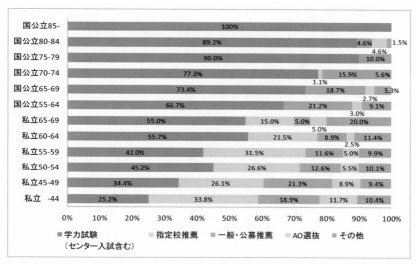

図1-4　国公立・私立別　入学難易度別の大学入学者選抜方法の構成比（中村編　2011　p.135）

3. 受験機会が限定された入試制度

　本節「2」では，同一問題による一斉試験を同じ条件で同じ時間に実施するという形式的な公平性に対して受験生はある程度納得してきたことを論じた。本節では，この一斉試験こそが大学入試制度に対する敗者の不本意感を生み出している可能性について論じたい。

　日本の大学入試について，OECD 教育調査団（1972）は「18 歳のある一日に，どのような成績をとるかによって，彼の残りの人生は決まってしまう」と報告している。[38] また，2014 年 12 月の中教審答申では，日本の大学入試を「18 歳頃における一度限りの一斉受験という特殊な行事が，長い人生航路における最大の分岐点であり目標であるとする，我が国の社会全体に深く根を張った従来型の大学入試」と記している。[39] ここで着目したいのは，一斉試験が 18 歳頃における「一度限り，一日」と，受験機会が限定されていることに言及している点である。中村高康（2012c）は，戦後の日本の大学入試を「統一試験政策」と「多様化政策」の二軸から俯瞰している。[40]

　統一試験政策とは，戦後の「進学適性検査」，「能研テスト」，その後，1971（昭和 46）年の中央教育審議会答申の「今後における学校教育の総合的な拡充整備のための基本的施策について」（四六答申）を経て具現化した 1979（昭和 54）年

からの「共通一次試験」，その共通一次試験を私立大学にも開放し1990（平成2）年にスタートした現在の「大学入試センター試験」を指す。一方，多様化政策とは，文部科学省が1967（昭和42）年の大学入試選抜要項で拡大を容認した推薦入試や，1990（平成2）年に慶應義塾大学湘南藤沢キャンパス（SFC）が日本での皮切りとなったアドミッション・オフィス入試（以下，AO入試）等の一般入試以外での入試方式を指す(42)。このうち，統一試験である「大学入試センター試験」の場合，国公立大学では国からの要請によりほぼ全ての大学で，私立大学では主に国公立大学併願者や大学が立地する以外の地域からの受験生を増やす学生募集の有力な手段として2015（平成27）年度以降は90％以上の大学で採用され（表1-2），毎年50万人以上が受験する全国最大の「統一試験」として，大学入試の中心的存在となっている。

　また，参加大学数の規模とともに「大学入試センター試験」は受験大学の合否を大きく左右する試験として受験生に多大な影響を与えている。なぜなら，国公立大学では一般入試の場合，大きく分けて一般前期日程と一般後期日程という二度の受験機会があり，「大学入試センター試験」の点数と大学個別試験の前期日程，もしくは後期日程の点数の合計点で合否が決定することになっているが，その配点比率を見た場合，各大学の「個別試験」よりも「大学入試センター試験」の配点が大きい募集単位の割合が，一般前期日程では75.2％，一般後期日程では82.8％と圧倒的に多くなっているからである（表1-3）。

　また，一般入試では，二度の受験機会があるといいながらも，分離分割方式が採用されているため(43)，一般前期日程に合格し入学手続きをした者は，一般後期日程を受験することができなくなる。さらに，国公立大学一般前期日程と一般後期日程の募集人員比率は，2019（平成31）年度入試の場合，一般前期日程79.8％，一般後期日程17.9％，一般中期日程2.3％（一部の公立大学のみ）と一般前期日程の比率が高くなっている(44)。したがって，一般前期日程では比較的志望度が高く合格の可能性が見込める大学・学部等に出願し，一般後期日程では，合格を優先し一般前期日程の出願校よりも志望度を落とした大学・学部等に出願するケースが多くなる。

　このように，一般入試は，受験機会が一度しかない「大学入試センター試験」の結果が合否を左右する入試構造となっており，それゆえ「統一試験」である「大学入試センター試験」が受験生に最もインパクトを与える試験となっている。また，一般

後期日程では，志望度の高い大学・学部に出願することは現実的に難しく，実質的に，比較的志望度の高い大学・学部に出願できるのは，一般前期日程のみとなっている。この受験機会が限定された入試制度が，誰もが大学を単一尺度で評価できてしまう大学序列化の形成を加速させていると考えられるのである。

表1-2　センター試験利用大学数と利用率の推移

年度	国立大学		公立大学		私立大学		計	
	利用大学数	利用率	利用大学数	利用率	利用大学数	利用率	利用大学数	利用率
2009（平成21）年度	82	100%	74	98.7%	487	85.0%	643	88.1%
2010（平成22）年度	82	100%	75	96.2%	494	86.5%	651	89.1%
2011（平成23）年度	82	100%	79	100%	504	87.8%	665	90.5%
2012（平成24）年度	82	100%	79	98.8%	509	87.9%	670	90.4%
2013（平成25）年度	82	100%	81	100%	520	90.1%	683	92.3%
2014（平成26）年度	82	100%	82	98.8%	521	89.8%	685	91.9%
2015（平成27）年度	82	100%	84	100%	523	90.2%	689	92.4%
2016（平成28）年度	82	100%	84	100%	527	90.9%	693	92.9%
2017（平成29）年度	82	100%	86	100%	526	90.2%	694	92.4%
2018（平成30）年度	82	100%	89	100%	526	90.1%	697	92.3%

出典）独立行政法人大学入試センター『平成30年度大学入試センター試験利用大学・短期大学数について』（2019年5月30日アクセス）＜https://www.dnc.ac.jp/albums/abm00011303.pdf＞，文部科学省『平成21-30年度国公私立大学入学者選抜実施状況』（2019年5月30日アクセス）＜http://www.mext.go.jp/a_menu/koutou/senbatsu/1346790.htm＞より作成。

表1-3　センター試験配点比と個別試験配点比の関係（募集単位数とその割合）

		国立大学		公立大学		国公立大学（合計）	
		募集単位数	割合	募集単位数	割合	募集単位数	割合
前期日程	センター試験配点＞個別試験配点	1396	75.3%	301	74.9%	1697	75.2%
	センター試験配点≦個別試験配点	459	24.7%	101	25.1%	560	24.8%
後期日程	センター試験配点＞個別試験配点	1089	82.9%	258	82.2%	1347	82.8%
	センター試験配点≦個別試験配点	224	17.1%	56	17.8%	280	17.2%

出典）各国公立大学ホームページの2014年度入試情報にアクセスし集計した。配点パターンを複数設定している募集単位と公立大学の中期日程，および分離・分割方式による入学者選抜には参加していない募集単位は対象外とした。

さらに，入試難易度の面からも，「統一試験」の影響度の大きさが確認できる。中村高康（2011）が，「国公立の最難関大学では学力試験による選抜がすべてである。しかし，私立大学のもっとも入学難易度が低いグループの大学では，やはり学力試験以外の選抜方法が74.8%を占めている。推薦入学に限定した場合でも52.7%である」と指摘しているように（図1-4），「大学入試センター試験」は受験者が多く集まる入試難易度の高い人気大学での利用割合が高い。つまり，現在の大学入試構造は入試

難易度の高い大学のエリート選抜を主眼においた「統一試験政策」の中に，拡大した非エリート的な「多様化政策」を盛り込んでいるのが実態であり，「統一試験政策」と「多様化政策」の2軸は対等な関係とはなってはいない。大学入試はあくまでも「統一試験政策」があっての「多様化政策」の拡大という構図であり，大学入試において勝者となるためには，エリート選抜を主眼においた「統一試験」での成績が重要となるのである。

4. 努力主義と選抜システム

　近代社会で台頭した業績主義をマイケル・ヤング（1982）はメリトクラシーと呼んだが，ヤングはメリット（能力）を構成する要素について，「知能に努力を加えたもの」と定義している。ここで注目したいのは，ヤングが「怠け者の天才はメリットではない」と述べているように，メリットが知能のみではなく努力という要素を含んでいることに言及している点である。[46][47]

　この努力という要素について，中根千枝（1967）は，「伝統的に日本人は『働き者』とか『なまけ者』というように，個人の努力差には注目するが，『誰でもやればできるんだ』という能力平等観が根強く存在している。」と述べ，さらに，「この根強い平等主義は，個々人に（能力のある者にも，ない者にも）自信を持たせ，努力を惜しまず続けさせるところに大きな長所がある。」と，日本社会において努力することがいかに重視されているのかについて論じている。また，苅谷剛彦（1995）は，平等主義を基盤とした努力主義の広まりについて次のように述べている。[48][49]

「生まれ」によらず，だれでも頑張れば「100点」が取れる。どの子にも能力の無限の可能性がある。このように能力＝素質決定論を否定する能力＝平等主義は，結果として努力主義を広め，「生まれ」によらずだれにも教育において成功できるチャンスが与えられていることを強調した。[50]

　麻生誠（1997）も，「わが国では，どちらかというと努力を高く評価する一方，能力や才能それ自体を高く評価して，それを国民の共有財産として育てていくという考え方が極めて弱い」と，日本社会では能力や才能自体の評価を避け，努力することが高く評価されていることを指摘している。[51]

　また，須藤康介（2015）は，小学生に対する調査結果から，小学生の76.5％が誰でも「努力」すれば勉強が得意になれると回答していることを踏まえ多くの児童が強い努力主義を有していることを論じている。さらに，竹内洋（1995）は，中学生に対する調査結果から，高校入試を決める上で「生得能力」（25.2％），「受験技術」（30.3％），「運」（34.3％）よりも「努力」（89.2％）をあげる者がはるかに多いこと（2つまで回答可），および，どんな難関大学でも「努力」すれば合格できると考える割合が50％を超えるという調査結果をもとに，「日本では学力は生まれつきの能力ではなく，頑張り，つまり『努力』によって学力を向上させることができるという学習文化が強く存在している」という「努力」・「頑張りズム」を受験との関連性から指摘している。実際に，「努力は実る」をスローガンとして掲げる大学受験のための大手予備校も存在している。また，吉川徹（2012）は，今から30年以上前の1980年代については，大人も子どもも，努力すれば目指した仕事に就くことができて，しかもその仕事を何十年も続けることができると信じていた時代であり，この時代は，子どもたちが親世代よりも高学歴になっていく途上にあったため，若い世代は努力次第で大人たちには思いもよらない輝かしい将来像を実現することが実際に可能であったと述べている。

　一方，志水宏吉（2010）はイギリスの学校との比較の観点から，「日本の学校では『能力』差があらわになることは極力避けられ，『努力』によって何とかなる側面が称揚されることが多い」と分析し，恒吉僚子（1992）はアメリカ教育との比較から，日本では「生まれつきの能力差は存在しないか，たとえ存在しても努力や環境などの後天的なものに比べれば問題にならない」と述べている。これらの指摘からは，英米と比較という観点から見ても，日本の努力主義が根強いことを示している。

　しかし，竹内洋（1995）が，「能力観が選抜システムによって構成されるのと同じように，努力観も選抜システムによって構成されている」と述べているように，現実には，努力をしても選抜される者とされない者，すなわち，勝者と敗者がそれぞれ必ず出る。前述の吉川（2012）の努力次第で輝かしい将来像を獲得できるとされた時代も，選抜される者の割合が増えるだけであって，選抜されない者が多く存在するのが選抜システムだといえる。

　また，日本の努力主義が根強い背景の一つとして，日本の学校制度が持つ特徴が考えられる。文部省（1970）が，「第2次世界大戦後，わが国は，教育の機会均等の理念の実現のため，6・3・3・4制のいわゆる単線型の学校制度を採用した」と述

べているように，戦後，日本の学校制度は，戦前のドイツやイギリスなどの分岐型から
アメリカなどが採用する単線型に移行した。ラルフ・ターナー（1963）は，単線型の
学校制度をアメリカと見立て，社会上昇の手段としての競争移動，分岐型の学校制度
をイギリスと見立て，エリート文化の育成としての庇護移動という理念型を提示した。ま
た，競争移動については，エリートの地位が公開競争によって得られ，それは志願者
自身の努力次第で獲得できるようになっていると述べている。つまり，戦後，日本が採
用した単線型の学校制度は，制度上，成績さえよければ社会上昇できる，すなわち，
大学進学についていえば有名大学等の希望する大学へ進学できるチャンスが，実際
に受験する時期まで残されている制度ということになる（図1-5）。また，単線型の学
校制度は分岐型と比べ，現実との乖離がどれほどあろうとも，努力することによって希
望する大学に進学できるかもしれないという夢を持たせやすく，アスピレーションを高く維
持したまま受験本番を迎え，受験の結果を不本意と感じる者の割合が高いことが考え
られる。

　もちろん，藤田英典（1980）が，「法制的に生徒の進路を限定するということはない
にしても，実質的にどのコース（学校）に入るかによって，その後の進路選択の機会
と範囲が限定される」と述べているように，実際には，トラッキングによって単線型の学
校制度の中に分岐型の要素が入り込んでいるため，どの高校に進学しても，入学を希
望する大学に全く同じ確率で合格できる訳ではない。ここで述べたいのは，単線型の

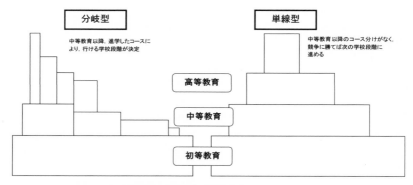

図1-5　学校制度　分岐型と単線型の比較（イメージ図）
中澤渉（2015）「入試と選抜」近藤博之・岩井八郎編『教育の社会学』放送大学振興会，10，
164-165を参考に筆者作成。

学校制度は分岐型と比較した場合，法律上の制度に縛られていないため，希望する進路先の道が閉ざされていないということである。

　したがって，単線型の学校制度は，希望する大学に合格できなかった時にアスピレーションを急速に冷却させることが，分岐型と比較した場合難しくなり，結果を受け入れにくくさせ不本意という感情を生まれやすくさせていることが考えられるのである。

　ここで，「不本意」と「努力」関連について，別の角度から見ていきたい。不本意という言葉を国語辞典で確認すると，「自分の本当の望みとは違っていること」（『デジタル大辞泉』（2015）），「自分の本当の気持ちと違うこと。希望とは異なること」（『大辞林 第三版』（2015））という記載にある通り，負の感情を示す言葉であることがわかる。従って，大学受験結果に対して成功したのか，または失敗したのかという区分で考えた場合，「不本意入学」は少なくとも大学に入学する本人の感情としては，自分が目指した，あるいは他人に与えられた目標が達成できない失敗という区分に属すると考えられる。[62]

　この失敗について，波多野誼余夫・稲垣佳代子（1981）は，失敗そのものより，その失敗を何のせいにするかが決定的であり，ある活動をして同じ結果に出会っても，その原因をどこに求めるかによって，その後の行動の仕方や意欲が変わってくると指摘し，このことをはじめて理論化したのはアメリカの社会心理学者バーナード・ワイナーである[63]と説明している。ワイナーは原因帰属を，自己の内部にある（自分に責任がある）のか，あるいは外部にある（自分に責任がない）のかという「原因の所在」と，変わりにくいのか，または，変わりやすいのかという「安定性（可変性）」という二つの軸から，「能力（ability）」，「努力（effort）」，「課題の困難度・難易度（task difficulty）」，「運（luck）」の4つに区分している（表1-4）。

表1-4　原因帰属の2次元的分類

原因の所在＼安定性	安定	不安定
内的	能力	努力
外的	課題の困難度・難易度	運

出典）Weiner et al.,1971より作成。

　奈須正裕（1988）は，ワイナーの原因帰属の理論について，「成功・失敗に対して形成された原因帰属は，その帰属因の各原因次元上での特徴に応じて，期待や感情に異なった影響を与え，この期待と感情を媒介として後続の行動が決定される」と説明しているが，市川伸一（1995）は，4要素の中の「努力」へ帰属した場合に注目し，学習への動機づけの観点から，成功したにせよ，失敗したにせよ，その原因が内的で不安定な原因である「努力」の量にあるとみなされれば，学習意欲は高まると指摘している。また，キャロル・ドウェック（1975）は，問題が解けなかった場合，努力に帰属した学習者たちは，「努力」に帰属しない学習者たちよりも根気よく学習を続け，結果的により良い成績を修めることを示した再帰属訓練による実験結果を示している。一方，デイル・ミラー（1976）は，成功は主に内的要因に帰せられ，失敗は外的要因に帰せられる傾向があると指摘している。この指摘に従えば，「努力」は成功の原因に帰せられる傾向があるということになる。また，市川伸一（1995）は，「努力」を重ねても失敗したときに，より深刻な挫折を味わい，決定的な能力帰属に陥ってしまう危険性に触れ，特に，日本のように「努力」を美徳とする社会においては，すでに充分に「努力」の必要性は強調されており，ことさら努力を促すことが適切ではない場合もあると述べている。

　以上のことからは，失敗の原因帰属として「努力」を重視することは，後続の行動にプラスの効果をもたらす一方で，能力を隠し，何より「努力」は選抜システムによって構成され，「努力」しても失敗し不本意と感じるものが存在する現実を直視しない日本の努力主義の一面を反映していることが指摘できるだろう。

　一方で，努力主義に対する懐疑的な見方や努力主義自体が弱まっていることが指摘されている。例えば，佐藤俊樹（2000）は，「『努力すればナントカなる』と自分にいいきかせて，学校や会社の選抜レースに自分や自分の子どもたちを参加させてきた，というのが日本の戦後のいつわらざる姿である」と，努力することが報われないのではないかという疑念を抱きつつも努力信仰が続いてきたと述べている。また，苅谷剛彦（2001）は，努力自体の総量は1979年から1997年の18年間の間に減少しているという調査結果を示し，さらに，そもそも学習に向かう努力にも出身階層によって差異があり，努力＝平等主義がひとつのイデオロギーにすぎないと結論付けている。一方，大川清丈（2016）は，社会の豊かさという指標から，「頑張り」＝努力主義が豊かな

社会をもたらしたが，豊かさがハングリー精神を衰えさせ，努力主義の基盤を掘り崩す作用をもたらしたことで，努力主義は全体として，長期的に空洞化に向かって進んでいるとしている。⁽⁷²⁾ただし，同時に大川（2016）は，豊かな社会の基盤が阪神・淡路大震災のような出来事により崩れると，そのトレンドに逆行する事態が生じることもあると指摘している。⁽⁷³⁾

　以上，努力主義について概観してきた。日本社会では，伝統的に学校教育を中心に能力平等観を重視し，努力が選抜システムによって構成されているという現実には目を向けず，能力を高めるためには努力が必要であるという努力主義が一貫して強調されてきた。しかし，1980年代以降，努力のみで能力を高める，あるいは成果を出すことの限界が露呈してきていることや，豊かさによってハングリー精神が衰え，努力主義の基盤が崩れ空洞化していること，また，努力主義の傾向が弱まっているという調査結果が示されるなど，現在は，従来ほどの努力主義は見られないという研究が複数見られる。しかし，本研究のテーマである大学入試における「不本意入学」の場合，信仰的役割を果たしてきた努力主義が弱まっているという指摘が符合すると考えてよいのだろうか。なぜなら，本章で指摘してきたように，選抜機能を有する大学入学者選抜において，全体として多くの不合格者を輩出する構造は変化していないこと，また，次節で論じる学校歴社会の枠組みが存在していることを踏まえると，努力主義が弱まっているという指摘が大学入学者選抜にもそのまま当てはまるかどうかについては検討が必要であると考える。本研究では，大学入試における合否結果の決定に対して「努力」という要素を「不本意入学者」がどの程度重視しているのかについて第4章で検討する。

第2節　学校歴社会が形成するメンタリティ

1. なぜ学校歴は重視されるのか

（1）タテの学歴とヨコの学歴

　第1節では，大学入試を取り巻く構造について，学校教育の選抜・配分機能とその実態，また，形式的な公平性の問題，努力主義と選抜システムについて論じた。第2節では，学校教育の仕組みが生み出した学歴問題について概観していきたい。

　まず，学歴とは何か。学歴の意味を確認すると，「学業に関する経歴」（『広辞苑第七版』(2018))，「学業についての経歴。どういう学校を卒業したかという経歴」（『大

辞林 第三版』（2016）），「学業に関する経歴。どんな学校で学び卒業したかという経歴。特に，大学，専門学校等の高等教育についていう」（『精選版 日本国語大辞典』（2006））などと記載されている。これらの記述からは，学業に関する経歴については共通している一方で，どのような学校を卒業したのかという経歴についても記載している辞書がある。渡辺良智（2006）は，学歴には大卒，高卒，中卒という教育階級による「タテの学歴」差と，一流大学，二流大学，三流大学といった「ヨコの学歴」差の二つがあるとし，どのような学校を卒業したのかという後者の学歴については学校歴とよばれる場合が多いと述べている。このタテの学歴とヨコの学歴について，天野郁夫（1982）は次のように述べている。

　　高学歴社会では，大学卒の学歴自体はすでに希少性を持たず，教育過剰すら叫ばれている。しかし，そこでは学歴内部にさらに階層分化が起こり，それが学歴の希少性を保持する役割を果たしている。日本におけるいわゆる「銘柄校」とそれ以外の大学との階層分化による「学校歴」化はその典型例とみてよい。

　天野は，日本では教育過剰による学歴インフレによってはじめからヨコの学歴，すなわち，学校歴化が進んだことを指摘しているが，日本のように教育過剰による学歴インフレが起きた理由として，ロナルド・ドーア（1990）は，世界の中で，遅れて近代化を開始した国ほど，学校の修了証書が求職者の選別に利用される範囲が広くなって学歴インフレの進行が早まり，真の教育の犠牲において，学校教育が受験中心主義に傾く「後発効果」が生じると論じている。近代化が遅れた国は，近代化が進んだ国に追いつこうと必死になり，白石弘幸（1993）が今の日本は「大卒」を乱造・乱発したために，明らかに「大卒」の価値が以前より低下していると述べているように，近代化が遅れた国はその国にとって必要とされる以上の高学歴者を生みだしているということになる。

　この大卒の供給過剰な状態によりタテの学歴の効力が弱まり，代わって，ヨコの学歴の価値が高まっているのが現在の日本の学歴の姿であるといえるだろう。実際，平成30年度入試のケースで見た場合，すべての国公立大学では実質倍率が 1.0 倍を超え，定員充足率が 100% 以上となっている一方で，私立大学では，210 大学（36.1%）で定員充足率が 100% 未満となっており，選り好みをしなければ大学卒業というタテ学

歴を手に入れやすいが,ヨコの学歴(学校歴)を得ることは容易ではないことがわかる。この銘柄大学の卒業というヨコの学歴(学校歴)を獲得するための選抜機能が維持され,ヨコの学歴が獲得できない者は,希少性がなくなったタテの学歴を手に入れることで妥協せざるを得なくなっていることが,本研究のテーマである「不本意入学者」を現代においても生み出す一つの要因となっていると考えられる。

　では,日本でヨコの学歴が重視されてきた背景として,具体的にはどのような要因があるのだろうか。天野郁夫(1982)は,高度の教育を受けた優秀な人材が,社会的に希少であり,その採用をめぐる競合関係の厳しい中で,官庁に比べて不利な立場であった企業が大卒,高卒というタテの学歴だけでなく,大学の階層というヨコの学歴によって経済的な報酬面による差を設けたことであり,しかも,企業は官庁とは異なり,職員の採用に選抜試験の制度を取り入れなかったことであると指摘している。また,近藤博之(2002)も,企業組織の中に学歴ごとの標準的な賃金体系や昇進体系が整備され,学歴主義と呼べる傾向が社会全体の中に広まっていったと述べている。つまり,どのレベルの大学に入学できるのかによって,事実上,就職後の報酬が決定してしまう仕組みが,ヨコの学歴が重視される理由であるということになる。そして,このヨコの学歴が重視される傾向は,現在でも高校生や大学生への意識調査などから続いていることが窺われる。

　ただし,ここで留意したいのは,タテの学歴がまったく重視されない訳ではないということである。ヨコの学歴がタテの学歴よりも重視されるという意味であり,学歴インフレによってタテの学歴の重要度は下がっても一定割合で重視されていることに変わりはない。これは前述の高校生や大学生の意識調査や,現在の学歴ごとの賃金体系を見ても確認できる。したがって,タテの学歴とヨコの学歴について,選抜の敗者となり(または,敗者と感じ),ヨコの学歴の獲得ができなかったとしてもタテの学歴だけは獲得しておきたいというメンタリティが働くことが推測できる。そして,このメンタリティが,本研究のテーマである「不本意入学」の発生につながると考えられるのである。

　では,なぜ企業は,選抜試験を行なわず学歴,学校歴によって採用した人材に対して報酬の差をつけたのだろうか。企業が選抜試験を行なわなかった理由としては,官庁と同様の選抜試験を実施していたのでは優秀な人材が獲得できないという官庁への対抗措置が考えられるが,同時に,学歴,学校歴への信頼性があったことが考えられる。第1節では,将来の職業・地位が,前近代社会の血縁の原理から,近代社会で

は業績主義の原理に移行したことを指摘したが，中村高康（2012a）は業績主義の問題点と社会が採った手段について次のように指摘している。

　　能力の原理を導入するということは，能力を信頼性のある形で測定できなければならないが，現実には万人が納得できるような能力測定手段など存在しない。そこで多くの社会が採った手段は，長く学校に通って勉強した人や試験で良い点数をとった人を暫定的に「能力あり」とみなして待遇してきたのである。つまり，近代社会は広い意味ではメリトクラシーの社会だが，厳密な意味でのメリトクラシーではありえず，その実態は学歴社会であり，試験の社会とならざるをえない部分があったのである。[84]

　　中村の指摘は，万人が納得できる能力測定手段が存在しない中で，学歴が近代社会において業績を計測できる絶対的ではないが有用な「ものさし」として機能していることを示しており，企業も学歴，学校歴という「ものさし」を信用していたことが示唆される。

（2）シグナリング理論とスクリーニング仮説

　　もう一点，企業が選抜試験を行わなかった理由として考えられるのは，採用における企業側（雇用主）と応募者側の情報の非対称性を前提とするマイケル・スペンスが提唱したシグナリング理論に基づく考え方である。中澤渉（2015）はシグナリング理論について次のように述べている。

　　求職者も企業も，現実には相手についての限られた情報しかもっていない（情報の非対称性）[85]。そこで求職者は何らかの指標で自分の能力の高さを示そうとするし，企業もそういった情報を求めている。人材発掘には費用がかかるから，企業は最小限の費用で選抜したい。そこで学歴は能力の高さを示すシグナルとして機能する[86]。

　　また，小林雅之（2018）は，シグナリング理論について，「雇用主が学歴を選抜手段として用いることが，経済合理性にかなっていることを示している。潜在的能力の高い労働者も学歴獲得によって高賃金を得ることができる」と指摘し，佐野晋平（2015）は「学歴情報が能力の証明（シグナル）という機能を持ち，企業の持つ信念も実現

する」と述べている。[88] つまり，企業側も応募者側もお互いのすべての情報を知ることは不可能であるという前提を受け入れた上で，応募者側の学歴情報というシグナルを優秀な人材の指標とするため，学歴が重視されているということになる。

　一方，情報の非対称性を前提とした理論として，レスター・サローが提唱したスクリーニング仮説がある。山内乾史（2003）はスクリーニング仮説について次のように述べている。

　学歴がその人の知識や技術・技能のレベルを表すとは考えない。つまり，学校での教育内容（学習歴）はどうでもいいのであり，しかし学歴（学校歴）は大事であるという考え方である。なぜなら学歴（学校歴）はその人の訓練可能性（＝ Trainability）を表すからである。＜中略＞人材の訓練可能性を表す指標として学歴を信用せず，一人一人その人材の「能力」を測定することを思えば，時間・手間・コストなどあらゆる点で，学歴をスクリーニングの指標として使う方が合理的であるというわけである[89]。

　どちらの理論，仮説も情報の非対称性の前提を受入れ，応募者側と企業側が採用において，入社後の教育訓練（OJT）をできるだけコストをかけずに効率よく吸収できる優秀な人材の指標として学歴・学校歴を重視しているのは共通しているが，応募者側と企業側のどちららの立場に立つのかという違いがある（図1-6）。佐野晋平（2015）はこの違いについて，「シグナリングは情報の持ち手（労働者）が受け手（企業）に

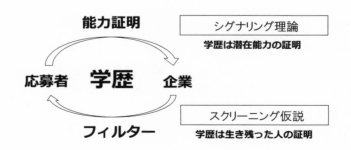

図1-6：シグナリング理論とスクリーニング仮説

出典）中澤渉（2015）「資格社会化と就職」近藤博之・岩井八郎編『教育の社会学』放送大学振興会，11，176-177より作成。

伝達することを指し，スクリーニングは受け手が持ち手から情報を引き出すことを指す」と整理している。[90]

　一方，学歴がなぜ重視されるのかについては，ゲイリー・ベッカーが提唱した人的資本の考え方がある。人的資本とは，機能主義の立場に立った考え方で，個人が大学教育を受ければ知識や技能が身につき生産能力が高まるために，卒業後に高卒労働者より高い賃金を獲得することを意味している（荒井一博，2002）。[91] ベッカーは，有能な人間ほどより多くの教育や他の種類の訓練を受けていることを明らかにしている。[92] また，原清治（2009）は，人的資本論が極めて実践的な性格を持ち，教育政策等の理論的根拠となるに至ったと述べている。[93]

　この人的資本論は，前述したシグナリング理論やスクリーニング仮説とは，学歴を重視する点は共通している。しかし，人的資本が大学教育による知識・技能の増加によって学歴を重視しているのに対し，荒井一博（2002）が，シグナリリング理論が，大学教育がそれを受ける個人の生産能力（知識や技能）を全然増加させなくても，個人は大学に進学する動機を持つと述べているように，[94] シグナリング理論やスクリーニング仮説は，大学教育の内容は重視せず，学歴，または学校歴による個人の潜在能力，もしくは，訓練の可能性を重視している点が異なっている。

（3）他者のまなざし

　一方，梶田叡一（1983）は学歴がなぜ重視されるのかについて，心理構造の観点から「有名大学を卒業していることは，自他のまなざしの中で，人間としての基本的価値が高いことを，社会的毛並みの良いことを，つまり現代社会において貴種であることを意味するものとなる」と指摘している。[95] また，近藤博之（2002）も，「高度経済成長の時代から四世紀半が経過した今日でも，学校教育の地位配分的な機能とそれに対する人々のまなざしは基本的に変わっていないとみてよい」と述べている。[96] さらに，梶田叡一（1983）は，「学校歴の点で自らが貴種であることを自他に対し証明できない場合には，何か他の方法で，周囲からの，そして自らのポジティブなまなざしを獲得し，維持強化すべく努めなくてはならなくなるであろう。これは現代社会においては，大変な緊張と努力を必要とすることである」と指摘している。[97] 梶田や近藤の指摘は，学校歴が能力を証明する有用な「ものさし」となり，人々はその「ものさし」に対するまなざしを意識せざるを得ない状況となっている反面，現代社会において，学校歴に代わる

「ものさし」を見つける困難さを示している。

（4）女子の学歴観

　ここまで学校歴がなぜ重視されるのかについて先行研究から概観してきたが，学歴，および，学校歴については，ジェンダーの視点からも確認する必要がある。なぜなら，野村正實（2014）が「男性の学歴主義が端緒的に成立したのは，官吏制度と学歴との結びつきによってであった。女性の場合，男性のような形では官吏制度と学歴とが結びつかなかった。そもそも,女性には高等官になるための高等試験受験資格がなかった」と述べているように，学歴という言説は，男子に限定されたものだったからである。⁽⁹⁸⁾続けて，野村正實（2014）は，高等教育を受けた女子の多くは，官吏の世界で武官，技術官，行政官になることができず，大企業も高等教育を受けた女子を採用しなかったため，教員や医師などの専門職と結びついたと指摘した上で，「高等教育を受けた女子が専門職以外で活躍をはじめるのは，1985年の男女雇用機会均等法以後のことである」と述べている。⁽⁹⁹⁾また，中西祐子（1993）は，女子にとっては「学校がメリトクラティックな選抜機関では決してなく，非メリトクラティックな要因に基づいた選抜・配分装置である」と述べ，女子には，「妻役割・母役割」と「職業的役割」の葛藤があり，学校は，性役割観に基づいて生徒を選抜・配分する装置でもあることを指摘している。⁽¹⁰⁰⁾この女子の「妻役割・母役割」と「職業的役割」の葛藤について上野淳子（2012）は，男子大学生，女子大学生，女子短大生を対象とした将来像に関する調査から，男子大学生は仕事を中心，女子短大生は家庭を中心，女子大学生は男子大学生と女子短大生の中間に位置するとし，女子大学生は仕事の負担を大きく感じる場合は専業主婦という選択肢を考え，そうでない場合には仕事を持つことを志向するなど多様な選択肢の中から将来を選び取ろうとしていると指摘している。⁽¹⁰¹⁾

　このように，学歴の獲得に対する考え方は，男子と女子では伝統的に異なる背景があり，現代においては，職業へ接続するメリトクラティック，いわゆる業績主義に基づく選抜制度の差は見られなくなったものの，性役割観に基づく学歴に対する価値観の相違は依然として存在しているといえる。したがって，本研究のテーマである現代の大学入試における「不本意入学者」についても，学歴主義が成立した歴史的経緯から見た場合，「不本意入学者」は女子よりも男子が多く，かつ，男子と女子との間には異なる傾向があることが考えられる。男子と女子の「不本意入学者」の特徴については，

第2章，および，第4章の調査結果より検証する。

2. 選抜試験と資格試験

　天野郁夫（1982）は，「学歴は社会的にもっとも普遍性をもったクレデンシャル（資格証明書）であり，さまざまな場面で人々の能力の代理指標として，ということは評価と選抜の手段として使われている」と述べ，現在までの時間軸だけはなく，将来発揮[102]できる能力として，すなわち，資格として有効であることを学歴が重視されている理由としてあげている。同様に，吉川徹（2012）も学歴を，人生の切符として効能を発揮すると表現している。[103]

　確かに，樋口とみ子（2005）が「社会全体が『資格社会』の傾向を持つ」と述べているように，日本は資格社会といわれている。では，資格と学歴・学校歴の関係[104]をどのように見ればよいのだろうか。各種資格を取得するためには，資格試験に合格することが必要とされ，学歴・学校歴という資格を得るためには，選抜試験に合格しなければならない。この資格試験と選抜試験の相違点について，樋口とみ子（2005）は，資格試験は，その試験に合格して資格を有すると認められた場合，人数制限なく合格者を出す一方で，選抜試験は競争原理にもとづき定員を超える希望者を成績によって[105]ふるい落とすシステムであると述べている。つまり，資格試験はその試験の基準に達すれば合格できるのに対し，選抜試験は他者との競争という相対的位置で合否が決定するシステムとなっている。このように見ると，絶対評価によって合否が決定する資格試験の方が，合格までの道筋がつけやすいようにみえる。しかし，業績主義の社会において，多くの人が獲得したい座席数は決まっており，資格試験といえども実際には資格試験の前に選抜試験というプロセスが組み込まれることがある。代表的なケースとして医師国家試験が挙げられる。第113回医師国家試験の場合，受験者10,146人に対して合格者は9,029人で合格率は89.0%となっている。医師国家試験という資[106]格試験の合格率だけを見ると，医師になることは難しくないことだと感じてしまう。しかし実際は，医師国家試験を受験できるのは大学の医学部を卒業した者であり，医学部に入学するための入学者選抜試験の難易度がいかに高いかということは周知の事実[107]である。つまり，難関といわれる資格試験には資格試験の前に選抜試験が実施されており，しかも事実上，資格試験の前段階の選抜試験でその資格が取得できるのかどうかがほぼ決定している。この点も資格試験が存在しながら，学歴・学校歴が重視さ

れる理由の一つとして考えられる。ただし，大学教育の内容が資格試験とその後の職業に直結する学部の場合，確かに学歴は重視されるが，大学教育が職業に直結しない学部と比較すると学校歴はそれほど重視されていないことが考えられる。なぜなら，当事者にとって，資格試験を受験できる資格となる学歴を手に入れることが重要なのであって，いわゆる一流大学，二流大学，三流大学といった学校歴は資格試験を受験できる資格としては必須ではないからである。

　前述した人的資本論とシグナリング理論，スクリーニング仮説は，ともに学歴を重視するが，人的資本論が学校で学んだ内容を重視しているのに対し，シグナリング理論，スクリーニング仮説は学校で学んだ内容は重視せず，学歴・学校歴を取得したという潜在能力を重視するという違いがあることを述べた。佐野晋平（2015）は，同じ大学教育でも職業に直結しやすい教育内容であれば人的資本の要素が強調されやすいことを指摘している。[108] また，阿形健司（2010）は，「日本の場合は，学校教育と緊密に結びついた一部の資格が存在する」と述べている。[109] つまり，大学教育の内容が，職業に直結する一部の学部系統は人的資本の考え方が重視される一方で，職業に直結しない学部系統はシグナリング理論，スクリーニング仮説に基づき学歴，および後者の場合は特に学校歴が重視されていると考えられるだろう。例えば，本研究のテーマである「不本意入学」という観点から見た場合，現在の大学・学部に進学した時の気持ちを学部別に実施した全国の大学生を対象とした調査によると，不満足な気持ちを持って大学に入学している入学者の割合は，学んだ内容が資格試験や国家試験等のハードルを伴い職業に直結する「保健・医歯薬（18.7%）」や「教育（18.0%）」が，学んだ内容が職業には直結しない「社会科学（25.5%）」，「理工（23.7%）」と比較すると低いことが確認できる。[110] 従って，選抜試験を経て学歴を取得することが重視されている社会の中で，資格試験との組み合わせによって，学歴が重視されていることは同じであっても，人的資本の考え方によるものか，シグナリング理論やスクリーニング仮説に基づく考え方によるものなのかが学部系統間で異なっている可能性が考えられる。また，「不本意入学」という観点に着目した場合，職業との関係から，大学教育に人的資本の要素が多い学部系統の方が，シグナリング理論やスクリーニング仮説が成立しやすい学部系統よりも「不本意入学者」の割合が低いことが考えられる。なぜなら，シグナリング理論やスクリーニング仮説が成立しやすい学部系統は，事実上，大学入学時点で学歴・学校歴の就職への効力が決定してしまい，入学後の大学教

育で上昇する機会が閉ざされてしまうからである。

第3節　まとめ

　第1章では,「不本意入学」が発生する背景には,学校の役割の一つである「選抜・配分機能」と大学入学者選抜が生み出す不合格者の不満があると考え,第1節では,業績主義（メリトクラシー）を支える学校, 学校が持つアスピレーションの加熱と冷却の機能, 大学入試における公平性, 受験機会の限定の問題についてそれぞれ検討した後, メリトクラシーを構成する能力と努力の関係に着目し, 選抜システムによって構成されていることには言及しない日本の努力主義の変遷を概観した。

　次に, 第2節では, メリトクラシーを体現する学校歴社会について, ヨコの学歴が獲得できなかった場合, タテの学歴だけは獲得しておきたいというメンタリティが「不本意入学」につながる可能性を指摘した。また, 学歴社会の成立過程から見て, これまで議論されてきた学歴は, 基本的に男子を想定したものであって, そもそも男子と女子では学歴に対する捉え方が異なっていた点について論じた。

　また, 本章における論点として, 努力主義が弱まっているという指摘が, ヨコの学歴の獲得を目指す者たちの合否を決める要素としての努力に対する依存度と符合するのかどうかを指摘した。学校には, アスピレーションの加熱と冷却の機能が張り巡らされており, 大学入学者選抜という競争に敗れた者のうち, 加熱したアスピレーションを冷却できない者は,必然的に本研究のテーマである「不本意入学」となる可能性が高まる。そのアスピレーションを冷却できない理由の一つとして, 努力主義の思想があることが考えられる。日本では 1980 年代以降, 努力主義が弱まっているという先行研究が複数あるが, 大学入学者選抜, 特にヨコの学歴の獲得を目指し激しい競争にさらされている者たちの合否を決める要素としての努力に対する依存度が, 努力主義が弱まっているという指摘にそのまま適用できるかどうかについては検討の余地があると考えた。また, これまでの「不本意入学」研究において, 学歴社会の成立過程が男女で異なるにも関わらず, 男女の相違点について言及したものは存在していない。そのため, 合否を決定する努力という要素への依存度について, 本意度別, 男女別の傾向を含め, 第4章で検証したい。

　次の第2章では, 大学入試における「不本意入学」の動向について, 大学進学率上昇の過程でどのように変化したかを捉え, 実態としての現代の大学「不本意入学

者」像についてS大学の調査事例から検討する。

【注と引用文献】

(1) 中澤渉（2015）「入試と選抜」近藤博之・岩井八郎編『教育の社会学』放送大学振興会, 10, 158-159.
(2) カール・マンハイム（1976）『マンハイム全集5　変革期における人間と社会』杉之原寿一・長谷川善計訳, 潮出版社, 80.
(3) ロナルド・ドーア（1970）『江戸時代の教育』松居弘道訳, 岩波書店, 8-9.
(4) ロナルド・ドーア（1970））, 同上書, 165-166.
(5) ロナルド・ドーア（1970））, 同上書, 173.
(6) 橋本昭彦（1993）『江戸幕府試験制度史の研究』風間書房, 206-208.
(7) マイケル・ヤング（1982）『メリトクラシー』窪田鎮夫・山本卯一郎訳, 至誠堂, 16.
(8) 中村高康（2012a）「階層と教育　近代化とメリトクラシー」酒井朗・多賀太・中村高康編著『よくわかる教育社会学』ミネルヴァ書房, Ⅲ-2, 32-33.
(9) 近藤博之（2015）「教育と社会の問い」近藤博之・岩井八郎編『教育の社会学』放送大学教育振興会, 1, 112.
(10) ただし, マンハイムは, 近代民主主義は全体的に見れば, 血縁, 財産, 業績の三つの原理が結合された選択装置, すなわち, 近代民主主義のエリートは, 三つの原理の一つまたはそれ以上によってその地位に到達して成功した人々の混合物であるとし, 前近代社会の血縁から業績に単純に移行した訳ではないとしている（K・マンハイム（1976）, 前掲書, 80-81.）。
(11) 吉川徹（2012）「大人への道」吉川徹・中村高康『学歴・競争・人生』日本図書センター, 4, 127.
(12) 近藤博之（2015）, 前掲書, 13-17.
(13) 志水宏吉（2010）『学校にできること－一人称の教育社会学』角川選書, 8.
(14) 志水宏吉（2010）, 同上書, 8.
(15) 天野郁夫（1982）『教育と選抜』第一法規, 211-212.
(16) 天野郁夫（1982）, 同上書, 196.
(17) 天野郁夫（1982）, 同上書, 212.
(18) 竹内洋（1995）『日本のメリトクラシー－構造と心性』東京大学出版会, 75.
(19) 佐藤龍子（2007）「大学『ゴールデンセブンの時代』と臨時的定員政策を考える」『社会科学』78, 81-96.
(20) 駿台予備学校は, 文部科学省「学校基本調査」の集計結果から, 大学・短大志願者数（A）と入学者数（B）の差（A－B＝C）を算出し, 当該年度の大学入試センター試験の既卒生の志願者数（D）との差（D－C）から再受験生（仮面浪人生）の人数を推定している。例えば, 2016年度の場合, 大学・短大志願者数は71.5万人, 入学者数は64.6万人, 当該年度の大学入試センター試験の既卒生の志願者数が9.9万人だったことから再受験生（仮面浪人生）が3.0万人程度いた可能性を指摘している。2018年6月4日（月）駿台予備学校主催2018年度入試結果説明会（会場:駿台予備学校福岡校）配布資料より。
(21) 天野郁夫（1982）, 前掲書, 211-212.

(22) 天野郁夫（1982），前掲書，12-13.

(23) 西郡大（2010）「大学入学者選抜における公平性・公正性の再考－受験当事者の心理的側面から」西村和雄・大森不二雄・倉元直樹編『拡大する社会格差に挑む教育』東信堂，8，154.

(24) 現役卒と過年度卒（計）の和が100%となっていないのは，現役卒と過年度卒（計）の他に，外国の学校卒，専修学校高等課程卒，その他（検定等）の項目があることによる（本表では割愛）。また，過年度卒の人数と割合については，大学に籍を置きながら他の大学を再受験した人数等が含まれていることが考えられるため，必ずしも浪人生とは限らない。一方，1978（昭和53）年度以前，および，2015（平成27）年度以降は，1979（昭和54）年度～2014（平成26）年度と集計方法が一部異なっているため，年度間の比較の観点から割愛した。

(25) 文部科学省（2000）『大学入試の改善について（答申）大学審議会』平成12年11月22日＜https://warp.da.ndl.go.jp/info:ndljp/pid/11293659/www.mext.go.jp/b_menu/shingi/old_chukyo/old_daigaku_index/toushin/1315961.htm＞（2021年6月25日アクセス）。

(26) 中村高康（2011）『大衆化とメリトクラシー　教育選抜をめぐる試験と推薦のパラドクス』東京大学出版会，31.

(27) 中村高康（2012b）「学校に埋め込まれた競争」吉川徹・中村高康『学歴・競争・人生』日本図書センター，2，62-64.

(28) 文部科学省（2000），前掲頁　注（25）.

(29) 中村高康（2011），前掲書，195.

(30) 西郡大（2010），前掲書，155.

(31) 浅井邦二（1983）「高校から大学へ－高校時代は大学時代を予測するか」関崎一・返田健編『大学生の心理』有斐閣 選書，55-57.

(32) 中村高康（2012b），前掲書，70-71.

(33) 中村高康（2011），前掲書，2.

(34) 西郡大（2010），前掲書，156-159. 回答が受験結果に左右されるのを防ぐため，調査時期を，国公立大学入試の前期日程終了後から合格発表日前の期間内に指定している。

(35) 近藤博之（2001）「階層社会の変容と教育」『教育学研究』68巻4号，357.

(36) 中澤渉（2015），前掲書，159.

(37) その他は，「専門学校・総合学科卒業生入試」，「帰国子女入試」，「中国引揚者等子女入試」，「社会人入試」の割合の合計。

(38) OECD教育調査団（1972）『日本の教育政策』深代惇郎訳，朝日新聞社，90.

(39) 中央教育審議会答申（2014）『新しい時代にふさわしい高大接続の実現に向けた高等学校教育，大学教育，大学入学者選抜の一体的改革について～すべての若者が夢や目標を芽吹かせ，未来に花開かせるために～』2014年12月22日，5-8.

(40) 中村高康（2012c）「大学入学者選抜制度改革と社会の変容」『日本教育学会教育学研究』79巻2号，52-61.

(41) 推薦入試について，文部科学省（2019）は，「出身高等学校長の推薦に基づき，原則として学力検査を免除し，調査書を主な資料として評価・判定する入試方法」と定義している（文部科学省（2019）『令和2年度大学入学者選抜実施要項について（通知）』令和元年6月4日＜http://www.mext.go.jp/component/a_menu/education/

detail/__icsFiles/afieldfile/2019/06/05/1282953_001_1_1.pdf ＞（2019 年 9 月 7 日アクセス））。

(42) AO 入試について，文部科学省（2019）は，「詳細な書類審査と時間をかけた丁寧な面接等を組み合わせることによって，入学志願者の能力・適性や学習に対する意欲，目的意識等を総合的に評価・判定する入試方法」と定義している（文部科学省（2019）『令和2年度大学入学者選抜実施要項について（通知）』令和元年6月4日＜ http://www.mext.go.jp/component/a_menu/education/detail/__icsFiles/afieldfile/2019/06/05/1282953_001_1_1.pdf ＞（2019 年 9 月 8 日アクセス））。

(43) 国立大学協会は，分離分割方式について次のように説明している。(a) 先ず，「前期日程」の試験を実施し，その合格者の発表を行い，合格者に入学手続を行わせ，次に，「後期日程」の試験の実施とその合格者の発表を行い，入学手続を行わせる。(b) この際，「前期日程」の試験に合格し，所定の期日（3月15日）までに入学手続を完了した者については，「後期日程」に出願し，受験しても，「後期日程」の大学・学部の合格者とはしない。(c)「前期日程」又は「後期日程」の試験に合格し，その入学手続を行わなかった者は，その「前期日程」又は「後期日程」の大学・学部への入学を辞退したものとして取り扱う（国立大学協会入試委員会（2016）『国立大学の入学者選抜についての平成 30（2018）年度実施要領』平成 28 年 6 月 8 日＜ https://www.janu.jp/univ/exam/pdf/h30_01.pdf ＞（2019 年 9 月 20 日アクセス））。

(44) 文部科学省（2019）『平成 31 年度国公立大学入学者選抜の確定志願状況及び 2 段階選抜実施状況（前期日程）について』平成 31 年 2 月 20 日＜ http://www.mext.go.jp/b_menu/houdou/31/02/1413767.htm ＞（2019 年 9 月 21 日アクセス）。

(45) 中村高康（2011），前掲書，130-136.

(46) マイケル・ヤング（1982），前掲書，112.

(47) マイケル・ヤング（1982），前掲書，112.

(48) 中根千枝（1967）『タテ社会の人間関係　単一社会の理論』講談社現代新書，77.

(49) 中根千枝（1967），同上書，101.

(50) 苅谷剛彦（1995）『大衆教育社会のゆくえ−学歴主義と平等神話の戦後史』中公新書，189-192.

(51) 麻生誠（1997）「創造的才能教育推進のための十六の提言」麻生誠・岩永雅也編『創造的才能教育』玉川大学出版部，15 章，215.

(52) 須藤康介（2015）「小学生の努力主義の形成要因と帰結−『頑張ればできる』勉強観の功罪−」『小中学生の学びに関する調査報告書』ベネッセ教育総合研究所，2.

(53) 竹内洋（1995），前掲書，92-100.

(54) 北九州予備校ホームページ＜ http://www.kitayobi.ac.jp/ ＞（2019 年 5 月 12 日アクセス）。

(55) 吉川徹（2012），前掲書，107.

(56) 志水宏吉（2010），前掲書，197-199.

(57) 恒吉僚子（1992）『人間形成の日米比較　かくれたカリキュラム』中公新書，50.

(58) 竹内洋（1995），前掲書，99.

(59) 文部省（1970）『我が国の教育水準（昭和 45 年度）』文部省大臣官房編，昭和 45 年 11 月 ＜ http://www.mext.go.jp/b_menu/hakusho/html/hpad197001/hpad197001_2_005.html ＞（2019 年 6 月 15 日アクセス）。

(60) ラルフ・ターナー（1963）「教育による階層移動の形態」A・H・ハルゼー他編　清水

義弘監訳『経済発展と教育－現代教育改革の方向－』東京大学出版会, 64-66.
(61) 藤田英典（1980）「進路選択のメカニズム」山村健・天野郁夫編『青年期の進路選択高学歴時代の自立の条件』有斐閣選書, 118.
(62) 波多野誼余夫・稲垣佳代子（1981）『無気力の心理学』中公新書, 33.
(63) 波多野誼余夫・稲垣佳代子, 同上書, 33-36.
(64) 奈須正裕（1988）「Weiner の達成動機づけに関する帰属理論についての研究」『教育心理学研究』37 巻 1 号, 84-85.
(65) 市川伸一（1995）『学習と教育の心理学』岩波書店, 31.
(66) Carol S Dweck 1975 The role of expectations and attributions in the alleviation of learned helplessness. Journal of Personality and Social Psychology, 31,674-685.
(67) Dale T Miller（1976）Ego involvement and attributions for success and failure, Journal of Personality and Social Psychology, 34, 901-906.
(68) 市川伸一（1995）, 前掲書, 33.
(69) 佐藤俊樹（2000）『不平等社会日本　さよなら総中流』中央公論新社, 36.
(70) 苅谷剛彦（2001）『階層化日本と教育危機－不平等再生産から意欲格差社会へ』有信堂, 153-159.
(71) 苅谷剛彦（2001）同上書, 153-159.
(72) 大川清丈 (2016)『がんばること／がんばらないことの社会学　努力主義のゆくえ』ハーベスト社, 57-61.
(73) 大川清丈（2016）, 同上書, 57-61.
(74) 渡辺良智（2006）「学歴社会における学歴」『青山學院女子短期大學紀要』60, 87-106.
(75) 天野郁夫（1982）, 前掲書, 9.
(76) ロナルド・ドーア（1990）『学歴社会　新しい文明病』松居弘道訳, 岩波書店, 132-151.
(77) 白石弘幸（1993）「高学歴化と代替雇用」『信州大学経済学論集』31,1-11.
(78) 文部科学省『平成 30 年度　国公私立大学入学者選抜実施状況』平成 31 年 3 月＜http://www.mext.go.jp/b_menu/houdou/31/03/1414952.htm ＞（2019 年 4 月 18 日アクセス）。
(79) 日本私立学校振興・共済事業団 私学経営情報センター『平成 30（2018）年度私立大学・短期大学等入学志願動向』平成 30 年 8 月＜https://www.shigaku.go.jp/files/shigandoukouH30.pdf ＞（2019 年 9 月 5 日アクセス）。
(80) 天野郁夫（1982）, 前掲書, 150-154.
(81) 近藤博之（2002）「学歴と階層流動性」原純輔編『流動化と社会格差』ミネルヴァ書房, 59.
(82) 東京大学大学院教育学研究科大学経営・政策研究センター（2007）の高校生対象の調査（n＝4000）では、「今の社会で, 個人の将来の仕事や収入を決めるのに何が重要だと思いますか」という質問について,「とても重要」と回答した割合が, 大学への進学 23.1%, どの大学を出たか 26.2%となり, タテの学歴よりもヨコの学歴の回答割合が高い結果となっている（東京大学大学院教育学研究科大学経営・政策研究センター（2007）『高校生の進路追跡調査　第1次報告書』2007 年 9 月, 140.）。また, Benesse 教育研究開発センター（2009）の大学生対象の調査（n＝4070）では,大学進学に対する

意識として,「ぜひ入りたいと思って進学した」と回答した割合が,偏差値 65 以上 56.5%,偏差値 60 以上 65 未満 41.0%, 偏差値 55 以上 60 未満 32.3%, 偏差値 50 以上 55 未満 28.4%, 偏差値 45 以上 50 未満 23.9%, 偏差値 45 未満 23.2%と, 入試難易度が高いほど大学入学時の満足度が高く, ヨコの学歴が重視されている傾向が窺われる（Benesse 教育研究開発センター（2009）『ダイジェスト版　大学生の学習・生活実態調査報告書』2009 年 3 月, 8.）。

(83) 厚生労働省（2018）『平成 30 年賃金構造基本統計調査結果（初任給）の概況：1 学歴別にみた初任給』< https://www.mhlw.go.jp/toukei/itiran/roudou/chingin/kouzou/18/01.html >（2019 年 11 月 20 日アクセス）。学歴別にみた初任給の平均は,大学院修士課程修了 238.7 千円, 大学卒 206.7 千円, 高専・短大卒 181.4 千円, 高校卒 165.1 千円となっており, 大学卒と高校卒では 41.6 千円の差が見られる。

(84) 中村高康（2012a）, 前掲書, 32-33.

(85)「情報の非対称性」については, 労働の供給側（労働者）と需要側（企業）とに保有情報量に差があるときに存在するという説明もある（荒井一博（2002）『教育の経済学・入門　公共心の教育はなぜ必要か』勁草書房, 72-73.）。

(86) 中澤渉（2015）前掲書, 177.

(87) 小林雅之（2018）「シグナリング理論」日本教育社会学会編『教育社会学事典』丸善出版, 642-643.

(88) 佐野晋平（2015）「人的資本とシグナリング」『日本労働研究雑誌』No657, 5.

(89) 山内乾史（2003）「教育計画論序説（その2）」『国際協力論集』10（3）, 123-138.

(90) 佐野晋平（2015）, 前掲書, 5.

(91) 荒井一博（2002）, 前掲書, 69.

(92) ゲイリー・ベッカー（1976）『人的資本−教育を中心とした理論的・経験的分析』佐野陽子訳, 東洋経済新報社, 17-18.

(93) 原清治（2009）『若年就労問題と学力の比較教育社会学』ミネルヴァ書房, 13.

(94) 荒井一博（2002）, 前掲書, 76-77.

(95) 梶田叡一（1983）「学歴研究のひとつの課題−『まなざしと自己概念』の視点から−」『教育社会学研究』38, 33-37.

(96) 近藤博之（2002）, 前掲書, 60.

(97) 梶田叡一（1983）, 前掲書, 33-37.

(98) 野村正實（2014）『学歴主義と労働社会−高度成長と自営業の衰退がもたらしたもの−』ミネルヴァ書房, 14.

(99) 野村正實（2014）, 同上書, 155-156.

(100) 中西祐子（1993）「ジェンダー・トラック−性役割観に基づく進路分化メカニズムに関する考察−」『教育社会学研究』53, 131-154.

(101) 上野淳子（2012）「ジェンダーおよび学歴による将来像の違い」『四天王寺大学紀要』第 54 号, 183-196.

(102) 天野郁夫（1982）, 前掲書, 16.

(103) 吉川徹（2012）, 前掲書, 128.

(104) 樋口とみ子（2005）「入試制度　選抜試験と資格試験」田中耕治編『よくわかる教育評価　第 2 版』ミネルヴァ書房, XI, 169.

(105) 樋口とみ子（2005）, 同上書, 168-169.

(106) 厚生労働省（2019）『第 113 回医師国家試験の合格発表について』< https://

www.mhlw.go.jp/general/sikaku/successlist/2019/siken01/about.html ＞
（2019年4月3日アクセス）。

(107) 国立大学（一般前期日程（夜間主コースを除く））の入試難易度（合格可能性50%
ライン）を，大学入学共通テストの得点率で見た場合，各学部系統の全国国立大学の
下限値は，「文・人文系（56%）」，「社会・国際系（58%）」，「法・政治系（62%）」，
「経済・経営・商学系（57%）」，「教育（教員養成課程）（48%）」，「理学系（53%）」，
「医学部医学科（80%）」，「医学部保健学科（59%）」，「薬学部薬学科（77%）」，
「歯学部歯学科（74%）」，「工学系（51%）」，「農学系（52%）」，「獣医学科
（77%）」となっており，医学部医学科の合格可能性50%ラインが他の学部系統よりも
高いことがわかる（河合塾Kei-Net『入試難易予想ランキング表』2021年6月21日
更新＜ https://www.keinet.ne.jp/university/ranking/ ＞（2021年6月25日アク
セス））。
(108) 佐野晋平（2015），前掲書，5.
(109) 阿形健司（2010）「職業資格の効用をどう捉えるか」『日本労働研究雑誌』No.594，
20.
(110) 調査によると，不満足な気持ちを持って大学に入学している入学者の割合は全体平均
で22.0%となっている（n=4911）。これを学部系統別に見ると，「人文科学（20.7%）」，
「社会科学（25.5%）」，「理工（23.7%）」，「農水産（15.8%）」，「保健・医歯薬（18.7%）」，
「教育（18.0%）」となり，社会科学系と理工系の2学部系統が全体平均を上回ってい
る（山田剛史（2012）「大学志望度と進学満足度」『第2回 大学生の学習・生活
実態調査報告書』Benesse教育研究開発センター，第2章（1），44.）。

第2章　大学入試の大衆化と不本意入学の問題

第1節　大学進学率の変化がもたらしたもの

1. 大衆化による教育問題

　小方直幸（2018）は，大衆化，および，教育の大衆化について次のように定義している。

　大衆化とは，近代ないし市民社会から現代社会の移行の過程で，大衆の登場によって生じる，政治・経済・社会・文化などの形態の変化を指す。大衆という用語が教育に適用されるのは第一次世界大戦後，高等教育の領域で用いられるようになるのは，第二次世界大戦後といわれ，高等教育の大衆化とは，高等教育の規模拡大に伴って生じる種々の変化を指す。[(1)]

　苅谷剛彦（1995）は，戦後の日本社会の特徴を大衆教育社会ととらえ，その特徴の一つとして，「教育が量的に拡大し，多くの人々が長期間に渡って教育を受けることを引き受け，また，そう望んでいる社会であるということができる」としている。[(2)]
　この大衆化について，ホセ・オルテガ・イ・ガセット（2002）は「大衆とは，自分がみんなと同じだと感ずることに，いっこうに苦痛を覚えず，他人と自分が同一であると感じてかえっていい気持ちになる」，「他人と違うのは行儀が悪いのである。大衆は，すべての差異，秀抜さ，個人的なもの，資質に恵まれたこと，選ばれた者をすべて圧殺するのである。みんなと違う人，みんなと同じように考えない人は，排除される危険にさらされている」と述べ，大衆化の危険性を強調している。[(3)]また，内田樹（2006）は，大衆社会とは，その成員たちが他の人たちが欲望するものを欲望する社会であり，誰しも同じものを望んでいるという当の事実が，彼らがそれを獲得することを阻止していることを指摘している。[(4)]一方，デイヴィッド・リースマン（2013）は，教育の大衆化が進行した20世紀の社会に生きる人間の特徴として，目標が同時代人の仲間集団から導かれるままに望ましい規範が変わる他人志向型のタイプが顕在化しており，他人志向型の人間は，他者からの信号にたえず細心の注意を払い，他人から認められるということが，その内容とはいっさいかかわりなしに，ほとんど唯一，絶対な善と同義になり，非常に大きな不安を背負っていると述べている。[(5)]

　これらの指摘からは，大衆化によって，個人を取り巻く周囲の人間たちが持つ価値
観がその個人の価値観となり，自分も他者と同じものを欲し，他者と全く同じ教育水準
を享受することを望むが，第1章で指摘した通り，教育には選抜という構造があるため，
全く同じものを獲得することはできないことが，大衆教育社会のニーズと教育的選抜の
構造が一致しない点として捉えることができる。また，本研究テーマである「不本意
入学」の問題は，まさに，みんなが望んでもみんなが獲得できるわけではないという大
衆教育社会のニーズとのアンマッチと符合するものである。本節では，次項の「2」，「3」
において，大学進学率が50%を超えない段階と超えた段階に分け，高等教育の大衆
化による「不本意入学」の動向を見ていく。

2. マス段階における不本意入学者

　市川昭午（1995）は，高等教育の大衆化の尺度として進学率が選ばれるのは，そ
れ一つで量的拡大と質的変化の両面を示すことができるからであると指摘している。[(6)]
アメリカの高等教育研究者，マーチン・トロウ（1976）は，高等教育の全体規模（当
該年齢人口に占める大学在籍率）の変化から15%までをエリート型，15%～50%をマ
ス型，50%以上をユニバーサル型の三つに分類し，高等教育の機会が少数者の特権
から相対的多数者の権利へ，さらに，万人の義務に移行したとしている[(7)]（表2-1）。こ
のトロウモデルを日本の大学進学動向にあてはめると，1960年代後半に18歳人口が
200万人を超え，大学進学率が15%を超えていることが確認できる（図2-1）。これは，
天野郁夫（1986）の「わが国の高等教育機関の在学率が，当該年齢人口（18-21歳）
人口比で15%を超えたのは，1966（昭和41）年である」[(8)]や，市川昭午（1995）の「1960
年代から1970年代中頃にかけての高等教育の急激な拡大は目を見張るものがあっ
た」[(9)]という指摘，また，黒羽亮一（1992）の「今日の高等教育大衆化への決定的な
転機となったのは1960年代である」[(10)]という主張とも符合しており，日本の高等教育に
おけるエリート段階からマス段階への移行，すなわち，高等教育の大衆化は1960年
代後半以降のことであったと考えられる。この高等教育の大衆化の要因として長谷川
誠（2016）は，高度経済成長期を迎えた日本において大学進学の意義が共有され，
大学教育への期待が高まったこと，また，その期待が大学進学の圧力として個人にの
しかかってきたことによって社会的上昇志向が高まったことをあげている。[(11)]また，市川
昭午（1995）は，最大の決め手となったのは国民の大学志向であったとした上で，「所

得倍増計画にともなう理工系学生増募政策」,「ベビーブームに応じる大学急増対策」,「大学設置基準の緩和」という国がとった三つの政策をあげている。この「ベビーブームに応じる大学急増対策」,「大学設置基準の緩和」に関連して,荒井克弘（1995）は,「わが国の大学大衆化を支えたのは圧倒的に私学セクターの成長」であると指摘している。ただし,図 2-2 が示す通り,男女別に見た場合,1960 年代後半以降の高等教育の大衆化に該当するのは男子に限られ,女子にとっての高等教育の大衆化は大学進学率から見ると 1990 年以降のことであったと考えられる。

　一方,1971（昭和 46）年の中央教育審議会において,高等教育の全体規模について,長期の見通しに立った国としての計画策定の必要性が指摘され,5 回にわたり高等教育計画が策定されたが,その中で,1984（昭和 59）年 6 月に策定された「昭和 61 年度以降の高等教育の計画的整備について」では,定員の取扱いについて,18 歳人口の大幅な増減に対処するため,恒常的定員を 4.2 万人増やすとともに,臨時的定員を 4.4 万人増やす方針が示された。この臨時定員の増加について,大南正瑛（1999）は,1985（昭和 60）年に一部の国立大学に臨時的定員がパイロット的に導入され,1986（昭和 61）年度より本格的制度化が図られていったと述べている。このように,私立大学だけでなく国立大学でも大学進学希望者の増加に対して定員を増加させる政策が取られたが,それでも,第1章で示したように,希望した大学に不合格だったなどの理由で浪人する者がピーク時には 19 万人を超え,希望する大学に入学することが困難であったことが窺える。村瀬孝雄（1981）は,この激しい受験競争が,高校生が大学で学ぶために必要な「自己確立」,すなわち,自分にとって何が大切か,何を意義ある仕事として選ぶかといった人生を生きる基本的な姿勢と方向性を定めるための充実した準備期間を奪ったと述べた上で,「単に大学卒という資格だけでは目標としては広漠としており,一般的にいえば情熱を燃やす対象としては不十分である」と指摘している。つまり,急激な大学進学希望者の増加による受験競争の激化が,本来,大学進学前に行うべきレディネスの機会を奪ってしまい,漠然と入試に向かう者を増加させてしまったのである。

　このマス段階において,希望する大学ではなく合格はしたが不本意な気持ちを持って大学に進学する「不本意入学者」の実態について,岩井勇児（1984）は「平均して 20%前後存在している」とし,豊嶋秋彦（1989）は,1979（昭和 54）年度の共通一次試験の導入後,経年で大きな変化が起きていないことを指摘した上で,「旧

帝大で1割，地方国立大学では少なくとも2〜3割の学生が明確な不本意感を持っている」と論じている[18]（表2-2）。また，序章でも言及した桐山雅子（1997）の「日本中の大学がランク付けされている中で，受験生は難しい大学，実力程度の大学，滑り止めの大学を受験するのであるから，どの大学にも，自分の大学に入学したことを不本意に思う学生がいる。大学に入学したことに不満な学生が1／3ぐらいの割合になっている」[19]の指摘からもわかるように，マス段階における「不本意入学者」は，10〜30%台程度の割合で存在していることがわかる。

表2-1　マーチン・トロウによる高等教育システムの段階移行にともなう変化の図式

高等教育システムの段階	エリート型 ➡	マス型 ➡	ユニバーサル型
全体規模（該当年齢人口に占める大学在籍率）	15%まで	15%〜50%まで	50%以上
高等教育の機会	少数者の特権	相対的多数者の権利	万人の義務
大学進学の要件	制約的（家柄や才能）	準制約的（一定の制度化された資格）	開放的（個人の選択意思）
高等教育の主要機能	エリート・支配階級の精神や性格の形成	専門分化したエリート養成＋社会の指導者層の育成	産業社会に適応しうる全国民の育成
高等教育の目的観	人間形成・社会化	知識・技能の伝達	新しい広い経験の提供
教育課程（カリキュラム）	高度に構造化（剛構造的）	構造化＋弾力化（柔構造的）	非構造的（段階的学習方式の崩壊）
主要な教育方法・手段	個人指導・師弟関係重視のチューター制・ゼミナール制	非個別的な多人数講義＋補助的ゼミ，パートタイム型・サンドイッチ型	通信・TV・コンピュータ・教育機器等の活用
学生の進学・就学パターン	中等教育修了後ストレートに大学進学，中断なく学習して学位取得，ドロップアウト率低い	中等教育後のノンストレート進学や一時的就学停止（ストップアウト），ドロップアウトの増加	入学期のおくれやストップアウト，成人・勤労学生の進学，職業経験者の再入学が激増
高等教育機関の特色	同質性（共通の高い基準をもった大学と専門分化した専門学校）	多様性（多様なレベルの水準をもつ高等教育機関，総合制教育機関の増加）	極度の多様性（共通の一定水準の喪失，スタンダードそのものの考え方が疑問視される）
高等教育機関の規模	学生数2,000〜3,000人（共通の学問共同体の成立）	学生・教職員総数3〜4万人（共通の学問共同体であるよりは頭脳の都市）	学生数は無制限的（共通の学問共同体意識の消滅）
社会と大学との境界	明確な区分閉じられた大学	相対的に希薄化開かれた大学	境界区分の消滅大学と社会との一体化
最終的な権力の所在と意思決定の主体	小規模のエリート集団	エリート集団＋利益集団＋政治集団	一般公衆
学生の選抜原理	中等教育での成績または試験による選抜（能力主義）	能力主義＋個人の教育機会の均等化原理	万人のための教育保証＋集団としての達成水準の均等化
大学の管理者	アマチュアの大学人の兼任	専任化した大学人＋巨大な官僚スタッフ	管理専門職

出典）マーチン・トロウ（1976）『高学歴社会の大学－エリートからマスへ』天野郁夫・喜多村和之訳，東京大学出版会，194-195より作成。

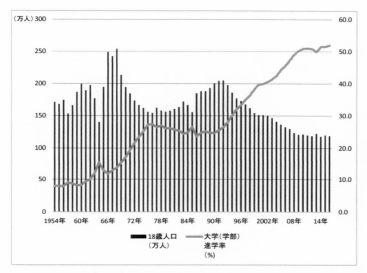

図2-1　18歳人口と4年制大学進学率(全体)の推移。文部科学省「学校基本調査」年次
　　　　統計・統計表一覧より作成。

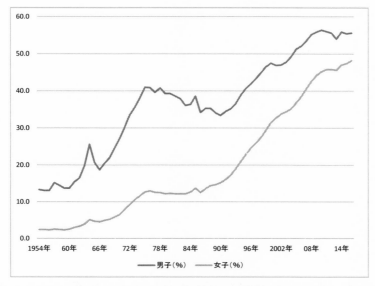

図2-2　男女別4年制大学進学率の推移。文部科学省「学校基本調査」年次統計・統計
　　　　表一覧より作成。

表2-2　不本意入学者の実態

大学	対象学生	調査時期	不本意の領域	全対象者の%	
京都大学	昭和54年入学生	1年次4月	転学部志向者		8.0
東北大学	昭和62年入学生	1年次4月	他大学＋転学部・学科志向者		14.6
山形大学	昭和56年入学生	1年次10月	大学不本意者		24.6
			学部・学科不本意者		27.1
			再受験志向者		34.5
山口大学	昭和62年入学生	1年次春	再受験志向者転学部・学科志向者	約	63.0
東北学院大学	昭和62年入学生	1年次4月	他大学＋転学部・学科志向者	男	36.5
				女	32.0
文部省調査	昭和54年入学生	1年次11月	他大学＋転学部・学科志向者		20.4

出典）豊嶋秋彦（1989）「大学生の不本意感と適応過程」『東北学院大学教育研究所紀要』8, 60より。調査時期が1年次のものを抜粋して作成。

　一方,桐山（1997）が指摘する大学のランク付けに関連して,梶田叡一（1983）は,「周囲の人の『まなざし』の中で,自らが価値のあるものとされるためにこそ,つまり『貴種』として自他に見られたいがためにこそ,子どもたちは有名高校,有名大学を目指す,と言っては間違いであろうか。少なくとも,より高いランクの高校に進みたいという気持ちの中には,この感覚が潜んでいることは否定できないであろう」と述べている。[20]梶田（1983）が指摘するまなざしについては,第一章において大学という学歴との関係で取り上げたが,まなざしは,出身大学に対してだけではなく,有名高校,すなわち大学への進学率が高い高校（以下,進学校）[21]の中にも張り巡らされていることがわかる。生徒たちは進学校に入学したからには大学も有名大学（貴種）を目指さなければならないという価値観に縛られ,有名大学に進学できなかった場合,入学する大学に対して不本意感というメンタリティが発生しやすいことが考えられるのである。

　梶田（1983）が指摘する進学校の中に張り巡らされたまなざしについて,吉本圭一（1984）は,進学率が95%以上の普通科高校の調査分析から,「個人が進学する場合,その中でのセレクティブな学校への進学可能性は,学校の学力水準だけに比例して規定されている」と述べている。[22]また,竹内洋（1995）は,所属集団によって定位される現実的アスピレーションとして規範的期待水準をあげ,規範的期待水準について,「自分のこれまでの経歴を勘案して自分のような者はこの程度の目標をめざすべ

きだというアスピレーション水準である。だから,規範的期待水準は同じような境遇の人々との交流から形成されやすい」と指摘している。一方,本田由紀(2011)は,「日本の子どもや若者の多くは,何らかの学校に所属し,そこで生活時間の相当部分をすごしている。そこは授業や課外活動などが営まれるとともに,生徒や学生,教員や職員などの多数の人間が様々な相互関係を取り結ぶ場でもある。そうしたフォーマル・インフォーマルな活動や関係を通じて,学校という場には濃密な特有の『空気』が成立している」と述べている。本田(2011)の指摘からは,長時間を過ごす学校の中で形成される「空気」が生徒たちの進路意識についても大きな影響を及ぼしていることが窺える。また,伊藤美奈子(1995)は,心理学の観点から「不本意感の形成に,所属集団あるいはそこに所属する同年齢集団に対する認知のあり方が大きく関与する」と指摘している。

　つまり,A高校という集団に所属していれば,A高校に在籍する多くの生徒が目指す大学群を自分自身も希望し,B高校という集団に所属していれば,B高校に在籍する多くの生徒が目指す大学群を自分自身も希望しやすくなるということである。そして,それぞれの高校という集団で形成された水準以上の大学に進学できれば満足な感情が生まれ,水準未満の大学への進学となった場合,不本意感というメンタリティが発生する可能性が高まることになるのである。実際,福島由依(2018)は進学校出身の「不本意入学者」にインタビュー調査を行い,「進学校だったので,明らかにレベルの低い大学に入ってしまったという劣等感があった」という語りが多かったと述べている。また,赤田達也(2009)は,大学入試の受験結果が判明した後に「進学校出身者の中には,本人にとって残念な進路先になった場合,いわゆる難関大に合格した同級生たちから『上から目線』で,『気にするな』であるとか,『資格でも取ればいいだろ』であるとか,『学歴じゃないよ』などとアドバイスされることに苦痛を感じ,苦しんでいる人たちが現実にいる」と指摘している。このように,進学校出身者は,自分が所属する高校内で形成された価値水準の大学群に合格できなかった場合,規範的期待水準とのギャップに苦しみ,不本意感というメンタリティの形成を助長するような追い討ちが待っていることが考えられる。さらに,吉本圭一(1984)が,進学校での上層トラックでの学力とアスピレーションに乖離がある場合,学力は「負の文脈効果」を受けて伸び悩み,その結果,アスピレーションを下げることなく浪人して,学力の不足を埋め合わせようとするという指摘からは,進学校で学力中下位層だった「不本意入学者」の中には,現役時

に志望校に不合格となり「不本意入学」となった者に加え，浪人しても志望校に合格できなかった，すなわち，リターンマッチに一度，もしくは二度以上敗れた「不本意入学者」も一定の割合で存在することが考えられる。

　一方，竹内洋（1995）は，教育の大衆化に伴う大衆的受験競争の過熱する仕掛けの一つに，「細かな学校ランクによる傾斜的選抜システム」という序列化を挙げ，「生徒が模擬試験などによって偏差値55と知らされたとき偏差値68とされる学校への志願は諦めるだろう。しかし頑張れば偏差値60の学校に進学できるのではないか，というようにかえって煽られるのだ」と述べている[29]。また，樋口とみ子（2005）は，偏差値が1960年頃から進路指導で用いられ，偏差値をもとに受験校が序列化され，偏差値を指標にした競争が国民全体を巻き込んで展開されることとなったことを指摘している[30]。偏差値が普及した時期と，前述した日本の高等教育の大衆化への移行時期が符合していることになる。また，山口裕之（2017）は「大学入試システムは，偏差値序列がそれ自体の価値を持つという自律システム化している」と述べ[31]，金子元久（2018）は，大学の大衆化が進行する1990年代以降も大学の序列化，偏差値体制が進んでいることを指摘している[32]。

　このように，偏差値は現状との差が大きくないと感じる場合，頑張れば上がる可能性があるのではといったようにアスピレーションを加熱する一方，現状との数値差が大きいと感じれば，今の実力では届かないという現実を認識することでアスピレーションを冷却するという加熱と冷却の双方の機能を持ち合わせている。しかも，前述した樋口（2018）の「国民全体を巻き込んで展開される」という指摘が示す通り，その数値の高低に関わらず，進学を目指すほぼ全ての生徒たちに関係しているのである。竹内洋（1995）はこの教育の大衆化を前提とした細かな傾斜的選抜システムこそが，諦めを迂回しながら自分なりの目標に向けて再び焚きつけられるテクノロジーとなり，選抜のまなざしがほとんどすべての者にそそがれる，すなわち，高校の場合，進学校をはじめとして，所属するそれぞれの高校の中でそれぞれのまなざしが存在していることを指摘している[33]。

　一方，大谷尚（2017）は，第二次ベビーブームの世代が大学受験期を迎えた1980年代後半から1990年代前半に「不本意入学者」が存在していることを指摘した上で，多くの「不本意入学者」を生み出した要因の一つとして，共通テストの出現，および定着による大学の序列化があることを次のように述べている。

センター試験（共通テスト）の導入前は，学部ごと，あるいは専攻ごとの序列のようなものはあったが，全ての大学の学部を共通に測るものさしは存在しなかった。例えば，法学部だとここの大学が1番，2番目はここ，3番目はここというような序列が確かにあった。けれども，ここの大学の法学部が何番目で，次に来るのがここの大学の経済学部だというような序列はなかった。＜中略＞センター試験（共通テスト）の導入によって，全ての大学の全ての学部を共通に測るものさしが出現した。＜中略＞だから専門としては違うけれども，受かりそうなところを受けている。このことによって，大学への不本意入学，無目的入学が増大した。⁽³⁴⁾

これらの指摘からは，大学入試の場合，もう少し頑張っていればもう少し偏差値が上の大学に進学できたのかもしれないという学部・学科等の序列が一元化された大学ランキングによる焚きつけの構造が，入学したかったレベルの大学群の選抜から漏れたときに不本意感を発生させる要因となっている可能性が示唆される。特に，国立大学の場合，国立大学協会（2000）が，「国立大学志願者（一般選抜）については，原則としてセンター試験5教科7科目の受験を課す」という方針を示して以降⁽³⁵⁾，各大学の入試科目数がほぼ同一となったことで，ますます一元的に序列をつけやすくなったといえる。

3. 不本意入学者層の変動−不本意就学者の拡大

高等教育がマス段階に突入した1960年代後半からおよそ40年後の2000年代後半には，大学進学率が50%を超えマス段階からユニバーサル段階へ移行したことが確認できる（図2-1）。この大学進学率が50%を超えたユニバーサル段階における「不本意入学者」についての先行研究を見ると，序章でも言及した寺﨑昌男（2006）の「不本意入学者というのを日本の大学がたくさん抱えていることはもともと否定できない事実である。今いる大学が，本当に自分の入りたかった大学であるかどうかということについて，彼らに自信がないと思って間違いない」⁽³⁶⁾や，寺﨑昌男（2010）の「偏差値的に上のレベルになればなるほど，よそへ行きたかったと思う率が高い。（中略）日本の大学は不本意入学，不本意学生だらけである」という選抜機能が働く学校群ほど「不本意入学者」が多いという指摘⁽³⁷⁾，さらに，森朋子（2013）の「入学直後から学習の動機づけにあふれている新入生は多くない。新入生は誰しも明るい未来に期待を膨ら

ませているわけではないという事実に教師は愕然とさせられる」という「不本意入学者」に対するインタビュー調査の分析からは、[38]ユニバーサル段階においても、マス段階から続く「不本意入学者」が存在していることがわかる。

　一方、アメリカで高等教育への進学率が50%を超えたことについてマーチン・トロウ（1976）は、「学生数の増大とユニバーサル高等教育への移行は、多くの学生に大学への就学をしだいに義務と感じさせるようになり、かれらはますます自分の意志からではなく就学する存在となりつつある」と述べている。[39]また、川嶋太津夫（2006）は、日本について「大学・短大への進学率が50%を超えた今日、大学進学者の中には自らが積極的に進学を選択したのではなく、事実上『強制』されて進学した『不本意就学者』がかなり存在する」と指摘している。[40]

　このトロウ（1976）や川嶋（2006）の指摘から次の二点に注目したい。一点目は、大学進学を「義務」や「強制」と捉えていることである。東京大学大学院教育学研究科大学経営政策研究センター（2005）の調査によると、進学を考えている高校生の35.6%が「まわりのみんなが進学するから」を進学理由として肯定している。[41]また、山内乾史（2005）の「大学にいかない方が『なぜ、あえていかないのか』をはっきりさせなければならない時代」[42]や、中澤渉（2015）の「周囲が進学するから（進学しないと負のレッテルを貼られるので）進学する人も多いだろう」[43]の指摘は、まさに大学進学が主体的な選択の中に義務感という要素が入り込んだ受動的な選択にシフトしていることを示したものである。そして、この主体的な選択から「義務」や「強制」といった受動的な選択にシフトする分岐点として、大学進学率が50%を超えたユニバーサル段階であることが指摘できるだろう。

　もう一点は、大学進学を「入学」ではなく、「就学」、または「不本意就学」と表現していることである。この「不本意就学」について、江原武一（1983）は、「不本意就学」そのものは、近代以降の学校の成立以来、口にされてきたことであると述べた上で、高校の「不本意就学」の研究から、非進学者が少数者になった段階から、進学しないことはマイナスの効果しか持たないことになる。そのため、人並みを求める平等主義と集団主義の強い日本では、たとえ本人に進学の意思がなくても周囲の状況から進学を余儀なくされることが少なくないと指摘している。[44]この江原（1983）の指摘で着目したいのは、「非進学者が少数者になった段階から」という点である。つまり、非進学者が50%を切った段階から「不本意就学者」が増え、顕在化するということが

いえる。これを大学進学率にあてはめて考えた場合, 日本において「不本意就学者」の増加が顕著となったのが, 大学進学率が 50％を超えユニバーサル段階に突入した 2000 年代後半と考えることができるだろう。

このユニバーサル段階で増加し顕在化したと見られる「不本意就学者」と, マス段階ですでに顕在化している「不本意入学」の相違点について改めて整理したい。まず,「就学」の意味を辞書で確認すると,「学校に入って学童生徒となること」(『広辞苑（第七版)』(2018)),「学校に入って教育を受けること。また, 在学していること」(『デジタル大辞泉』(2016)) とある。一方,「入学」については,「新たにその学校に入って, 児童・生徒・学生となること」(『広辞苑（第七版)』(2018)),「ある学校の新しい児童・生徒・学生となること」(『デジタル大辞泉』(2016)) とある。これらの表記から考えられるのは, 学校に入ることは同じであっても,「就学」が入る学校を特定していないのに対し,「入学」は入る学校を特定した意味合いが強いということである。つまり,「入学」と「就学」は, 学校に入るという意味では同じだが, 入学する学校を特定化しているのかどうかによってそれぞれ異なる概念を持っていると考えられる。

これを「不本意入学」と「不本意就学」のケースで考えると, 望月由起 (2007) の「『不本意入学者』とは, 大学に進学すること自体に不本意感を抱くのではなく, 自己が進学した大学に対して不本意感を抱いている者であり, マス高等教育からユニバーサル高等教育への移行に伴って出てくるところの『不本意就学』の問題とは意味合いが異なる」という指摘にある通り, 高等教育のユニバーサル段階において,「不本意入学」は入学する特定の大学に対しての不本意,「不本意就学」は入学する特定の大学ではなく, 高校卒業後の進路先が大学進学となったことに対する不本意というそれぞれ異なる概念として整理できるだろう。

これらの概念の整理と, マーチン・トロウ (1976) が,「マス高等教育が発展したからといって, それでエリート型の高等教育機関が破壊され, あるいはマス型の機関へと変容していくわけではない」と述べていることを踏まえると, ユニバーサル段階である現代の「不本意入学者」には, マス段階から続く「不本意入学者」と, ユニバーサル段階で増加した「不本意就学者」がそれぞれ存在する可能性が考えられる。

一方,「不本意就学」について伊藤美奈子 (1995) は,「不本意就学」を上位概念とした上で, 教育社会学的観点では「不本意就学」という用語を用いる一方で,

臨床的観点では「不本意入学（就学）」と表記し、「不本意就学」を「不本意入学」の中に含めて捉えている。また、近田政博（2016）は、「不本意入学」の概念整理の中で、大学に進学すること自体に意欲がない者を「不本意就学」ではなく「最広義の不本意入学」と表現している。

　このように、ユニバーサル段階において「不本意就学」を「最広義の不本意入学」とする研究や、「不本意就学」を「不本意入学」に含める、あるいは、「不本意入学」を「不本意就学」に含める研究がそれぞれ散見されるなど、現代の「不本意入学者」の実態について、マス段階から存在する「不本意入学」とユニバーサル段階で顕在化した「不本意就学」の関係について、必ずしも十分な検討がなされていないことが窺える。

　そこで次節では、これまでの研究では、「不本意入学」と「不本意就学」の関係からは必ずしも十分に検討がなされてきたとは言えない現代の「不本意入学者」の実態について、S大学入学生に対する調査分析のケースから検討を行う。

第2節　不本意入学者の実態に関する調査

　本節では、第1節で示した先行研究を踏まえ、S大学入学生を一つの事例として、「入学」、「就学」、さらに「入学」と「就学」の双方に対して不本意感を持つ者がそれぞれどの程度存在するのかについて、現代の、すなわちユニバーサル段階の「不本意入学者」の実態について検討する。

1. 方法

　質問紙調査法による量的研究により分析を進める。調査は2015年4月に、近畿地方に所在する私立4年制S大学社会科学系学部、および理工学系学部に所属する1年生を対象に、講義終了後に質問紙を配布し回答してもらい、その場で回収する方法で実施した（n= 318：《社会科学系学部：n= 241、理工学系学部：n= 77》）。

　調査時期を4月としたのは、「不本意入学者」の入学時の不本意感にアプローチするためである。「不本意入学」について、序章でも示した通り、望月由起（2007）は、「本当はこの大学に入るのが希望ではなかったが、仕方なく来たというように、不本意な感じをもちながらの入学を示すものである」と定義している。つまり、「不本意入学者」とは、入学を希望していた以外の学校に、本来は入学したくはなかったが最終的に入

学することを選択した者であり，入学することに対していだく不本意感の時間軸は入学することを決めた時点から実際に入学する時期までと考えることができる。小林哲郎（2000）の「実際には，不本意感を抱きながらも，クラス・サークル等での友人関係を支えにしたり，その学問に興味を持つことができて，やがて，その不満が解消したりやわらいだりする学生が多い」や，伊藤美奈子（1995）の「不本意感は状況により変化の可能性がある」という指摘に見られるように，もともと不満を抱えて入学した者と，期待を持って入学したが入学後早々に失望した者とでは不本意感の質が異なる。したがって，「不本意入学者」の不本意感にアプローチするためには，「不本意入学者」の入学することを決めた時点から実際に入学する時期までとする時間軸を，検討を行う期間として設定する必要性があると考えられる。

そのため，本研究では，大学「不本意入学者」の不本意感へのアプローチを，大学入試の失敗による大学入学時点（4月）に設定して検討を行う。また，「不本意就学者」の時間軸についても「入学」と「就学」の重複関係を検討する観点から，「不本意入学者」と同様の時間軸の範囲で分析を行う。S大学は近畿地方における中堅私立大学で，2015年度入試における実質倍率は，社会科学系学部，理工学系学部とも入試方式に関わらず1.0倍を超え，選抜機能を維持している。ただし，現代日本の高等教育システムの中で，トロウが指摘するマス段階の特徴を持つ選抜性を有する大学ではあるものの，難関大学のような「選抜性の高い大学」ではなく「選抜性が中程度の大学」として位置づけられる。

社会科学系学部，理工学系学部の入学生を対象としたのは，これらの学部系統への入学者は他の学部系統への入学者と比べ大学入学満足度が相対的に低いという調査結果から，「不本意入学者」の一定の標本数の確保が可能であると考えたためである。

調査内容については，先行研究において示された現代の「不本意入学者」と「不本意就学者」の実態にアプローチするため，入学に対する本意度については，現在，在籍する大学へ入学した時点での気持ちを，就学に対する本意度については，高校卒業後の進路先が，就職・専門学校等ではなく，4年制大学であることに対する入学時点での気持ちをそれぞれ，「本意（とても満足）」，「まあ本意（まあ満足）」，「やや不本意（あまり満足していない）」，「不本意（満足していない）」の4件法で質問した。また，4件法においてそれぞれ否定的な選択肢（「やや不本意（あまり満足していな

い）」,「不本意（満足していない）」の和）を回答した者を,序章で定義付けした通り,本研究における「不本意入学者」とし,「不本意就学者」についても「不本意入学者」と同様の定義付けに沿って分類した。志望度の尺度については,大学志望度の質問項目から「第一志望」と「第二志望以下」（「第二志望」,「第三志望以下」の和）とした。

　また,分析方法は,まず,志望度と本意度の関係を検証するため統計的分析（分散分析）を行い,分析の結果を踏まえ,学習動機づけの要因別,男女別,出身高校別（出身高校が大学の所在地と同一都道府県に位置しているか否か）に「本意入学者」と「不本意入学者」の特徴について検討する。検証にあたっては,本意度を「本意（とても満足）：4点」,「まあ本意（まあ満足）：3点」,「やや不本意（あまり満足していない）：2点」,「不本意（満足していない）：1点」として点数化し統計的分析（t検定）を行った。

　学習動機づけの要因の質問項目の作成にあたっては,市川伸一（2001）の学習動機の2要因モデルに依拠した[54]。市川は,学習動機づけを,学習内容そのものを重視しているかどうかという「学習内容の重要性」と,学習による直接的な報酬をどの程度期待しているかという「学習の功利性」の2軸に分類し,図2-3の6つのカテゴリに分類している。学習内容の重要性を重視する内容関与的動機として,「充実志向」,「訓練志向」,「実用志向」,学習内容の重要性を重視しない内容分離的動機として,「関係志向」,「自尊志向」,「報酬志向」があるが,このうち,最も内発的な動機づけは,学習自体が楽しいという「充実志向」で,最も外発的な動機づけは,報酬を得る手段として学ぶ「報酬志向」となる。また,市川（2001）は,「報酬志向」と「実用志向」について,学習の功利性を重視する点は同じでも,「報酬志向」が学習内容の意義を感じずに外から与えられる報酬がめあての動機であるのに対し,「実用志向」は,学習者に統合化されていて,必要感や目的感を伴う動機のため,この2つの志向の差は大きいと指摘している。

図2-3　学習動機の2要因モデル

出典）市川伸一（1995）『学習と教育の心理学』岩波書店，21. より作成。

なお，分析に用いた質問項目は次の通りである。

【質問項目】

①性別

　「男子」，「女子」の2件法

②出身高校の所在地（都道府県）

　記述式

③現在在籍する大学について，受験時点での志望順位

　「第一志望」，「第二志望」，「第三志望以下」の3件法

④現在在籍する大学について，入学する時点での本意度（満足度）

　「本意（とても満足）」，「まあ本意（まあ満足）」，「やや不本意（あまり満足してい
ない）」，「不本意（満足していない）[55]」の4件法

⑤高校卒業後の進路先が，4年制大学であることに対する気持ち

　「本意（とても満足）」，「まあ本意（まあ満足）」，「やや不本意（あまり満足してい
ない）」，「不本意（満足していない）」の4件法

⑥学習動機づけの要因（大学で勉強する理由）

　「とてもあてはまる」，「まああてはまる」，「どちらともいえない」，「あまりあてはまらない」，
「まったくあてはまらない」の5件法

2. 結果

（1）「不本意入学者」と「不本意就学者」の割合

「不本意入学者」と「不本意就学者」がそれぞれどの程度の割合を占めているの
かを，入学に対する本意度，就学に対する本意度の4件法の回答結果から集計した
ところ，「不本意入学者」は132人（41.5%），「不本意就学者」は35人（11.1%）

存在し,「不本意入学者」の割合が「不本意就学者」より4倍近く多い結果となった(表2-3)。

表2-3 入学・就学に対する本意度の回答割合(n = 318)

		本意 (A)	まあ本意 (B)	やや不本意 (C)	不本意 (D)	本意 (A+B)	不本意 (C+D)
入学	人数	34	152	96	36	186	132
	割合	10.7%	47.8%	30.2%	11.3%	58.5%	41.5%
就学	人数	132	149	28	7	281	35
	割合	41.8%	47.2%	8.9%	2.2%	88.9%	11.1%

(2) 入学本意度と就学本意度のクロス集計

　最も多かった組み合わせは,「入学」も「就学」も本意である者で176人(55.7%),次に多かったのが,「入学」は不本意だが「就学」は本意である者の105人(33.2%)となり,以下,「入学」も「就学」も不本意が26人(8.2%),「入学」は本意だが「就学」は不本意が9人(2.8%)という順となった(表2-4)。この結果からは,「不本意入学」と「不本意就学」の重複者が被験者全体の8.2%と1割近く存在することが確認できる。

　次に,被験者全体から「不本意入学者」と「不本意就学者」を抽出(n= 140)した場合,「不本意就学」ではない「不本意入学者」が75.0%,「不本意入学」ではない「不本意就学者」が6.4%,「不本意入学」と「不本意就学」の重複者は18.6%存在した。また,「不本意入学者」の中で見ると「不本意就学」との重複者は19.8%,「不本意就学者」の中で見ると「不本意入学」との重複者は74.3%となった(表2-5)。

　また,「入学」に対する不本意感と「就学」に対する不本意感の度合いをパターン別に組み合わせたのが表2-6である。「入学」も「就学」も不本意という重複者の組み合わせを見ると,「入学」,「就学」双方に強い不本意感を持っている者が約20%,「入学」と「就学」のいずれかに強い不本意感を持っている者が約20%,そして,残りの約60%は「入学」に対しても「就学」に対しても強い不本意感を持っていないことがわかった。

表2-4 入学本意度と就学本意度のクロス集計（n = 316）

		就学・本意	就学・不本意
入学・本意	人数	176	9
	割合	55.7%	2.8%
入学・不本意	人数	105	26
	割合	33.2%	8.2%

表2-5 「不本意入学者」と「不本意就学者」のクロス集計① （n = 140）

	(A) 不本意入学者	(A)＋(B) 重複者	(B) 不本意就学者
人数	105	26	9
割合	75.0%	18.6%	6.4%
人数	105	26	
割合	80.2%	19.8%	
人数		26	9
割合		74.3%	25.7%

表2-6 「不本意入学者」と「不本意就学者」のクロス集計② （n = 140）

入学・不本意－就学・本意　n＝105

入学	就学	n数	割合
不本意	本意	7	7%
不本意	まあ本意	20	19%
やや不本意	本意	28	27%
やや不本意	まあ本意	50	48%

入学・不本意－就学・不本意　n＝26

入学	就学	n数	割合
不本意	不本意	5	19%
不本意	やや不本意	3	12%
やや不本意	本意	2	8%
やや不本意	やや不本意	16	62%

入学・本意－就学・不本意　n＝9

入学	就学	n数	割合
まあ本意	やや不本意	9	100%

（3）本意入学者と不本意入学者の割合（男女別，出身高校所在地別）

　「本意入学者」と「不本意入学者」の割合を，男女別にまとめたのが表2-7である。「不本意入学者」の割合は男子41.6%に対して女子が34.4%となり，女子の方が7%程度低かった。一方，出身高校所在地が大学所在地と同一県か否かに分類して「本意入学者」と「不本意入学者」の割合を調べたところ，「不本意入学者」の割合は，県内41.3%，県外41.7%とほぼ同じであった（表2-8）。

表2-7　「本意入学者」と「不本意入学者」の割合（男女別）

		入学・本意	入学・不本意	合計
男子	人数	163	116	279
	割合	58.4%	41.6%	100%
女子	人数	21	11	32
	割合	65.6%	34.4%	100%

表2-8　「本意入学者」と「不本意入学者」の割合（出身高校所在地別）

		入学・本意	入学・不本意	合計
県内	人数	81	57	138
	割合	58.7%	41.3%	100%
県外	人数	105	75	180
	割合	58.3%	41.7%	100%

（4）　入学本意度と志望度のクロス集計，分散分析，多重比較検定（表 2-9, 2-10, 2-11）

「第一志望・本意」，「第一志望・不本意」，「第二志望以下・本意」，「第二志望以下・不本意」の4タイプの割合を見たところ，「第一志望・本意」が37.6%，「第一志望・不本意」が11.3%，「第二志望以下・本意」が20.9%，「第二志望以下・不本意」が30.2%となった（表 2-9）。序章で示した通り，第一志望校の不合格者が「不本意入学者」となるという先行研究や，表 2-9 において志望順位と本意度との間には関係が見られるが，本調査では，第一志望校の合格者の中に「不本意入学者」が11.3%存在し，一方で，第二志望校以下の合格者の中に20.9%の「本意入学者」が存在することから，第一志望校の「不本意入学者」と第二志望校以下の「本意入学者」に着目し，学習動機づけの要因の観点から4タイプの特徴を調べた。

　分散分析の結果，「すぐに役に立たないにしても，勉強がわかること自体おもしろいから【充実志向・内容関与的動機】」，「勉強すると，筋道だった考えができるようになるから【訓練志向・内容関与的動機】」，「学んだことを将来の仕事にいかしたいから【実用志向・内容関与的動機】」，「勉強で得た知識は，いずれ仕事や生活の役に立つと思うから【実用志向・内容関与的動機】」の4項目で有意差が見られたことから（表 2-10），4タイプのうち，どのタイプ間に有意差があるのかを確認するため，ボンフェロニの多重比較検定を行ったところ，「すぐに役に立たないにしても，勉強がわかること自体おもしろいから【充実志向・内容関与的動機】」では，「第一志望・不本意」と「第

二志望以下・本意」との間に,「勉強すると,筋道だった考えができるようになるから【訓練志向・内容関与的動機】」では,「第一志望・不本意」と「第二志望以下・本意」との間に,「学んだことを将来の仕事にいかしたいから【実用志向・内容関与的動機】」では,「第一志望・本意」と「第一志望・不本意」との間に,「勉強で得た知識は,いずれ仕事や生活の役に立つと思うから【実用志向・内容関与的動機】」では,「第一志望・本意」と「第一志望・不本意」,「第一志望・不本意」と「第二志望以下・本意」との間にそれぞれ有意差が見られた（表2-11）。一方で,「第一志望・本意」と「第二志望以下・本意」,「第一志望・不本意」と「第二志望以下・不本意」との間に有意差のある項目が見られなかったことから,学習動機づけの要因から見た場合,志望順位が第二位以下でも本意であると感じる者が,第一志望で不本意だと感じる者と比較して,内容関与的動機づけが高いことがわかった。

表2-9　入学本意度と志望度のクロス集計（n＝311）

		入学・本意	入学・不本意
第一志望	人数	117	35
	割合	37.6%	11.3%
第二志望以下	人数	65	94
	割合	20.9%	30.2%

表2-10　学習動機づけの要因と入学本意度・志望度４タイプの関係（分散分析）
みんなと一緒に何かをするのが楽しいから【関係志向・内容分離的動機】

変動	平方和	自由度	平均平方	F 値	P 値	判 定
グループ間	8.0698	3	2.6899	2.1324	0.0961	
グループ内	386.0076	306	1.2615			
合計	394.0774	309				

*p＜.05　**p＜.01

先生が気にかけてくれるから【関係志向・内容分離的動機】

変動	平方和	自由度	平均平方	F 値	P 値	判 定
グループ間	3.2372	3	1.0791	1.1294	0.3373	
グループ内	293.3094	307	0.9554			
合計	296.5466	310				

*p＜.05　**p＜.01

ライバルに負けたくないから【自尊志向・内容分離的動機】

変動	平方和	自由度	平均平方	F 値	P 値	判 定
グループ間	5.7375	3	1.9125	1.2399	0.2953	
グループ内	473.5423	307	1.5425			
合計	479.2797	310				

*p<.05　**p<.01

成績がよいと自身が持てるから【自尊志向・内容分離的動機】

変動	平方和	自由度	平均平方	F 値	P 値	判 定
グループ間	6.7445	3	2.2482	1.7718	0.1525	
グループ内	387.0095	305	1.2689			
合計	393.7540	308				

*p<.05　**p<.01

成績がよいと就職や大学院進学に有利だから【報酬志向・内容分離的動機】

変動	平方和	自由度	平均平方	F 値	P 値	判 定
グループ間	3.5896	3	1.1965	1.0219	0.3832	
グループ内	358.2942	306	1.1709			
合計	361.8839	309				

*p<.05　**p<.01

よい就職先の方が，社会に出てからも得なことが多いと思うから【報酬志向・内容分離的動機】

変動	平方和	自由度	平均平方	F 値	P 値	判 定
グループ間	6.1307	3	2.0436	1.8523	0.1377	
グループ内	334.2862	303	1.1033			
合計	340.4169	306				

*p<.05　**p<.01

すぐに役に立たないにしても，勉強がわかること自体おもしろいから【充実志向・内容関与的動機】

変動	平方和	自由度	平均平方	F 値	P 値	判 定
グループ間	10.9630	3	3.6543	3.2101	0.0234	*
グループ内	349.4808	307	1.1384			
合計	360.4437	310				

*p<.05　**p<.01

何かができるようになっていくことは楽しいから【充実志向・内容関与的動機】

変動	平方和	自由度	平均平方	F 値	P 値	判 定
グループ間	1.9068	3	0.6356	0.6152	0.6056	
グループ内	315.1288	305	1.0332			
合計	317.0356	308				

*p＜.05 **p＜.01

いろいろな面からものごとが考えられるようになるため【訓練志向・内容関与的動機】

変動	平方和	自由度	平均平方	F 値	P 値	判 定
グループ間	4.8506	3	1.6169	1.7911	0.1488	
グループ内	277.1301	307	0.9027			
合計	281.9807	310				

*p＜.05 **p＜.01

勉強すると，筋道だった考えができるようになるから【訓練志向・内容関与的動機】

変動	平方和	自由度	平均平方	F 値	P 値	判 定
グループ間	12.5198	3	4.1733	4.5430	0.0039	**
グループ内	280.1792	305	0.9186			
合計	292.6990	308				

*p＜.05 **p＜.01

学んだことを将来の仕事にいかしたいから【実用志向・内容関与的動機】

変動	平方和	自由度	平均平方	F 値	P 値	判 定
グループ間	8.8929	3	2.9643	3.3670	0.0190	*
グループ内	270.2840	307	0.8804			
合計	279.1768	310				

*p＜.05 **p＜.01

勉強で得た知識は，いずれ仕事や生活の役に立つと思うから【実用志向・内容関与的動機】

変動	平方和	自由度	平均平方	F 値	P 値	判 定
グループ間	14.6963	3	4.8988	5.6104	0.0009	**
グループ内	267.1875	306	0.8732			
合計	281.8839	309				

*p＜.05 **p＜.01

表2-11　学習動機づけの要因と入学本意度・志望度4タイプの関係（多重比較検定・Bonferroni）

すぐに役に立たないにしても，勉強がわかること自体おもしろいから【充実志向・内容関与的動機】

水準1	水準2	平均1	平均2	差	統計量	P　値	判定
第一志望本意	第一志望不本意	3.0684	2.7429	0.3255	1.5836	0.6859	
第一志望本意	第二志望以下本意	3.0684	3.3846	0.3162	1.9160	0.3378	
第一志望本意	第二志望以下不本意	3.0684	2.9787	0.0897	0.6066	1.0000	
第一志望不本意	第二志望以下本意	2.7429	3.3846	0.6418	2.8689	0.0264	*
第一志望不本意	第二志望以下不本意	2.7429	2.9787	0.2359	1.1164	1.0000	
第二志望以下本意	第二志望以下不本意	3.3846	2.9787	0.4059	2.3583	0.1139	

*p＜.05　**p＜.01

勉強すると，筋道だった考えができるようになるから【訓練志向・内容関与的動機】

水準1	水準2	平均1	平均2	差	統計量	P　値	判定
第一志望本意	第一志望不本意	3.3966	2.9429	0.4537	2.4545	0.0880	
第一志望本意	第二志望以下本意	3.3966	3.6719	0.2753	1.8448	0.3962	
第一志望本意	第二志望以下不本意	3.3966	3.3191	0.0774	0.5819	1.0000	
第一志望不本意	第二志望以下本意	2.9429	3.6719	0.7290	3.6181	0.0021	**
第一志望不本意	第二志望以下不本意	2.9429	3.3191	0.3763	1.9827	0.2898	
第二志望以下本意	第二志望以下不本意	3.6719	3.3191	0.3527	2.2709	0.1431	

*p＜.05　**p＜.01

学んだことを将来の仕事にいかしたいから【実用志向・内容関与的動機】

水準1	水準2	平均1	平均2	差	統計量	P 値	判定
第一志望 本意	第一志望 不本意	4.1966	3.6571	0.5394	2.9840	0.0184	*
第一志望 本意	第二志望以下 本意	4.1966	4.1231	0.0735	0.5064	1.0000	
第一志望 本意	第二志望以下 不本意	4.1966	3.9681	0.2285	1.7581	0.4783	
第一志望 不本意	第二志望以下 本意	3.6571	4.1231	0.4659	2.3685	0.1109	
第一志望 不本意	第二志望以下 不本意	3.6571	3.9681	0.3109	1.6736	0.5714	
第二志望以下 本意	第二志望以下 不本意	4.1231	3.9681	0.1550	1.0240	1.0000	

*p＜.05　**p＜.01

勉強で得た知識は，いずれ仕事や生活の役に立つと思うから【実用志向・内容関与的動機】

水準1	水準2	平均1	平均2	差	統計量	P 値	判定
第一志望 本意	第一志望 不本意	4.1121	3.4286	0.6835	3.7928	0.0011	**
第一志望 本意	第二志望以下 本意	4.1121	4.1385	0.0264	0.1823	1.0000	
第一志望 本意	第二志望以下 不本意	4.1121	3.9149	0.1972	1.5205	0.7765	
第一志望 不本意	第二志望以下 本意	3.4286	4.1385	0.7099	3.6236	0.0020	**
第一志望 不本意	第二志望以下 不本意	3.4286	3.9149	0.4863	2.6283	0.0541	
第二志望以下 本意	第二志望以下 不本意	4.1385	3.9149	0.2236	1.4831	0.8344	

*p＜.05　**p＜.01

（5）学習動機づけの要因における「本意入学者」と「不本意入学者」の特徴

　そこで，次に，学習動機づけの要因における「本意入学者」と「不本意入学者」の特徴について確認するため平均スコアを一覧にしたのが図2-4である。12項目中10項目で「本意入学者」の平均スコアが「不本意入学者」を上回っている。特に，内容関与的動機である「充実志向」，「訓練志向」，「実用志向」の6項目については，すべて「本意入学者」の平均スコアが「不本意入学者」を上回っている。そのため，統計的有意差が見られるかどうかを確認したところ，「充実志向」，「訓練志向」，「実用志向」，「関係志向」の合計5項目において，それぞれ5％水準で有意差が見られた（表2-12）。

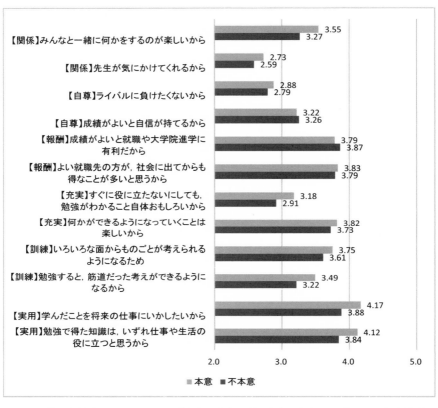

図2-4　学習動機づけの要因における「本意入学者」と「不本意入学者」の平均スコア（5点満点）

表2-12　学習動機づけの要因における「本意入学者」と「不本意入学者」の差（t検定）

	平均点			P値	判定
	本意	不本意	差（本意－不本意）		
【関係】みんなと一緒に何かをするのが楽しいから	3.55	3.27	0.28	0.034	*
【関係】先生が気にかけてくれるから	2.73	2.59	0.14	0.218	
【自尊】ライバルに負けたくないから	2.88	2.79	0.09	0.535	
【自尊】成績がよいと自信が持てるから	3.22	3.26	-0.03	0.799	
【報酬】成績がよいと就職や大学院進学に有利だから	3.79	3.87	-0.08	0.516	
【報酬】よい就職先の方が，社会に出てからも得なことが多いと思うから	3.83	3.79	0.04	0.746	
【充実】すぐに役に立たないにしても，勉強がわかること自体おもしろいから	3.18	2.91	0.27	0.034	*
【充実】何かができるようになっていくことは楽しいから	3.82	3.73	0.09	0.441	
【訓練】いろいろな面からものごとが考えられるようになるため	3.75	3.61	0.14	0.213	
【訓練】勉強すると，筋道だった考えができるようになるから	3.49	3.22	0.28	0.015	*
【実用】学んだことを将来の仕事にいかしたいから	4.17	3.88	0.29	0.012	*
【実用】勉強で得た知識は，いずれ仕事や生活の役に立つと思うから	4.12	3.84	0.28	0.014	*

*p＜.05　**p＜.01

（6）学習動機づけの要因における「本意入学者」と「不本意入学者」の特徴（男女別）

「不本意入学者」の割合に異なる傾向が見られたため，男子と女子の学習動機づけの要因について，「本意入学者」と「不本意入学者」との間に差が見られるのかどうかを男女別に整理したのが表2-13，表2-14である。男子は全体傾向と同様，5項目で「本意入学者」と「不本意入学者」の間に統計的有意差が見られたのに対し，女子は1項目に留まり，男女で異なる傾向が見られた。ただし，平均スコアを見ると，「本意入学者」，「不本意入学者」とも，女子が男子に比べて低い傾向は見られず，男子で有意差が出た項目の男子の「不本意入学者」のスコアが低い特徴が見られた。

表2-13　学習動機づけの要因における「本意入学者」と「不本意入学者」の差（t検定）・男子

	平均点			P値	判定
	本意	不本意	差（本意－不本意）		
【関係】みんなと一緒に何かをするのが楽しいから	3.52	3.21	0.31	0.032	*
【関係】先生が気にかけてくれるから	2.74	2.52	0.23	0.069	
【自尊】ライバルに負けたくないから	2.89	2.74	0.16	0.301	
【自尊】成績がよいと自信が持てるから	3.20	3.25	-0.04	0.767	
【報酬】成績がよいと就職や大学院進学に有利だから	3.81	3.84	-0.03	0.794	
【報酬】よい就職先の方が，社会に出てからも得なことが多いと思うから	3.82	3.77	0.05	0.724	
【充実】すぐに役に立たないにしても，勉強がわかること自体おもしろいから	3.17	2.84	0.33	0.014	*
【充実】何かができるようになっていくことは楽しいから	3.81	3.66	0.14	0.273	
【訓練】いろいろな面からものごとが考えられるようになるため	3.74	3.52	0.23	0.063	
【訓練】勉強すると，筋道だった考えができるようになるから	3.49	3.17	0.32	0.009	**
【実用】学んだことを将来の仕事にいかしたいから	4.17	3.84	0.33	0.007	**
【実用】勉強で得た知識は，いずれ仕事や生活の役に立つと思うから	4.13	3.77	0.36	0.003	**

*p＜.05　**p＜.01

表2-14　学習動機づけの要因における「本意入学者」と「不本意入学者」の差（ t 検定）・女子

	平均点			P値	判定
	本意	不本意	差（本意－不本意）		
【関係】みんなと一緒に何かをするのが楽しいから	3.75	3.73	0.02	0.953	
【関係】先生が気にかけてくれるから	2.55	3.18	-0.63	0.031	*
【自尊】ライバルに負けたくないから	2.70	3.09	-0.39	0.356	
【自尊】成績がよいと自信が持てるから	3.35	3.36	-0.01	0.961	
【報酬】成績がよいと就職や大学院進学に有利だから	3.65	4.18	-0.53	0.236	
【報酬】よい就職先の方が, 社会に出てからも得なことが多いと思うから	3.90	4.09	-0.19	0.540	
【充実】すぐに役に立たないにしても, 勉強がわかること自体おもしろいから	3.25	3.73	-0.48	0.223	
【充実】何かができるようになっていくことは楽しいから	4.00	4.18	-0.18	0.507	
【訓練】いろいろな面からものごとが考えられるようになるため	3.85	4.36	-0.51	0.072	
【訓練】勉強すると, 筋道だった考えができるようになるから	3.60	3.45	0.15	0.707	
【実用】学んだことを将来の仕事にいかしたいから	4.20	4.27	-0.07	0.847	
【実用】勉強で得た知識は, いずれ仕事や生活の役に立つと思うから	4.10	4.27	-0.17	0.553	

*p＜.05　**p＜.01

3. 考察とまとめ

　先行研究，および，S大学における調査結果を踏まえ，大学進学率が50%を超えるユニバーサル段階の現代の「不本意入学者」について，次の四点から考察を進めていきたい。

　一点目は，学習動機づけの要因から第一志望校の不本意入学者と第二志望校以下の本意入学者に着目して見た場合，「不本意入学」は志望順位には依存しないということである。調査分析からは，「第一志望・不本意」と「第二志望以下・本意」，および，「第一志望・本意」と「第一志望・不本意」との間に統計的有意差が見られた一方で，「第一志望・本意」と「第二志望以下・本意」，および，「第一志望・不本意」と「第二志望以下・不本意」との間には，統計的有意差は見られなかった。序章では，「不本意入学」のタイプとして小林哲郎（2000）が，「第一志望不合格型」があることを示したが，学習動機づけの要因から見た場合,志望順位と「不本意入学」とは関連がないことが調査分析から示されたといえる。そして，「充実志向」，「訓練志向」，「実用志向」といった「内容関与的動機」,すなわち，入学する大学に対して，学習内容に関連した動機づけを持っていない者は，学習内容に関連した動機づけを持っている者と比べると，「不本意入学」となりやすい特徴があることがわかった。

　二点目は，男女別に異なる傾向が見られた点である。調査では，「不本意入学者」の割合が，男子 41.6%, 女子 34.4%と男子が女子よりも 7%程度高い傾向が見られた。この要因としては，第1章で示した野村（2014）の指摘にあるように，学歴重視の出

発点が男子であったこと，また，冨田洋三（2010）が，終身雇用制という男性のみを対象とする雇用制度によって，「男は外で働き，女は家庭を守る」という性別役割分担を良しとする通念が正当化されてきたと述べているように，学歴と結びついた産業構造が，男子をヨコの学歴を獲得するための大学進学競争に駆り立ててきたことなどが考えられる。野辺地正之（1983）は笠原嘉の指摘として，大学入学後に「物質的な豊かさ」と「大学の大衆化」から発生するスチューデント・アパシー（学生無気力症）は，男子に多いことを紹介しているが，ヨコの学歴獲得競争に敗れた男子の結果を反映した一つの側面と捉えることができるだろう。

　三点目は，中程度の選抜性を有する大学については，「不本意入学者」は，一定の割合で存在しており，かつ，マス段階から減少していない可能性が高いということである。大学進学率が 15 〜 50％未満のマス段階における「不本意入学者」について，先行研究では 10 〜 30％台の割合が示されたが，大学進学率が 50％超えたユニバーサル段階におけるS大学の「不本意入学者」の割合は 41.5％であった。大学全体の競争率は低下しているものの，選抜性を有する大学群については，大衆的受験競争の特徴である偏差値による大学の細かな序列化の構造はマス段階から続いており，大衆の多くがヨコの学歴獲得を目指す競争に参加する構図に変化は見られない，つまり，「不本意入学者」の量的発生規模の割合を見る限り，学歴を重視する傾向は弱まっているとはいえないことが指摘できる。

　四点目は，中程度の選抜性を有する大学については，「不本意入学者」に加え，江原武一（1983）が，社会の高学歴化が引き起こす社会的強制によって，進学の意思があまりなく，学習動機もないままに大学に入学したと特徴付ける「不本意就学者」が，一定の割合で存在しているということである。S大学における入学時点での「不本意就学者」は 11.1％であった。つまり，選抜試験で選ばれた者のうち，1 割程度は大学進学に対する目的意識が低い入学者がいるということになる。また，「不本意就学者」の多くは，特定の大学に入学する「不本意入学者」であることがわかった。S 大学の入学生に対する調査結果からは，「不本意入学者」の中で見た場合，80.2％の「不本意入学者」がS 大学に入学することは不本意だが，大学進学自体の進路選択は不本意であると感じていない。一方で，「不本意就学者」の中で見た場合，74.3％の「不本意就学者」が大学進学自体に対しての進路選択を不本意とし，かつ，S 大学への入学も不本意と感じていることがわかった。この両者の傾向として共通して

いるのは，特定の大学に入学することに対して不本意感を持っている者が多いということである。現代の「不本意入学者」の一つのタイプとして，「不本意入学者」の中に「不本意就学」を含む「不本意入学者」が一定数存在していることが示唆された。

　以上，四点から考察を行ったが，まとめると，本章においては，高等教育の大衆化が進行する中で，高校という集団内における規範的期待水準の形成や細かな偏差値ランキングによるアスピレーションの加熱，さらに，大学進学率が50％を超えたユニバーサル段階では，大学進学への強制力や義務感が加わった結果，「不本意入学者」の割合が減少している兆候は見られないこと，「不本意入学者」の割合は男子の方が女子よりも高い傾向にあること，学習動機づけの要因においては，学習内容と関連した動機づけを持っている方が「不本意入学」となりにくいこと（「本意入学」となりやすいこと），そして，「不本意入学」は志望順位に依存しないことを明らかにした。このうち，高校という集団内における規範的期待水準の形成によって，高校の階層ごとの「不本意入学」にどのような特徴が見られるのかについては，第4章において，進学校と非進学校という二つのタイプの所属集団の調査から検討を行う。

　次章では，高校生のアイデンティティと高校の進路指導を通しての自己選抜の観点から「不本意入学者」の特徴を見ていきたい。

【注と引用文献】

（1）　小方直幸（2018）「大衆化論」日本教育社会学会編『教育社会学事典』丸善出版，464．
（2）　苅谷剛彦（1995）『大衆教育社会のゆくえ』中公新書，12．
（3）　ホセ・オルテガ・イ・ガゼット（2002）『大衆の反逆』中公クラシックス，3-14．
（4）　内田樹（2006）『態度が悪くてすみません―内なる「他者」との出会い』角川 one テーマ21新書，97．
（5）　デイヴィッド・リースマン（2013）『孤独な群衆＜上＞』加藤秀俊訳，みすず書房，112-113，118，155．
（6）　市川昭午（1995）「大学大衆化と高等教育政策」市川昭午編『大学大衆化の構造』玉川大学出版部，1，26．
（7）　マーチン・トロウ（1976）『高学歴社会の大学－エリートからマスへ』天野郁夫・喜多村和之訳，東京大学出版会，28-37，194-195．
（8）　天野郁夫（1986）『高等教育の日本的構造』玉川大学出版部，128．
（9）　市川昭午（1995），前掲書，34．

(10) 黒羽亮一 (1992)「高等教育計画・着想と挫折」『大学研究第 10 号－1960 年代以降の大学政策』筑波大学研究センター, 62.

(11) 長谷川誠 (2016)『大学全入時代における進路意識と進路形成－なぜ 4 年制大学に進学しないのか－』ミネルヴァ書房, 84.

(12) 市川昭午 (1995), 前掲書, 34-39.

(13) 荒井克弘 (1995)「新設私立大学・短大の供給メカニズム」市川昭午編『大学大衆化の構造』玉川大学出版部, 5, 126.

(14) 内閣官房・内閣府 (2017)『第 9 回 地方大学の振興及び若者雇用等に関する有識者会議 資料2』平成 29 年 8 月 23 日＜https://warp.da.ndl.go.jp/info:ndljp/pid/11628841/www.kantei.go.jp/jp/singi/sousei/meeting/daigaku_yuushikishakaigi/h29-08-23.html＞ (2021 年 6 月 25 日アクセス)。

(15) 大南正瑛 (1999)『いま, 大学の臨時的定員を考える』大学基準協会, 22.

(16) 村瀬孝雄 (1981)「現代学生における自己確立の諸相」笠原嘉・山田和夫編『キャンパスの症候群』弘文堂, 3-9.

(17) 岩井勇児 (1984)「愛知教育大学学生の進路意識:V」『愛知教育大学研究報告 (教育科学編)』33, 77-94.

(18) 豊嶋秋彦 (1989)「大学生の不本意感と適応過程」『東北学院大学教育研究所紀要』8, 57-78.

(19) 桐山雅子 (1997)「学生相談室からみた現代の学生」東海高等教育研究所編『現代の学生』19, 43-44.

(20) 梶田叡一 (1983)「学歴研究のひとつの課題－『まなざしと自己概念』の視点から－」『教育社会学研究』38, 33-37.

(21) 進学校の定義については, 河村茂雄・藤原和政 (2010) の大学進学率が80%以上, 大久保智生 (2005) の大学進学率が90%以上と示したことに依拠し, 両者が示す下限値の大学進学率80%以上とした (河村茂雄・藤原和政 (2010)「高校生の学校適応を促進するための援助に関する研究－学校タイプ, 学校生活満足度の観点から－」『学校心理学研究』10(1), 53-62.) (大久保智生 (2005)「青年の学校への適応感とその規定要因－青年用適応感尺度の作成と学校別の検討－」『教育心理学研究』53 巻3号, 307-319.)。

(22) 吉本圭一 (1984)「高校教育の階層構造と進路分化」『教育社会学研究』39, 175-177.

(23) 竹内洋 (1995)『日本のメリトクラシー－構造と心性』東京大学出版会, 74.

(24) 本田由紀 (2011)『若者の気分 学校の「空気」』岩波書店, 1.

(25) 伊藤美奈子 (1995)「不本意就学類型化の試みとその特徴についての検討」『青年心理学研究』7, 31.

(26) 福島由依 (2018)「進路再選択における価値志向の検討－『仮面浪人』に関する量的・質的アプローチから」『日本教育社会学会第 70 回大会発表要旨集録』平成 30 年 9 月 3 日・4 日, 12-13.

(27) 赤田達也 (2009)『学歴ロンダリング実践マニュアル』オクムラ書店, 47.

(28) 吉本圭一 (1984), 前掲書, 177.

(29) 竹内洋 (1995), 前掲書, 96.

(30) 樋口とみ子 (2005)「入試制度 選抜試験と資格試験」田中耕治編『よくわかる教育評価 第 2 版』ミネルヴァ書房, XI, 168. 樋口は同書の中で, 偏差値について, 集

団の中での相対的位置を示すものであるがゆえに，他者との比較による「順位争いの競争」であり，定員内に入り込むための「限りない点とり競争」であったとも述べている。

(31) 山口裕之（2017）『大学改革という病』明石書店，231.
(32) 金子元久（2018）「日本における高等教育政策」日本教育社会学会編『教育社会学事典』丸善出版，466-467.
(33) 竹内洋（1995），前掲書，100-110.
(34) 大谷尚（2017）「講演 高大非接続の現状：序にかえて（公開講演会 高大を接続する：米国と日本の高大接続の現在と未来）」名古屋大学大学院教育発達科学研究科附属高大接続研究センター紀要』1，3-11.
(35) 国立大学協会（2000）『国立大学の入試改革−大学入試の大衆化を超えて−』平成12年11月15日＜ https://www.janu.jp/active/txt6-2/h12_11.html ＞（2021年6月25日アクセス）。
(36) 寺﨑昌男（2006）『大学は歴史の思想で変わる』東信堂，90-102.
(37) 寺﨑昌男（2010）「自校教育の役割と大学の歴史−アーカイブスの使命にふれながら」『金沢大学資料館紀要』5，3-11.
(38) 森朋子（2013）「初年次セミナー導入時の授業デザイン」初年次教育学会編『初年次教育の現状と未来』世界思想社，11章，165.
(39) マーチン・トロウ（1976），前掲書，28-37.
(40) 川嶋太津夫（2006）「初年次教育の意味と意義」濱名篤・川嶋太津夫（編）『初年次教育−歴史・理論・実践と世界の動向−』丸善株式会社，1，2.
(41) 東京大学大学院教育学研究科大学経営政策研究センター（2005）『高校生の進路追跡調査第一次報告書』2007年9月，20.
(42) 山内乾史（2005）「大学教育の改善・開発に向かって」山内乾史・原清治編『学力論争とはなんだったのか』ミネルヴァ書房，8，121.
(43) 中澤渉（2015）「入試と選抜」近藤博之・岩井八郎編『教育の社会学』一般財団法人放送大学教育振興会，10，157-167.
(44) 江原武一（1983）「不本意就学」麻生誠編『学校ぎらい勉強ぎらい』福村出版，106-122.
(45) 望月由起（2007）『進路形成に対する「在り方生き方指導」の功罪−高校進路指導の社会学−』東信堂，10-11.
(46) マーチン・トロウ（1976），前掲書，77.
(47) 伊藤美奈子（1995），前掲書，30-31.
(48) 近田政博（2016）「高学力層の大学新入生が抱える不本意感と違和感−神戸大学での調査結果から−」山内乾史・武寛子編『学修支援と高等教育の質保証Ⅱ』学文社，2章，11-46.
(49) 望月由起（2007），前掲書，10-11.
(50) 小林哲郎（2000）「大学・学部への満足感　学歴・転学部・編入・再受験」小林哲郎・高石恭子・杉原保史（編）『大学生がカウンセリングを求めるとき』ミネルヴァ書房，4，62-67. 小林は書の中で不本意入学者を入学時と入学後に分類している。
(51) 伊藤美奈子（1995），前掲書，30-41. 伊藤は不本意就学に関する調査時期を5～6月で設定し，不本意就学者のタイプとして入学時は不本意感を持っていたが入学後では現状を受容し満足している学生や，入学時は不本意感を持っていなかったが，入学後の現実のキャンパスライフに失望し不本意感を募らせる学生が存在することを指摘してい

る。

(52) 中教審高大接続特別部会（2014）『高大接続特別部会における答申案取りまとめに向けた要点の整理（案）』＜http://www.mext.go.jp/b_menu/shingi/chukyo/chukyo3/siryo/attach/1357609.htm＞（2019年2月21日アクセス）。各大学を倍率，入学試験の内容，受験科目数などから，「選抜性の高い大学」，「選抜性が中程度の大学」，「入学者選抜が機能しなくなっている大学」に区分している。
(53) 山田剛史（2012）「大学志望度と満足度」『第2回　大学生の学習・生活実態調査報告書』Benesse教育研究開発センター，第2章（1），44.
(54) 市川伸一（2001）『学ぶ意欲の心理学』PHP新書，46-53.
(55) 本意度の選択項目については，序章で示した本研究における不本意入学の定義に従って設定した。以降の調査においても同様である。
(56) 冨田洋三（2010）「産業構造の変化と男女の役割分担」『実践女子大学生活科学部紀要』第47号，35-55.
(57) 野辺地正之（1983）「大学生と適応障害」関峋一・返田健編『大学生の心理』有斐閣選書，200-205.
(58) 江原武一（1983），前掲書，107.

第3章　高校生のアイデンティティと高校の進路指導

第1節　社会化と高校生のアイデンティティ

　第1章では，志水宏吉（2010）が，学校の主要な社会的機能・役割の一つに，個人をその社会の一員として適切な行動をとれる存在に仕立てていく「社会化」があると指摘していることについて述べた。この社会化について，アンソニー・ギデンズ（2009）は，「無力な存在の幼児が，他の人びととの接触を通して，徐々に自己自覚し，理解力をもった人間となり，所与の文化や環境の諸様式に習熟していく過程である」と定義し，社会化には数多くの異なる担い手が関係するため，社会化は二段階で生じ，第一次的社会化としては家族が，第二次的社会化は学校，同輩集団等の組織体が担い手になるとしている。紅林伸幸（2018）は，アンソニー・ギデンズ（2009）の定義が，現時点で最も共通理解可能で，最もミニマムな定義であると評している。また，千葉聡子（2018）は「個人が集団や社会の規範や文化を内面化する過程，つまり個人が所属する集団や社会のメンバーになっていく過程」と社会化を定義している。このように，社会化は他者との関わりの中で形成され，学校がその役割の一定部分を担っていることがわかる。この社会化の形成に際して，学校外からも得られる要素に着目した指摘がある。ポール・ウィリス（1996）が，イギリスの労働者階級の子どもたちを描いた『ハマータウンの野郎ども』において，「教師がおれたちを変えるんじゃないね。おれたちが変わるのは学校で毎日会う仲間がいるからさ。教師と一緒にいるのは学校にいるたったの三割ぐらいだろ，あとの七割は仲間とダベったり，ワイワイ議論したり，騒ぎまわってるんだからね」という一節があるが，紅林伸幸（2018）は，彼らについて，学校教育というシステムの中で，若者たちが学校や教師からの一方的な社会化の受け手ではなく，生徒間の相互の関係性の中で，互いが主体的能動的に自らを社会化していく姿であると論じている。紅林（2018）の指摘からは，主体性が社会化の要件の一つとして重要な役割を果たしていることが示唆される。

　この社会化の要件の一つと考えられる主体性について，浅海健一郎（1999）は「周囲の人の言動や自己の中の義務感にとらわれず，行為の主体である我として自己の純粋な自由な立場において自分が選択した方向に動き，自己の立場において選択し，考え，感じ，経験すること」と定義付けている。また，藤原喜悦（1968）は主体性の特質について，独立性ときわめて類似した意味をもち，単に他者から影響されないだけで

なく，自らの問題を自分自身の問題としてとらえようとする積極的な構えがあると述べている。[8] さらに，井上史子ほか（2005）は，学校教育という観点から，「子どもたちが何ものにもとらわれず自らの言動の主体として自己決定する態度や，自らの課題を選択・判断する力を意味する」ものとして主体性を捉えている。[9]

　一方，主体性と本研究のテーマである「不本意入学」との関連について，日本中退予防研究所（2010）の調査には，大学中退理由の一つとなっている「不本意入学」について，「不本意入学者」は入学を決めた大学について，消極的な大学選択によってやりたいことの比率が低く，主体性を欠いたまま入学したために，在学への動機づけが維持できなかったという分析がある。[10] 分析コメントからは，世間一般の大学ブランドイメージや周囲の影響といった判断基準に流され，目標や志といった自分自身の価値基準，すなわち主体性を発揮することなく入学したため，大学生活全般に対する満足度を得られないという「不本意入学者」像が浮かび上がってくる。

　この主体性を計測する質問項目として，水野正憲（1998）は自我の確立度と社会性の確立度からアイデンティティ確立度を計測する 30 の質問項目を開発している（表3-1）。

表3-1　アイデンティティ確立度を計測する30の質問項目

自我の確立度を計測する15項目	社会性の確立度を計測する15項目
・自分の考えを人からけなされそうな気がする	・人に迷惑をかけないよう考えて発言している
・仲間はずれされそうな気がして心配である	・人の立場を考えて行動する
・内気なので自分を主張できない	・将来に希望をもっている
・今の自分は本当の自分ではないような感じがする	・何でも手がけたことは最善をつくす
・自分がみじめだと感じることが多い	・努力してやりとげるような仕事をしたい
・ときどき自分は役にたたない人間だと感じる	・自分の責任はきちんとはたす
・決心したあともよくぐらつく	・集まりのとき，みんなを楽しくさせようと努力する
・ひとりで初めてのことをするのが心配である	・仲のよい友達が多い
・くよくよ心配するたちである	・人の先頭にたって行動する
・うわさを気にするほうである	・何でも自分から進んでやろうとする
・だれかに頼ろうとする気持ちが強い	・社会のためにつくそうという気持ちが強い
・困難に直面するとしりごみしてしまう	・強制されたことでも，いっしょうけんめいやる
・自信がないのであきらめてしまうことが多い	・いやな仕事でも最後までやり通す
・目標が高すぎて失敗したと思うことがある	・規則正しい生活をしている
・今，自分が本当にしたいことがわからない	・やるべきことは決められた日までにやってしまう

出典）水野正憲(1998)「自我同一性の型を測定する質問要旨『自我同一性パターン尺度IPS』の検討」『岡山大学教育学部研究集録』107号, 151-158より作成。

　北畠知量（2006）によれば，アイデンティティとは，もともとは「存在するもの」の不変性と変化とを説明する哲学用語であったが，エリク・ホーンブルガー・エリクソンはこ

れを精神分析の用語に転用し，ego Identity（自我同一性）として提唱したと指摘している。[11] エリク・ホーンブルガー・エリクソン（1973）は，自我同一性について，自我が特定の社会的現実の枠組みの中で定義されている自我（a defined ego）へと発達する確信についての感覚であると述べ，主観的側面から見た場合，自我同一性を次のように定義している。

自我のさまざまな総合方法（the ego's synthesizing methods）に与えられた自己の同一と連続性が存在するという事実と，これらの総合方法が同時に社会に対して自己がもつ意味の同一と連続性を保証する働きをしているという事実の自覚である。[12]

また，鎌原雅彦・竹網誠一郎（2005）は，自我同一性について，エリクソンが青年期の課題としてあげていることを指摘した上で，次のように述べている。[13]

自我同一性は単にアイデンティティといわれることもよくある。自我同一性とは，これが本当の私だ，昨日の私と明日の私，学校での私と家での私，それらはみんな違うかもしれないが，そうしたものを通して変わらない私というものがある，という感覚のことである。[14]

さらに，鑪幹八郎ほか（1984）は，自我同一性について，エリクソンが青年期における自我と社会の相互関係によってもたらされる心理・社会的危機のプラスの方向性の産物として同一性の確立を，マイナスの方向の産物として同一性の混乱を考え概念化したと指摘している。[15]

一方で，青年期の発達課題として自我同一性，またはアイデンティティ確立の重要性は，現代では社会化以上となっているという指摘もある。片瀬一男（2010）は現代社会が変動の著しい社会であり，しばしば世代間の断絶や社会化の不連続が生じており，子ども時代の社会化だけでは，社会に十分適応することが困難となっていることから，社会化以上に個人による再帰的なアイデンティティの形成がますます重要性を増しているとしている。[16] また，ジェームズ・マーシャ（1966）は，エリクソンが提唱した「青年期の発達課題」である自我同一性が形成されているかどうかの状態を表す概念として，「自我同一性地位（ identity status ）」を提唱している。[17]

　このように，アイデンティティの形成は，学校の役割である社会化と同等，もしくはそれ以上に青年期の発達に大きな影響をおよぼしており，さらに，「主体的選択」，「積極的関与」，「主観的意識体験」といったその人の「在り方・生き方」そのものが反映されていると考えられる。本田時雄・阿部亘（1998）は，統合がうまくいかなかった場合，自分が何であるかわからなくなってしまったなどという自我同一性の拡散に陥り，その程度によっては日常の生活に支障をきたすような症状となって現れると指摘している。また，宮田かな恵（2015）は，大学への「不本意入学」について，「その後の人生において劣等感やコンプレックス，勉強をしたいという気持ちを数十年に渡って引きずり，大学生活，恋愛・結婚，育児に影響が及ぶ」と述べ，「不本意入学」はその時のマイナスの出来事に留まらず，その後の人生の日常に大きな影響をおよぼす危険性を指摘している。それゆえ，本研究では，エリクソンが人生を8段階に分けた自我の漸成的発達理論の5番目の段階である青年期の発達課題と，マイナスの方向の産物として同一性に混乱を与える，すなわち，同一性を拡散してしまう危険性があると考える「不本意入学」との間には関連性があると考え，「不本意入学者」はアイデンティティ確立度が低いという仮説を立て調査分析を試みる（第4章）。

　前述の通り，青年期のアイデンティティを計測する質問紙を開発した水野（1998）の質問項目（自我の確立度15項目，社会性の確立度15項目）について，ベネッセ教育開発センター（2008）は，アンケートの回答結果から得点化（社会性の確立度を計測する15項目⇒とてもあてはまる：5点，まああてはまる：4点，どちらともいえない：3点，あまりあてはまらない：2点，まったくあてはまらない：1点），（自我の確立度を計測する15項目⇒とてもあてはまる：1点，まああてはまる：2点，どちらともいえない：3点，あまりあてはまらない：4点，まったくあてはまらない：5点《否定項目のため得点を反転させている》）して，「自我」と「社会性」の確立度について，それぞれを2007年度調査（n = 10779）における平均点以上（自我：46点以上，社会性：54点以上），平均点未満に区分し，高校生・大学生のアイデンティティ確立度を，「達成型」，「途上型」，「社会型」，「自我型」の4つに類型化した（図3-1）。

　「達成型」は，自我の確立度，社会性の確立度とも平均以上の学生である。4類型の中で最もアイデンティティ確立度が高く望ましいタイプである。「私は誰，どこ行くの」が見えており，「なりたい」，「なれる」，「なるべき」自分（価値基準）が定まり，目標を持った「学び」（意図的学習）が成立しやすい行動特性を持っている。「途上型」は，

自我の確立度，社会性の確立度とも平均以下の学生である。4類型の中では最もアイデンティティ確立度が低く望ましくないタイプといえる。「私は誰，どこ行くの」（その人らしさ，将来展望）が見えていないため，自分の意思（価値基準）が漠然としており，他者依存的で「どうせ自分は」と自己肯定度が低い傾向にある。「社会型」は，社会性の確立度は平均以上であるが，自我の確立度は平均以下の学生である。「私は誰」（価値基準）は定まっていないが，他者や社会との関わりに対して積極的な関心を持っており，「あれもこれも」と考えるが，プライオリティをつけられないので，行動に移りにくい特性を持っている。「自我型」は，社会性の確立度は平均以下であるが，自我の確立度は平均以上の学生である。「私は誰」（その人らしさ＝私的価値基準）は発見しているが他者や社会との関係は未調整で，「これしかない」と決めつける傾向が強く，他者のアドバイスを受け入れにくく自己中心的行動を取りやすい。

　ベネッセ教育開発センター（2009）では，アイデンティティ確立度の4類型のそれぞれの割合が1997年から数年ごとにどう推移しているかについて，全国の高校2年生を対象に調査を行っているが[20]，その結果からは，「達成型」と「途上型」の高校生がそれぞれ25％前後存在していること，また，「社会型」の高校生が増加しているのに対し，「自我型」の高校生が減少傾向にあることが確認できる（図3-2）。他者の中での自己，すなわち社会の中での自己の役割は認識している一方で，「自分らしさ」や「自分のよさ」が分からず，自分なりの価値基準を持って主体的な行動ができにくくなっている傾向が窺える。

社会型 Social	達成型 Achievement	社会性の確立度
途上型 Developing	自我型 Ego	

平均

社会性の確立度
社会や集団における自分の役割を理解し，
それにふさわしい行動をしようとするよさ

← 平 均 →

自我の確立度
"自分らしさ"や"自分のよさ"が分かり，
自分なりの価値基準を持って行動しようとするよさ

図3-1：アイデンティティ確立度の4類型

出典）ベネッセ教育研究開発センター（2008）『学生満足度と大学教育の問題点2007年度版』
　　　p.6より。

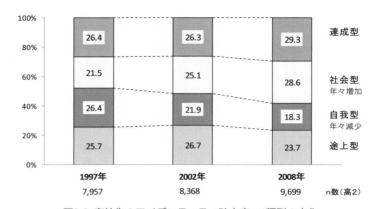

図3-2：高校生のアイデンティティ確立度　4類型の変化

出典）ベネッセ教育研究開発センター(2009)『進路指導・キャリア支援教育に関する高校教師の意識調査報告書(2009年度版)』p.29より。

　以上，子どもが社会に出て，一人の人間として生きていくためには，社会化やアイデンティティの形成が重要な役割を果たすことについて述べてきたが，社会化とアイデンティティには，個人的側面であるその人らしさや主体性と，社会的側面である現実社会の中での自己を自分の中で統合しながら一人の人間として成長していくという共通点があげられる。特に，青年期には，将来の進路展望について考えたり選択したりする際に，なりたい自分となれる自分を調整していくことが求められるのである。次節では，青年期の将来展望に大きな影響を与えると考えられる高校の進路指導について，生徒の志望校選択にいたるプロセスという視点から見ていきたい。

第2節　高校の進路指導とメリトクラシーの再帰性

1. 相応の志望校選定

　はじめに，進路指導の定義について確認したい。藤本喜八（1987）によれば，進路指導の定義には，「総合的定義」と「学校教育における定義」の二つがあり，このうち，戦後の日本における「学校教育における定義」については，文部省が1955（昭和30）年に刊行した「職業指導の手引き（管理・運営編）」において仮案として掲げられたものが最初であると指摘している。[21] ただし，昭和30年代前半までは進路指導ではなく職業指導という呼称が用いられ，その後，進路指導へ呼称変更された。文部科学省は，進路指導に呼称変更された後の1961（昭和36）年7月に発表した「中

学校進路指導の手引き−学級担任編」において,進路指導を次のように定義している。

　進路指導とは,生徒の個人資料,進路情報,啓発的経験および相談を通じて,生徒みずから,将来の進路の選択,計画をし,就職または進学して,さらにその後の生活によりよく適応し,進歩する能力を伸長するように,教師が組織的,継続的に援助する過程である。

　また,2016（平成 28）年 12 月 21 日の中央教育審議会「幼稚園,小学校,中学校,高等学校及び特別支援学校の学習指導要領等の改善及び必要な方策等について」の答申で示された進路指導は次のように定義されている。

　進路指導とは,生徒の個人資料,進路情報,啓発的経験及び相談を通じて,生徒が自ら,将来の進路を選択・計画し,就職又は進学をして,更にその後の生活によりよく適応し,能力を伸長するように,教員が組織的・継続的に指導・援助する過程であり,どのような人間になり,どう生きていくことが望ましいのかといった長期的展望に立った人間形成を目指す教育活動である。

　文部科学省は,進路指導の定義が,1961（昭和 36）年 7 月の策定後,約半世紀を経た今日でも継続して用いられているとしている。[22] 確かに,表現方法に変更は見られるが,生徒の主体性を尊重しつつ教師が彼らの進路選択を支援する指導という全体の枠組みは変わっていない。すなわち,生徒の社会化に向けての支援を重視しており,そこには選抜に関わる直接的な文言は用いられていない。

　しかし,第 1 章で示したように,学校の主要な役割として,選抜や配分の機能がある（近藤,2015；志水,2010）ことや,実際に高校生が,大学入試に向けて志望校の選定し,出願校の決定するにあたって,「模試の判定結果（70.5%）」[23] や,「学校のレベル・偏差値が自分に合っている（47.0%）」[24] など,主体的な選択というよりはむしろ,受験前の自己の成績を客観的に見て,アスピレーションを現実レベルまで「縮小」,または「冷却」させながら決定している傾向からは,進路指導には,配分のメカニズムが組み込まれていることが窺える。つまり,進路指導は,生徒の社会化に向けての支援している定義がある一方で,暗黙的に選抜・配分の機能を有しており,この中で,生徒たちは,

受験する大学合格の可能性を高めるために，なりたい自分を諦め受験前の自己の成績をもとに自己を選抜して，なれる自分という相応の出願校を選定していると考えられるのである。

　この自己の選抜について，苅谷剛彦（1986）は，選抜の主観的過程と定義した上で，自己選抜が，日本の教育選抜の制度的特徴を反映し，選抜の効率性を高めていると指摘している。⁽²⁵⁾また，苅谷剛彦（1991）は，高校生の就職試験のメカニズムの研究から，自己選抜の効用について次のように述べている。

　高校生の就職試験の受験機会は，事実上一回に限定されている。生徒の自主性を尊重すべしとする教育の論理と，限られた枠の中に生徒を選び分けていく選抜の論理とは，はじめから対立するものなのである。進路指導の一環として行われる職業選抜は，そもそもこのような矛盾を負っている。＜中略＞この問題を解決するために，教師たちは選抜の決定を下す前に，生徒に「事前の自己選抜（pre-self-selection）を促すという戦略をとる。学校が用いる選抜基準についての情報を生徒に積極的に提供する。あるいはその基準にそった選択を行うような助言を与える。こうした指導を通じて，生徒に学校が下すであろう選抜の結果と同じような進路を自分自身の判断で選ぶように導くのである。しかも，生徒にはその選択が自分で選びとったものであり，教師からの強制によるものではないと思うようにしようというのである。この自己選抜によって，教師の役割葛藤は合理的に解決される。⁽²⁶⁾

　苅谷（1991）の指摘からは，学校教育の役割である生徒の社会化と選抜という対立した論理に対して，自己選抜が双方の役割を，分断・対立という関係から融和・共存できる有効な手法としていることがわかる。続けて苅谷は，自己選抜が一斉に行われる職業選抜だけでないことについて，次のように述べている。

　学校は生徒に事前の自己選抜を促すさまざまな機会を提供している。＜中略＞生徒の自己選抜は日常的な教育活動の中に埋もれている。授業中やホームルームでのなにげない教師と生徒との会話，生徒同士のおしゃべり，廊下に張り出された卒業生の就職実績，就職模擬試験，そして，担任教師との個人面接，さまざまな場面で，生徒たちは，どんな企業を希望すれば学校推薦を受けやすいのかを判断するためのシグナ

ルを受け取る。⁽²⁷⁾

　すなわち，学校は，卒業後の進路先を決定するための最終の試験だけではなく，日常的に実施される様々な試験等によって，自己選抜を行う機会が多く用意されているということになる。したがって，学校の役割である社会化と選抜が分断・対立をすることなく，融和・共存できるのである。

　また，苅谷剛彦（1995）が「日本の若者たちは，自分の『身のほど』をよくわきまえているようにみえる。（中略）日本の高校生は，あやふやな夢など追い求めることができない。それほどまでに，大学に入れるかどうかを判定する能力についての，十分で明確な，夢や読み誤りを許さない情報が提供されている」と述べている通り，自己選抜機能は職業選抜だけでなく，大学入学者選抜にも大きな役割を果たしていることが窺える。鈴木規夫（2009）は，自己選抜機能は大学入試において，「総合的に学力の低い者の志願を断念させる機能を自己選抜が果たしている」としている。特に，大学入試センター試験後の自己採点については，「自己選抜によって低得点者による志願断念を決意させ，志願者と大学とを円滑に接続する上で欠かすことのできない重要な役割を果たしている」として，現在の共通試験制度のメリットとして指摘している。⁽²⁹⁾また，内田照久ほか（2018）も「受験者の私的な自己採点結果の利用は，マクロに捉えた場合には，受験者を分散配置する社会的なフィルタとしても機能している可能性がある」と現制度の肯定的な面として捉えている。⁽³⁰⁾ただし，入学者の3/4近くが大学入試センター試験の結果に基づいて出願校を決定しているという鳥取大学（2004）が実施した調査結果や，工学部の事例として，県外受験者の半数以上が大学入試センター試験の得点によって出願校を変更しているという高地秀明（2014）の調査結果などからは，国立大学入試における大学入試センター試験受験後の自己採点の結果による自己選抜機能が，メリットのみならず，デメリットもあることを示している可能性が考えられる。

　一方，岩木秀夫（1980）の「高校での進路選択では所属する学校の規定力が大きい」⁽³³⁾，石戸教嗣（1985）の「高校生の大学進学に対するアスピレーションは，生徒個人の成績よりも，在学する高校のランクに規定される」⁽³⁴⁾，斉藤浩一（1996）の「学校間の違いにより大学志望動機は明確に影響を受ける」⁽³⁵⁾，望月由起（2007）の「『受験校選択』への影響力が大きいのは『学校・仲間環境』である」⁽³⁶⁾，中澤渉（2008）

の「自分が所属する学校ランクに基づいて『それ相応の』選択を自ら行う」[37]などの指摘は，生徒が所属する高校という準拠集団内での規範的期待水準によって，自己の成績と照らし合わせながら希望進路先を修正していく「それ相応」の志望校や出願校を行う自己選抜機能が日常の学校教育活動の中に張り巡らされていることを窺わせる。

　ただし，大学入学者選抜は高校卒業における職業選抜と比べた場合，自己選抜機能が弱い側面があると考えられる。苅谷剛彦（1991）は高校生の就職試験のメカニズムについて，「日常化した自己選抜の進行は，労働市場の中で一挙に選抜が行われる場合に比べて，職業アスピレーション（野心）のコントロールという点で，無駄のない効率的な職業配分を実現していると見ることができる」と述べている[38]。また，石田賢示（2014）は「日本における学校から職業への移行過程において，若年層と労働市場を媒介する役割を学校が果たし，制度的連結の仕組みが日本の若年労働市場の成功の重要な要因だと考えられてきた」と指摘している[39]。このように，学校と卒業後の就職先となる企業等との間に制度的連結[40]が機能していれば，アスピレーションを日常の学校教育活動の中で徐々に冷却させながら最終的に相応の職業に配分していくことは効率性が良いといえる。しかし，高校と企業の信頼関係という文脈で成立してきた制度的連結を，高校と大学の信頼関係という大学入学者選抜に当てはめて考えた場合，制度的連結が実質的に機能するのは，推薦入試の中の指定校推薦に限られる。特に，国立大学の場合，第1章で指摘した通り，80%以上が一般入試による入学者であり，推薦入試も，あくまでも公募制であって指定校推薦は実施されていない[41]。指定校推薦が実施されているのは私立大学と一部の公立大学に限られているのが現状である。したがって，制度的連結という面から見た場合，大学入学者選抜は職業選抜に比べると全体として自己選抜機能が働きにくく，配分の効率性が低下すると考えられる。

2. 自己選抜機能の揺らぎ

（1）メリトクラシーの再帰性とそこそこ志向の広がり

　1987年の臨時教育審議会の最終答申において，従来の画一的な教育とは異なる「個性重視の原則」が打ち出され[42]，この答申後の1989年の学習指導要領の改訂で児童・生徒の個性を重視し，それまでの知識の習得を中心とした学習の在り方からの転換を図る「新学力観」が示された[43]。特に，若松養亮（2012）が，「関心・意欲・

態度はどの教科にも含まれ重視されており，関心や意欲を示しても理解できていないことも個性として認められた」と指摘していることは「新学力観」の象徴であるといえる。また，1999 年に「入れる大学」ではなく「入りたい大学」，「よい大学」よりも「自分に合った大学」・「やりたいことのできる大学」を主体的に進路選択する方向に意識と行動を転換することを促した中央教育審議会答申は，大学進学に際してのミスマッチ，すなわち「不本意入学」や休学，中途退学などの減少を狙いとした施策であると考えられる。

　このような変化は，第1章で指摘した明治時代以降，学校制度が整備され業績主義を標榜するメリトクラシー社会が揺らいでいる兆候と読み取れる可能性が考えられる。本田由紀（2005）は，現実の社会で人々に要請される能力として，メリトクラシーが社会の基底的な構造として存続する中で，意欲，創造性，個別性，多様性などの能力が新たに付け加わりつつあるとして，これからの新たな能力を「ハイパー・メリトクラシー」と呼んだ。本田は，近代社会のメリトクラシー下で人々に要請される能力を「近代型能力」，ポスト近代社会のハイパー・メリトクラシーで人々に要請される能力を「ポスト近代型能力」に分類し，それぞれの特徴を対比する形で示している（表3-2）。

表3-2 「近代型能力」と「ポスト近代型能力」の比較対照

「近代型能力」	「ポスト近代型能力」
「基礎学力」	「生きる力」
標準性	多様性・新奇性
知識量，知的操作の速度	意欲，創造性
共通尺度で比較可能	個別性・個性
順応性	能動性
協調性，同質性	ネットワーク形成力，交渉力

出典）本田由紀（2005）『多元化する「能力」と日本社会－ハイパー・メリトクラシー化のなかで』NTT出版，p.22より。

　本田は，「近代型能力」について，知識・技能といった「基礎学力」が標準化されていたことが，試験などによって共通の尺度で個人間の比較を可能にし，学校教育制度が選抜・配分機能の中心に位置づいてきたと述べている。それに対して，「ポスト近代型能力」は文部科学省の掲げる「生きる力」に象徴されるような，個々人に応じて多様であり，かつ意欲などの情動的な部分を多く含む能力であり，既存の枠組み

に適応することよりも，新しい価値を自ら創造すること，変化に対応し変化を生み出していくことが求められるとしている。さらに，本田は，「近代型能力」から「ポスト近代型能力」への能力要件の変化に伴って生じるのは，能力の形成過程と測定・証明方法の変化であるとし，次のように述べている。

　「近代的能力」の場合は，主に行為としての努力−典型的には勉強−の量を多く投入することによって向上できる部分が相当に大きかったと考えられる。＜中略＞言い換えれば，「近代型能力」を身につける一定のノウハウというものが存在し，それを的確に踏襲すれば，多くの者がそれを習得することが可能であった。あるいは少なくとも，可能であると広く信じられてきた。それに対して「ポスト近代型能力」を構成する諸要素は，努力やノウハウとはなじまない性格のものである。＜中略＞これらの柔軟で不定形な，しかも各人各様であることを期待されている能力は，どのようにすればそれを手に入れられるのかについて社会的に合意されたセオリーはいまだ確立されていない[47]。

　本田の指摘は，意欲や個性，能動性等の「ポスト近代型能力」が重視される社会に移行しつつあるが，それらの能力を形成する方法や測定・証明方法は確立しておらず，そこには進路指導で試行錯誤する学校現場と，希望する進路実現に向けて，それらの能力を身につけるために具体的に何をすればよいのか困惑する生徒たちの姿が浮かび上がる。
　一方，中村高康（2011）はメリトクラシーについて，業績主義とはいっても，場面や状況によって取り出される能力の質が異なることから一義的な定義の枠に収まりきれない内容を持っているとした上で，「常に『本当か?』と反省的に振り返って問い直される性質を持っている」と指摘し，そのメリトクラシーの性質を「再帰的メリトクラシー」と呼んだ[48]。その上で，教育の大衆化に伴ってメリトクラシーの問い直しが激しくなっている現代はまさに再帰的メリトクラシーの社会であり,本田（2005）のいう「ハイパー・メリトクラシー」は,メリトクラシーの再帰性の現れであるとしている。続けて中村（2011）は，再帰的メリトクラシーの現象として，推薦入試の普及に注目し[49]，「近代社会の選抜原理が予定していた以上の数の生徒を大学に受け入れざるを得なくなった後期近代において，過酷なエリート選抜のロジックを全員には適用できない状況が生じた際の選

抜原理の問い直し」であると，推薦入試をマス選抜的特性として捉えている。[50]

推薦入学制度[51]の公認は，1966年に文部省から出された大学入学者選抜実施要項によって，1967年度入試から実施され（佐々木亨，1990；中村高康，2011）[52][53]，公認後，大学入学者に占める推薦入学者の割合は，概ね1970年代が10%台，1980年代が20%台，1990年代が20%台後半[54]，そして，図3-3が示す通り，2000年代に入ると30%を超え，2018年度入試では，35.5%と拡大の一途をたどってきた。[55]

この拡大してきた推薦入学制度について，中村高康（2011）は，「（1）推薦入学は合格率の高さやその利用者の学習時間の少なさが顕著に見られ，エリート選抜とは異なって軽量化された選抜方法といってよいこと，（2）大学序列構造の下位の大学ほど，また高校階層構造下位の高校ほど推薦入学は利用されており，マス選抜の対象となる層にまさに利用されていること，（3）意識の点でも，エリート的位置にある高校生には筆記試験が支持される傾向にあるのに対して，非エリート的位置にある高校生には調査書選抜が支持される傾向にあること」の三点を明らかにして，現代の推薦入試は，エリートとはいえない者を念頭に置いたマス選抜的特性を持つと結論付けている。[56]

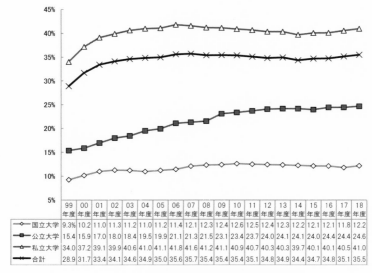

	99年度	00年度	01年度	02年度	03年度	04年度	05年度	06年度	07年度	08年度	09年度	10年度	11年度	12年度	13年度	14年度	15年度	16年度	17年度	18年度
国立大学	9.3%	10.2	11.0	11.3	11.2	11.0	11.2	11.4	12.1	12.3	12.4	12.5	12.4	12.3	12.2	12.1	12.1	12.1	11.8	12.2
公立大学	15.4	15.9	17.0	18.0	18.4	19.5	19.9	21.1	21.3	21.5	23.1	23.4	23.7	24.0	24.1	24.1	24.0	24.4	24.4	24.6
私立大学	34.0	37.2	39.1	39.9	40.6	41.0	41.1	41.8	41.6	41.2	41.1	40.9	40.7	40.3	40.3	39.7	40.1	40.1	40.5	41.0
合計	28.9	31.7	33.4	34.1	34.6	34.9	35.0	35.6	35.7	35.4	35.4	35.4	35.1	34.8	34.9	34.4	34.7	34.8	35.1	35.5

図3-3　推薦入試による入学者の割合推移

出典）文部科学省『大学入学者選抜実施状況』<http://www.mext.go.jp/a_menu/koutou/senbatsu/1346790.htm>（2019年9月8日アクセス）より作成。

（2）高校の階層構造の分化

　序章における高校の階層構造が輪切り選抜からお鏡餅選択へ変わったという樋田（2001）の指摘や，耳塚寛明（2007）が，1990年代に高校生文化が多様化したとはいえ，エリート進学校の生徒文化は維持されていると述べていることからは，高校生の意識を含めた高校の階層が，従前と変化していない上位校とそれ以外のランクの高校に分化していることが窺える。また，濱中淳子（2019）は，地域の3～4番手の進学中堅校に対する調査において，複数の生徒から「無理をしない程度にやって，無理をしなくてよい所に進学します」という趣旨の話を聞いたことや，「受験に合格できそうでも，進学した後に勉強についていけなさそうな学校であれば，進学先として選ばない」という質問項目に「あてはまる」と回答した生徒が，地域のトップ進学校16.5%に対し，進学中堅校は45.7%であった結果を示し，進学意識の面から高校間の分化が起こっていることを分析している。[58]

　児美川孝一郎（2007）が「高校入試や大学入試に関しても，背伸びをして無理するのではなく，自分に見合ったところに行ければよいといった『そこそこ感覚』が子どもたちや親の間に一定の広がりをみせている」と指摘していることや，中村（2011），[59]濱中（2019）の指摘を踏まえると，軽量化された推薦入試で大学に入学する層は，高校の階層構造から見た場合，自分の身の丈に合った大学に進学できればよいと考える志向を持つ中堅から下位の高校の生徒を中心に該当する傾向があることが考えられる。吉本圭一（1984）は，高校教育の階層構造がもたらす進路分化への影響の調査で，「進学校ほど進学アスピレーションが加熱され，非進学校ほど進学アスピレーションが冷却される」と分析しているが，現代の高校階層の構造を進学に対するアスピレー[60]ションの面から見ると，従来の進学校から進学中堅校が分離し，その一部が非進学校の区分に移動している可能性が窺われる。

　この大学進学に対するアスピレーションの高校階層構造の変化は，本研究のテーマである「不本意入学」の発生形態の変化につながる可能性を持つ。第2章では，高等教育の大衆化によって，「不本意入学」の発生の構造が，主に，進学校から発生する「不本意入学」と，高校卒業後の進路先が大学進学になることに不本意感を持つ「不本意就学」に分類したが，軽量化された推薦入試の拡大によって，トップレベルの進学校ではない地域の3～4番手の進学中堅校からの「不本意入学」については，実数が減少し，少数の「不本意入学者」と一定数の「不本意就学者」が混在

する非進学校の区分にシフトしている可能性が考えられる。ただし，高校生の進学ア
スピレーションの変化や軽量化された推薦入試の拡大によって，地域の3〜4番手の進
学中堅校からの「不本意入学者」が減少しても，「不本意入学者」自体が存在しな
くなる段階までいたることは考えにくい。なぜなら，地域の3〜4番手の進学中堅校から
大学進学を希望する生徒の全ての受験校について，選抜機能がなくなることは考えに
くいからである。

　一方，「新学力観」や「生きる力」がクローズアップされる中，山田昌弘（2001）
の「現代社会が『夢を持つことはよいことだ』というメッセージに満ちあふれているた
めに，いくら非現実的であることがわかっても，その夢を否定することは難しい。他人
に対して，それが『無理』だということは，親であっても教育者，友人であっても言い
にくい。本人が無理だと気づくまで待つしかない」[61]や，若松養亮（2012）の「持っ
ている個性を生かせる進路を志す志向への傾倒」や「それまでの学歴・学習歴や
能力水準と合う進路か否かにかかわらず，本人が『やってみたい・おもしろそう』と思
うかが優先される」[62]などの指摘に見られるように，身の丈に合わない高いアスピレーショ
ンを維持したまま希望する大学をそのまま受験する高校生も一定数いることが窺える。

　このように，メリトクラシーの再帰性，高校生のそこそこ志向や推薦入試の拡大によ
る高校の階層構造の変化によって自己選抜機能に揺らぎが生じ，「不本意入学」の
発生形態に変化が生ずる傾向が見られる一方で，高いアスピレーションを維持したまま
自己選抜ができない高校生も存在していることが窺える。

（3）少子化による進学校の内部構造の変化
　第2章で指摘した通り，日本の18歳人口は1990年代の前半をピークとしてその後
は減少の一途をたどっている。学校の量的規模から見た場合，少子化は1学年あた
りのクラス数の減少や，学校間の統廃合といった量的縮小の方向に向かうことを意味
する。中西啓喜（2013）は「少子化の中で，高校は相対的に上位校の定員を多め
に確保し，普通科高校を中心にセカンドランク以下の高校の生徒数を減少させることに
よって，学校数を維持してきた」と，従来よりもトップ校に進学できる生徒の裾野が広がっ
たことを指摘している[63]。また，牧野暢男ほか（2001）は，高校での授業を理解できな
い割合を大学進学率の高さから高校をA〜Dの4ランクに分け，最も大学進学率が
高いAランクの高校でも約35%の生徒が授業を理解できていない実態を示してい

⁽⁶⁴⁾る。髙田正規（2008）も牧野ほか（2001）と同様の調査を行ない，トップ進学校の生徒でも授業を理解できているのは46.6%と半数以上の生徒が授業についていけていないことを明らかにしている⁽⁶⁵⁾。

　これらの分析から読み取れるのは，一般的に高校の授業は，生徒数の増減等の変化に関わらず，全員が理解できるような難易度・進度には設定されていないということである。トップ進学校でも，3〜5割程度の生徒が授業を理解できておらず，その割合は入学者層の裾野の拡大でさらに増加していることが考えられる。そのため，従来はトップ進学校に入学できなかった可能性の高い裾野の拡大の恩恵を受けたトップ進学校の生徒たちは，入学後，早々に高校内で成績が下位層に位置し早期にクールアウトしてしまう可能性が高まることになる。しかし，トップ進学校に入学したからには有名大学を目指したいという準拠集団が形成する規範的期待水準の中で，規範的期待水準の範囲内の志望校に対するアスピレーションだけは維持され，自己の成績と照らし合わせた現実的な志望校の選定が一層困難さを増すことが示唆される。

　苅谷剛彦（1991）は，高校卒業者の職業選抜に際しての自己選抜の一例として，進路資料等によって卒業生の就職実績を在校生に示すことが，生徒の自己選抜を促す決め手の一つとなっていると述べている⁽⁶⁶⁾。しかし，大学入学者選抜において進学実績を在校生に示すことは，アスピレーションを冷却させる効果だけでなく，反対に，頑張ればあの大学にも合格できるかもしれないというようにアスピレーションを加熱させる効果を持ち合わせる可能性が考えられる。なぜなら，高校の職業選抜と大学入学者選抜にいたる自己選抜機能を比較した場合，決定的に異なる点は前述した通り，制度的連結が機能する範囲が異なるからである。大学入学者選抜において制度的連結が機能しうるのは校内選考がある指定校推薦に限定される。指定校推薦には通常，校内選考があり，校内選考の基準は，評定平均値（成績）が用いられる。

　つまり，事前の自己選抜機能が効力を発揮するのは，一定以上の成績をおさめた生徒となり，成績中下位者の場合，評定平均値は推薦される基準に達しないため，はじめから指定校推薦の対象外となるのである。さらに，望月由起（2008）の「中下位校の生徒の多くは，国公立大学の一般入試に対応することが困難な受験対策しか行っていない」という指摘や⁽⁶⁷⁾，山村滋（2019）が，進学中堅校の生徒は，入試方法の志向が一般入試と指定校推薦，公募推薦，AO入試のあいだで揺れ動いているのに対し，進学校の生徒は，一般入試を見据えた安定的なものだといえると述べているよ

うに, 指定校推薦の利用を志向するのは, 進学中堅校の成績上位者に限られ, 進学校の生徒については, 大学は一般入試に合格して進学するという志向があるため, 学校内での成績に関わらず, 指定校推薦を利用して大学に進学するという考え方自体があまりないことが窺える。

したがって, 進学校の生徒は, 校内選考がない一般入試の受験が中心となるため, 自己選抜を行う理由が一つなくなる。そのためアスピレーションを冷却する機会が減少し, 場合によっては, 先輩たちの進学実績を見て, 自分もあの大学に合格できるかもしれないという錯覚に陥り, 反対にアスピレーションを加熱してしまうことで, なりたい自分となれる自分の折り合いをつけることをより困難としていることが考えられるのである。

3. 現代の高校の進路指導

前節では, 進路指導の定義の変遷を概観しながら, 半世紀以上に渡って, 生徒の主体性を尊重しつつ教師が彼らの進路選択を支援する指導という枠組みは変化していないこと, また, 本節1・2では, 生徒による自己選抜機能が, 日常の学校教育活動の中に埋め込まれていることによって, 学校の中で配分機能が突出することなく生徒の社会化と調和してきたが, 中村 (2011) が述べるメリトクラシーの再帰性や, 本田 (2005) が指摘する知識・技能といった「基礎学力」を重視する「近代型能力」から,「生きる力」や意欲, 個性, 能動性などを重視する「ポスト近代型能力」への転換が進む中で, 自己選抜機能が揺らいでいることを確認した。本節3では, 現代の進路指導の特徴についてみていきたい。

序章で一部言及したように, 近藤治 (2009) は現代の高校の進路指導について次のように述べている。

「勉強量の割に上位大を望む生徒が年々増加している」,「志望は高いが行動が伴わず, 自己分析能力が必要」など, 行動の伴わない上昇志向に苦慮する声が高校教員から上がる一方で,「夢・希望にこだわる反面, 苦しくなるとあっさり妥協する」,「ちょっと勉強して受かりそうな大学を探す傾向にある」,「そこそこで満足する生徒が多い」など,「普通に努力して手の届くところでよい」という身の丈的な意識も強くなっているようである。「大学進学に対する目的意識の低下」さらには「行動の伴わない上昇志向」,「そこそこで満足」といったまちまちな方向を示すベクトルに対応していかなければな

らないのが現代の進路指導といえる。⁽⁶⁹⁾

　近藤（2009）の指摘からは，現代の高校の進路指導が本節1・2で述べたような学習指導要領等の国の教育方針の変遷だけでなく，生徒の意識や行動の多様化によって個別の対応にシフトしていることを窺わせる。また，第2章において，大学進学率が15%〜50%のマス段階においては，大学入学者選抜にいたるプロセスとして受験生が受験する大学を選択し，選抜されるという2つの段階があったが，大学進学率が50%を超えるユニバーサル段階に突入し，入学者選抜が機能しなくなっている大学については，受験生が選択することがイコール合格となることを指摘した。このことは，生徒がもし進学する大学の選り好みをしなければ，日常の学校教育活動において自己選抜というプロセスを経なくとも，自分自身の選択のみで大学に進学できることを意味する。進路指導は，学校卒業後の進路先の決定という視点から見れば，社会化と選抜による配分の調和から，選抜なき社会化と配分というパターンが新たに加わる変化が起こっていることが考えられる。

　一方，進路指導において，選抜の有無に関わらず配分機能が強い背景の一つとして進路保障が重視されていることが考えられる。渡辺良智（2006）の「高校は高い評価をもつ大学にどれだけ多くの卒業生を送り込むかによって順位づけられている」⁽⁷⁰⁾や，児美川孝一郎（2007）の「生徒たちを『偏差値』に象徴される一元的基準に基づいて，それぞれの進路先に振り分けることが，進路指導の事実上の役割であった⁽⁷¹⁾という側面を否定することはできない」という指摘，また，鈴木達哉（2011）が，公立学校においても学校経営の視点が教員に求められ，特に，地方の公立進学校では進学実績によって生徒募集に大きな影響が出るため，各生徒の合格状況（入試結果）は教員にとって無言のプレッシャーとなっていると述べていることなどからは，強い配分⁽⁷²⁾機能の結果として，進路指導における進路保障が重視されている実情が窺える。大谷尚（2017）は進路保障について次のように述べている。⁽⁷³⁾

　錦の御旗とよく言いますが，高校教師が受験学力育成に特化した教育をやるときの錦の御旗が，「進路保証」という言葉です。とにかく，この子たちに進路保証してあげなければいけないのだから，受験学力を付けるのだと言うのですね。たぶん，「進路保証」という言葉には，仕方がないのだと自分を納得させる意味があるのだと思うので

す。今この子たちを進学させることが問題なので，とにかくそれをやるのだ，仕方がないのだと。つまり，「進路保証」という言葉は，教師にとって免罪符でもあるのです。[74]

　大谷の指摘から窺えるのは，配分，すなわち，受け持った生徒の卒業後の進路先を確保することが学校教員の最も重要な使命であるということである。実際，河合塾（2011）の調査からは，受験生を指導する高校側は，推薦・AO 入試を一般入試では合格ラインに届かないと思われる大学を，チャンスを増やす意味で受験するように勧めている高校教員がいることが示されている。[75] つまり，進路指導においては，生徒の希望を重視しつつも，それ以上に合格への可能性を高めることを重視していることが窺えるのである。

　希望していない大学に入学することは生徒にとって「不本意入学」や，樋口健（2013）が，他の大学に入りなおしたいという転学志向の理由として，希望する大学に入れなかった不本意感，悔しさが顕著であると指摘しているように，[76] 大学入学後の休学や中退等のリスクを伴う。それでもなお，高校において生徒たちの希望以上に合格の可能性を重視している進路指導が行われている背景には，高校側が生徒の卒業後の進路保障を最も重視していることがあると考えられる。

　このことは，高校のホームページからも垣間見える。例えば，京都市立西京高校（2017）の，生徒の進路保障を最優先課題として十分な家庭学習を促進させながら，必要な習得型学力を向上させ一人一人の自己実現を確実なものとするという方針や，[77]滋賀県立彦根翔陽高校（2017）の，本校最終学年の進路保障を最優先課題とし，培ってきた 20 年間の教育資産を彦根翔西館高校に引き継ぐという方針が掲げられているように，[78] 実際に高校現場では，生徒の学校卒業後の進路先を確保するという進路保障を最優先とした指導が行われているのである。

　第1章では，タテの学歴とヨコの学歴について，選抜の敗者となり（または，敗者と感じ），ヨコの学歴は獲得できなかったとしてもタテの学歴だけは獲得しておきたいというメンタリティが働く可能性を指摘したが，このタテの学歴だけは獲得しておきたいというメンタリティが進路保障を重視した進路指導の受け入れを容易にし，受験後の「不本意入学」につながりやすくなることが考えられるのである。

第3節　まとめ

　本章では，まず，第1節において，青年期の発達課題であるアイデンティティ確立度に着目した。着目した理由は，本研究のテーマである「不本意入学」について，宮田（2015）が，「その後の人生において劣等感やコンプレックス，勉強をしたいという気持ちを数十年に渡って引きずり，大学生活，恋愛・結婚，育児に影響が及ぶ」と述べているように，「不本意入学」は，青年期のマイナスの出来事であり，自我同一性に混乱を与える，すなわち，同一性を拡散してしまう危険性を持っていることが考えられ，この知見と，エリクソンが人生を8段階に分けた自我の漸成的発達理論の5番目の段階である青年期の発達課題との間には関連性があると考えたからである。高校生の社会性の確立度が高まっている一方，自我の確立度が低下傾向にあるという近年の調査結果があるが，大学「不本意入学者」の特徴にフォーカスした調査はこれまで見られない。そこで，本研究では，第4章において，「不本意入学者」はアイデンティティ確立度が低いという仮説を立て調査分析を行うこととした。

　続いて，第2節では，高校の進路指導と高校生の進路選択について論じた。進路指導の定義からは，学校の役割の一つである社会化を重視していることが読み取れるが，実際の高校生の進路選択は，高校の進路指導と生徒の自己選抜による選抜・配分の機能を有している。自己選抜は，日常の学校教育活動の中に張り巡らされているが，本研究では高卒就職における制度的連結に着目し，大学進学は高卒就職のメカニズムと比較した場合，自己選抜機能が働きにくく，配分の効率性が低下する可能性を指摘した。

　また，1990年代以降の受験人口の減少，推薦入試の拡大による受験教科・科目等の軽量化，さらに，メリトクラシーの再帰性によって，従来の進学校群の生徒たちの進学アスピレーションが分化し，高校の階層構造が変化したことを論じた。そして，その結果，自己選抜機能に揺らぎが生じ，「不本意入学」の発生状況に変化が生じていることを指摘した。そのため，本章では，本研究テーマである「不本意入学者」の現在の自己選抜の状況に着目し，第4章において，選抜性を有する国立大学受験者の出願行動のケースから，「不本意入学者」の特徴を検討することとした。

　最後に，現代の高校の進路指導において，配分機能が重視される背景には進路保障が重視されていることを論じた。この配分機能の重視は，大学進学を希望する生徒にとっても，第1章で指摘したように，選抜の敗者となり（または，敗者と感じ），ヨコの

学歴は獲得できなかったとしてもタテの学歴だけは獲得しておきたいというメンタリティが働くため受け入れやすい一方で，受験後の「不本意入学」につながりやすいことを指摘した。

【注と引用文献】

（1）志水宏吉（2010）『学校にできること－一人称の教育社会学』角川選書，8.
（2）アンソニー・ギデンス（2009）『社会学　第五版』松尾精文・小幡正敏・西岡八郎・立松隆介・藤井達也・内田健訳，而立書房，182-221.
（3）紅林伸幸（2018）「社会化」日本教育社会学会編『教育社会学事典』丸善出版,82.
（4）千葉聡子（2018）「家族と社会化」日本教育社会学会編『教育社会学事典』丸善出版，306-307.
（5）ポール・ウィリス（1996）『ハマータウンの野郎ども』熊沢誠・山田潤訳，筑摩書房，68-69.
（6）紅林伸幸（2018），前掲書，82.
（7）浅海健一郎（1999）「子どもの主体性尺度作成の試み」『人間性心理学研究』17巻2号，154-163.
（8）藤原喜悦（1968）「自主性の判断」『児童心理』金子書房，22巻11号，109.
（9）井上史子・沖裕貴・林徳治（2005）「中学校における自主性尺度項目の開発」『教育情報研究』21巻3号，13-20.
（10）日本中退予防研究所（2010）『中退白書　2010－高等教育機関からの中退－』NEWVERY，8-20.
（11）北畠知量（2006）『ライフサイクルをたどる－発達の思想と科学－』高文堂出版社,136-137.
（12）エリク・ホーンブルガー・エリクソン（1973）『自我同一性－アイデンティティとライフサイクル』小此木啓吾訳，誠信書房，10.
（13）エリクソンは，心理・社会的な観点から人生を8段階（乳児期，早期児童期，遊戯期，学齢期，青年期，初期成人期，成人期，成熟期）に区分し，それぞれに発達課題と心理・社会的危機を提唱した。その中の青年期の発達課題として，同一性と同一性拡散をあげている（エリク・ホーンブルガー・エリクソン（1973），前掲書，156-158.）。
（14）鎌原雅彦・竹網誠一郎（2005）『やさしい教育心理学　改訂版』有斐閣アルマ，230-231.
（15）鑪幹八郎・山本力・宮下一博（1984）『アイデンティティ研究の展望I』ナカニシヤ出版，18.
（16）片瀬一男（2010）「社会化とアイデンティティ」岩井八郎・近藤博之編『現代教育社会学』有斐閣ブックス，2，32-34.
（17）Marcia,J.E.1966　Development and validation of ego identity status.J.Personal. Soc. Psychol. 3, 551-558。マーシャは，自我同一性の状態を規定する心理社会的要因として，「自分にとって意味のある幾つかの可能性の中からひとつを選ぼうと悩み，意思決定を行っているかどうか（危機）」，「選んだものに対して積極的に関わろうとする姿勢

が見られるかどうか（自己投入，傾倒）」という 2 つの変数を設定した。

(18) 本田時雄・阿部亘（1998）「大学生の夢と自我同一性地位との関係」『文教大学生活科学研究』20，73．

(19) 宮田かな恵（2015）「大学受験期における困難感の対処プロセスの検討及び不本意入学がその後の人生に与える影響」『早稲田大学人間科学学術院人間科学研究』28，1，90．

(20) ベネッセ教育研究開発センター（2009）『進路指導・キャリア支援教育に関する高校教師の意識調査報告書（09 年度版）』29．

(21) 藤本喜八（1987）「進路指導の定義について」『進路指導研究』8，37．

(22) 文部科学省（2011）『高等学校キャリア教育の手引き』平成 23 年 11 月，1 章 3 節，39-44．

(23) 岡部悟志（2013）『高校データブック 2013』Benesse 教育研究開発センター，第 5 章，89．他に，「高校の先生（担任，進路指導担当の話）（66.4%）」，「友人との会話・相談（54.8%）」の選択率も高く，高校内における人的接触による影響も大きいことが窺える。

(24) JS コーポレーション（2012）『高校生白書 2012 年』2012 年 7 月＜ http://www.rbbtoday.com/article/2012/11/05/97241.html ＞（2015 年 9 月 19 日アクセス）。

(25) 苅谷剛彦（1986）「閉ざされた将来像－教育選抜の可視性と中学生の『自己選抜』－」『教育社会学研究』41，95-109．

(26) 苅谷剛彦（1991）『学校・職業・選抜の社会学－高卒就職の日本的メカニズム』東京大学出版会，101．

(27) 苅谷剛彦（1991），同上書，103．

(28) 苅谷剛彦（1995）『大衆教育社会のゆくえ－学歴主義と平等神話の戦後史』中公新書，4-5．

(29) 鈴木規夫（2009）「共通試験制度における大学・学部の層別化と選抜機能の評価」『大学入試センター研究紀要』38，37-58．

(30) 内田照久・鈴木規夫・橋本貴充・荒井克弘（2018）「センター試験における大学合格率の停滞現象－自己採点による出願先の主体的選択が生みだす受験者 の分散配置－」『日本テスト学会誌』14，17-30．

(31) 鳥取大学工学部物質工学科（2004）『学生アンケート結果（平成 16 年）』教育自己評価委員会＜ www.chem.tottori-u.ac.jp/tutor/annke-to-H16.pdf ＞（2016 年 9 月22 日アクセス）。

(32) 高地秀明（2014）「入学者の出身県別に見た大学志願行動－平成 26 年度入学者に対する調査から（教育学部，工学部について）－」『広島大学入学センター年報』第 12 号，平成 26 年 8 月 31 日，10．

(33) 岩木秀夫（1980）「中・高校生の学校生活と進路形成－中等教育の構造と機能に関する研究（1）」『東京大学教育学部紀要』20，82．

(34) 石戸教嗣（1985）「学校組織の社会的機能」柴野昌山編『教育社会学を学ぶ人のために』世界思想社，111-127．

(35) 斉藤浩一（1996）「大学志望動機の高等学校間格差に関する実証的研究」『進路指導研究』17，1，34．

(36) 望月由起（2007）「高校生の『入学校選択』に対する他者の影響」『キャリアデザイン研究』3，140．

(37) 中澤渉（2008）「進学アスピレーションに対するトラッキングと入試制度の影響」『東洋大学社会学部紀要』46-2, 81.

(38) 苅谷剛彦（1991）, 前掲書, 111.

(39) 石田賢示（2014）「学校から職業への移行における『制度的連結』効果の再検討－初職離職リスクに関する趨勢分析－」『教育社会学研究』94, 325.

(40) 石田賢示（2014）は, 学校による就職先の斡旋を「制度的連結」, 学校を介して機能する社会的ネットワーク（OB・OGなどの先輩・後輩関係）を通じた就職を「準制度的連結」とされてきた先行研究について, 両概念が類似していることから「制度的連結」という統一概念を設定して分析を行っている（石田賢示（2014）, 前掲書, 326.）。また, 中澤渉（2015）は, 制度的連結について, 高卒就職が典型的であるとしながらも, 大卒就職においても, 学歴や学校歴が重視される理由の一つとされるシグナリリング理論やスクリーニング仮説と同様に, 情報の非対称性, すなわち, お互いの情報不足を埋め, 市場原理にまかせるよりも効率的に人材を獲得できる機能を果たしているという問題提起ができることを指摘している（中澤渉（2015）「資格社会化と就職」近藤博之・岩井八郎編『教育の社会学』放送大学振興会, 11, 177-178.）。

(41) 2018年度入試における国立大学推薦入試は志願者数31,163人に対して合格者数は11,979人（実質倍率2.6倍）となり, 推薦入試であっても合格者数よりも不合格者数が多くなっている（文部科学省（2019）『平成30年度国公私立大学・短期大学入学者選抜実施状況の概要』平成31年3月28日＜ http://www.mext.go.jp/b_menu/houdou/31/03/1414952.htm ＞（2019年6月27日アクセス））。また, 国立大学において指定校推薦入試自体は実施されていないが, 一部の大学では附属高校からの特別選抜枠を設置している。例えば, 奈良女子大学では附属の中等教育学校から女子を対象とする「高大連携特別教育プログラムに基づく特別選抜」を実施しており, 2016年点において, 文学部2人, 理学部2人, 生活環境学部3人の計7人上限として, 奈良女子大学に進学できるシステムがある（奈良女子大学附属中等教育学校（2016）『奈良女子大学との連携』＜ www.nara-wu.ac.jp/fuchuko/information/160502oshirase.pdf ＞（2019年6月27日アクセス））。

(42) 文部科学省（1993）『我が国の文教施策－文化発信社会に向けて　第2部　文教施策の動向と展開　第1章 文教施策の総合的推進 第2節 教育改革の推進臨時教育審議会の答申―教育改革の三つの視点―』＜ https://warp.da.ndl.go.jp/info:ndljp/pid/9103844/www.mext.go.jp/b_menu/hakusho/html/hpad199301/hpad199301_2_081.html ＞（2021年6月28日アクセス）。

(43) 文部科学省（2015）『道徳教育に係る評価等の在り方に関する専門家会議（第3回）配布資料　資料8　指導要録の改訂と学習評価の変遷』＜ https://www.mext.go.jp/b_menu/shingi/chousa/shotou/111/shiryo/1360907.htm ＞（2021年6月28日アクセス）。

(44) 若松養亮（2012）「大学生のキャリア選択をみてみよう　環境はどう変わったのか」若松養亮・下村英雄編『詳解　大学生のキャリアガイダンス論－キャリア心理学に基づく理論と実践』金子書房, 10.

(45) 文部科学省（1999）『初等中等教育と高等教育との接続の改善について（中教審答申）第5章 初等中等教育と高等教育との接続を重視した入学者選抜の改善　第3節 これからの選抜の在り方』＜ http://www.mext.go.jp/b_menu/shingi/chuuou/toushin/991201f.htm ＞（2015年8月19日アクセス）。

(46) 本田由紀（2005）『多元化する「能力」と日本社会−ハイパー・メリトクラシー化のなかで』NTT 出版, 20-26.

(47) 本田由紀（2005）, 同上書, 23.

(48) 中村高康（2011）『大衆化とメリトクラシー　教育選抜をめぐる試験と推薦のパラドクス』東京大学出版会, 19.

(49) 第1章注（41）に記載した通り, 推薦入試について, 文部科学省（2019）は,「出身高等学校長の推薦に基づき, 原則として学力検査を免除し, 調査書を主な資料として評価・判定する入試方法」と定義しているが（文部科学省（2019）『令和2年度大学入学者選抜実施要項について（通知）』令和元年6月4日＜ http://www.mext.go.jp/component/a_menu/education/detail/__icsFiles/afieldfile/2019/06/05/1282953_001_1_1.pdf ＞（2019 年 9 月 7 日アクセス）), 実際には, 2007 年度入試では, 22.5%の学部が学力検査を課していること（文部科学省（2008）『平成 19 年度 AO・推薦入試の実施状況について（初等中等教育分科会第 59 回配布資料）』平成 20 年 2 月19 日 ＜ http://www.mext.go.jp/b_menu/shingi/chukyo/chukyo3/siryo/08030317/002/001/011.htm ＞（2019 年 9 月 7 日アクセス）), また, 国公立大学については, 2019 年度の推薦入試で大学入試センター試験を課す学部数の割合が, 国立大学で46.8%, 公立大学で 28.6%を占めていること（文部科学省（2019）『平成 30 年度国公私立大学・短期大学入学者選抜実施状況の概要』平成 31 年 3 月 28 日＜ http://www.mext.go.jp/b_menu/houdou/31/03/1414952.htm ＞（2019 年 9 月 8 日アクセス）), さらに, 高大接続改革における 2021 年度入試からの推薦入試の評価方法の改善点として,学力重視の方向性を打ち出していることなどから（文部科学省（2018）『「高大接続改革」に係る質問と回答（FAQ）』平成 30 年 6 月＜ https://www.mext.go.jp/a_menu/koutou/koudai/detail/1404473.htm ＞（2019 年 9 月 8 日アクセス）),「原則として学力検査を免除し」という定義付けをすべての大学に適用することが困難な状況となっている。

(50) 中村高康（2011）, 前掲書, 145-146.

(51) 次橋秀樹（2019）によれば, 推薦入試は 2008 年頃までは推薦入学と表記され, 推薦入試という表記は, 2009 年度の文部科学省『大学入学者選抜実施要項』に登場したのが初めてで, 公的には 10 年程度の歴史しかないとしている（次橋秀樹（2019）「大学推薦入試の展開と現状−現代における推薦入試の類型化試案−」『京都大学大学院教育学研究科紀要』65 号, 333.)。また, 文部科学省は, 高大接続改革において, 多面的・総合的な評価の観点からの改善を図りつつ, 各々の入学者選抜としての特性をより明確にする観点から, 2021 年度入試より, 推薦入試の名称を「学校推薦型選抜」に変更することを公表している（文部科学省（2018）『「高大接続改革」に係る質問と回答（FAQ）』平成 30 年 6 月＜ https://www.mext.go.jp/a_menu/koutou/koudai/detail/1404473.htm ＞（2019 年 9 月 7 日アクセス））。

(52) 佐々木亨（1990）「大学入試の歴史第 29 回　推薦入学制度の公認」『大学進学研究』1990 年 7 月, 12 巻（2）, 7.

(53) 中村高康（2011）, 前掲書, 77-80.

(54) 中村高康（2011）, 前掲書, 79.

(55) 荒牧草平（2018）は, 大学入試における推薦制度の拡大の背景には, 少子化による受験人口の減少と, 受験競争の弊害から生徒たちを守り, 個性を尊重する方向に向かうべきだとする理念的な要請があったとことを指摘している（荒巻草平（2018）「学校パネル

調査の意義と方法」尾嶋史章・荒巻草平編『高校生たちのゆくえ−学校パネル調査からみた進路と生活の 30 年』世界思想社, 4.)。また, 推薦入試の拡大と並行して, AO入試も 1990 年代以降拡大し, 2018 年度入試では大学入学者に占める AO 入学者の割合は 9.7%と全体の1割程度を占め, 推薦入試とあわせると, 45.2%が推薦入試, または AO 入試という特別入試を経て大学に入学していることになる (文部科学省 (2019)『平成 30 年度国公私立大学・短期大学入学者選抜実施状況の概要』平成 31 年 3 月28 日< http://www.mext.go.jp/b_menu/houdou/31/03/1414952.htm >(2019 年9 月 8 日アクセス))。

(56) 中村高康 (2011), 前掲書, 145-146.

(57) 耳塚寛明 (2007)「高校の現在」『IDE 現代の高等教育』2007 年 4 月号, 489 号,4-9.

(58) 濱中淳子 (2019)「2020 年度の大学入試改革」『日本経済新聞』2019 年 8 月 12 日,14 面. なお, 進学中堅校については, 共同調査者の山村滋 (2019) が「生徒の大半は四年制大学に進学するが, 彼／彼女らは, 一般入試のみならず, 指定校推薦や公募推薦, AO 入試といったさまざまな入試方法によって進学している高校」と定義している (山村滋・濱中淳子・立脇洋介 (2019)『大学入試改革は高校生の学習行動を変えるか』ミネルヴァ書房, ⅲ.)。また, 本研究における進学校の定義については, 第2章注(21) を参照。

(59) 児美川孝一郎 (2007)『権利としてのキャリア教育　若者の希望と社会』明石書店,50.

(60) 吉本圭一 (1984)「高校教育の階層構造と進路分化」『教育社会学研究』39, 176.

(61) 山田昌弘 (2001)『家族というリスク』勁草書房, 105.

(62) 若松養亮 (2012), 前掲書, 11.

(63) 中西啓喜 (2013)「日本型トラッキングシステムの変容−トラッキング構造の二極化による学歴格差再生産機能−」, 青山学院大学教育学研究科　博士学位論文, 72.

(64) 牧野暢男・藤田英典・渡辺秀樹・耳塚寛明・清水賢二・岩木秀夫・千葉聡子・村松幹子 (2001)「青少年の規範学習と逸脱抑制に関する研究　第5章　逸脱行動と学校生活　第1節　逸脱行動と授業理解度, 学業成績, 進学アスピレーション」公益財団法人日工組社会安全研究財団< https://www.syaanken.or.jp/?p=1328 >(2021 年6 月 28 日アクセス)。

(65) 髙田正規「高校生の学習意識と学習行動」『学生満足度と大学教育の問題点　2007年度版』ベネッセ教育研究開発センター, 第 3 章, 78.

(66) 苅谷剛彦 (1991), 前掲書, 104.

(67) 望月由起 (2008)「高校生の進学アスピレーションに対する特別選抜入試拡大の影響−高校階層に着目して−」『キャリア教育研究』26, 54. 望月は, 高校受験雑誌の合格ラインの偏差値を基準に, 偏差値 60 以上の高校を上位校, 偏差値 60 未満の高校を中下位校と区分して分析を行っている。

(68) 山村滋 (2019)「入試方法志向の変化とそのメカニズム」山村滋・濱中淳子・立脇洋介著『大学入試改革は高校生の学習行動を変えるか』ミネルヴァ書房, 第 5 章, 91-97.

(69) 近藤治 (2009)「多様化する大学入試とその課題」『工学教育』57, 10-14.

(70) 進路保障の漢字表記については, 広崎純子 (2007) の論文に見られる「保障」と千葉勝吾・大多和直樹 (2007) の論文に見られる「保証」の二通り存在している。それぞれの意味を見ると,「保障」は「障害のないように保つこと。侵されたり損なわれたりしないように守ること。例文：人柄を保証する。」,「保証」は「大丈夫だ, 確かだとうけあ

うこと。例文:老後の生活を保障する。」(『広辞苑（第七版）』(2018)）とある。本稿
では，例文から，進路については「保障」がより近い意味合いがあると考え「保障」の
表記を使用する。ただし，引用文については引用元の表記を使用している（広崎純子
(2007)「進路多様校における中国系ニューカマー生徒の進路意識と進路選択−支援
活動の取り組みを通じての変容過程−」『教育社会学研究』80, 227-245.）（千葉勝
吾・大多和直樹（2007)「選択支援機関としての進路多様校における配分メカニズム−
首都圏大都市A商業高校の進路カルテ分析−」『教育社会学研究』81, 67-87.）。

(71) 渡辺良智（2006)「学歴社会における学歴」『青山學院女子短期大學紀要』60, 94.
(72) 児美川孝一郎（2007)，前掲書, 90.
(73) 鈴木達哉（2011)『地方発!進学校のキャリア教育−その必要性とノウハウ−』学事出版, 18.
(74) 大谷尚（2017)「講演 高大非接続の現状:序にかえて（公開講演会 高大を接続する:米国と日本の高大接続の現在と未来)」『名古屋大学大学院教育発達科学研究科附属高大接続研究センター紀要』1, 3-11.
(75) 河合塾（2011)『Teacher's Voice 推薦入試や AO 入試を受験する,もしくは志望する生徒にどのような声かけや指導を行っていますか』Guideline 2011 年 7・8 月号, 86.
(76) 樋口健（2013)『大学1年生の転学・退学の意向とその処方箋』ベネッセ教育総合研究所, 2013 年 7 月 10 日< http://berd.benesse.jp/berd/focus/4-koudai/activity3/ >（2018 年 3 月 15 日アクセス)。
(77) 京都市立西京高等学校『平成29年度学校経営の基本方針　4 指導の重点　(3) 進路実現への取組を支援する指導』2017 年 4 月 6 日< cms.edu.city.kyoto.jp/weblog/index.php?id=300308 >（2018 年 3 月 6 日アクセス)。
(78) 滋賀県立彦根翔陽高等学校『平成 29 年度彦根翔陽高等学校　学校評価』< www.shoyo-h.shiga-ec.ed.jp/ >（2018 年 3 月 6 日アクセス)。

第4章　大学不本意入学者の特徴に関する実証分析

　本章では,大学1年生に対する4つの調査をもとに,「不本意入学者」の特徴に迫っていきたい。

第1節　不本意入学者が依拠する合否を決める要素に関する調査

　本調査は,バーナード・ワイナー（1971）の原因帰属の2次元的分類の理論,および,竹内洋（1995）の中学生調査の質問項目に依拠し,調査を実施した。[1]はじめに,受験生が重視する合否を決める要素から見た場合,「不本意入学」が志望順位に依存するのかどうかについて検証する。次に,「不本意入学者」は,「本意入学者」と比較した場合,大学入試の合否を決める要素を「努力」に求める傾向があるのか,また,男女別や出身高校所在地による特徴が見られるのかについて,アンケート調査とインタビュー調査から検討する。

1. アンケート調査

（1）調査の概要

【仮説】

大学「不本意入学者」は大学「本意入学者」と比較した場合,合否を決める要素を「努力」と考える傾向が見られる。

【調査時期と対象】

調査名称：大学生アンケート

調査時期：2015 年 4 月

対象:近畿地方に所在する4年制私立A大学の社会科学系学部に所属する1年生（n = 210）。

A大学社会科学系学部は入試難易度で中堅に位置し、国公立大受験者との併願関係が存在する。また,入試競争倍率は 2016 年度入試で 1.0 倍を上回っている。A大学社会科学系学部の学生を対象としたのは,例年,A 大学よりも偏差値が高いといわれる大学を不合格となった「不本意入学者」が一定数いることを授業担当教員から聞いており,本調査により「不本意入学者」のサンプルが確保できると考えたためである。なお,中途退学者は例年 11％前後,学生支援体制としては,奨学金（給付型・

貸与型），リメディアル教育，スチューデント・アシスタント制度などがある。

方法：質問紙調査法。講義終了後に質問紙を配布。本アンケートは学術研究のみに利用すること，また，個人の回答結果が特定されることはないことを被験者に事前説明した上で，同意を得た被験者のみから回答を得た。

【質問項目】

①性別

　「男子」，「女子」の2件法

②出身高校の所在地（都道府県）

　記述式

③現在在籍する大学について，受験時点での志望順位

　「第一志望」，「第二志望」，「第三志望以下」の3件法

④現在在籍する大学について，入学する時点での本意度（満足度）

　「本意（とても満足）」，「まあ本意（まあ満足）」，「やや不本意（あまり満足していない）」，「不本意（満足していない）」の4件法

⑤「才能」，「受験技術」，「努力」，「運」について，大学入試の合否を決める要素として，それぞれどの程度重要だと思うか

　「とても重要」，「まあ重要」，「どちらともいえない」，「あまり重要ではない」，「まったく重要ではない」の5件法

【分析手法】

　まず，志望度と本意度との関係を検証するため統計的分析（分散分析）を行い，分析の結果を踏まえ，大学入試の合否を決める要素別，男女別，出身高校所在地別（出身高校が大学の所在地と同一都道府県に位置しているか否か）に「本意入学者」と「不本意入学者」の特徴について検討する。検証にあたっては，本意度を「本意（とても満足）：4点」，「まあ本意（まあ満足）：3点」，「やや不本意（あまり満足していない）：2点」，「不本意（満足していない）：1点」として点数化し統計的分析（t検定）を行った。

　なお，4件法においてそれぞれ否定的な選択肢（「やや不本意（あまり満足していない）」，「不本意（満足していない）」の和）を回答した者を，序章で定義付けした通り，本研究における「不本意入学者」とし，肯定的な選択肢（「本意（とても満足）」，「まあ本意（まあ満足）」の和）を回答した者を「本意入学者」とした。志望度の

尺度については,大学志望度の質問項目から「第一志望」と「第二志望以下」(「第二志望」,「第三志望以下」の和)とした。

(2) 結果

① 「不本意入学者」の割合(全体・男女別・出身高校所在地別)

「不本意入学者」の割合を集計したところ,全体の45.2%にあたる95人が「不本意入学」と回答している(表4-1)。次に,男女別に見ると,女子37.5%に対し男子は45.6%と男子の方が8%程度高い結果となった(表4-2)。男子の「不本意入学者」の割合が高い傾向は,第2章の調査結果と同様であった。また,出身高校所在地別の「不本意入学者」の割合については,県内45.5%に対し県外は45.1%と差は見られなかった(表4-3)。

表4-1 「本意入学者」と「不本意入学者」の人数と割合(全体)

	本意 (A)	まあ本意 (B)	やや不本意 (C)	不本意 (D)		本意 (A+B)	不本意 (C+D)
人数	21	94	66	29		115	95
割合	10.0%	44.8%	31.4%	13.8%		54.8%	45.2%

表4-2 「本意入学者」と「不本意入学者」の人数と割合(男女別)

		本意	不本意	合計
男子	人数	98	82	180
	割合	54.4%	45.6%	100%
女子	人数	15	9	24
	割合	62.5%	37.5%	100%

表4-3 「本意入学者」と「不本意入学者」の人数と割合(出身高校所在地別)

		本意	不本意	合計
県内	人数	48	40	88
	割合	54.5%	45.5%	100%
県外	人数	67	55	122
	割合	54.9%	45.1%	100%

②入学本意度と志望度のクロス集計,分散分析(表4-4, 4-5)

「第一志望・本意」,「第一志望・不本意」,「第二志望以下・本意」,「第二志望以下・不本意」の4タイプの割合を見たところ,「第一志望・本意」が36.9%,「第一

志望・不本意」が13.1%,「第二志望以下・本意」が17.5%,「第二志望以下・不本意」が32.5%となった（表4-4）。序章で示した通り,第一志望校の不合格者が「不本意入学者」となるという先行研究や,表4-4において志望順位と本意度との間には関係が見られるが,本調査では,第一志望校の合格者の中に「不本意入学者」が13.1%存在し,一方で,第二志望校以下の合格者の中に17.5%の「本意入学者」が存在することから,第一志望校の「不本意入学者」と第二志望校以下の「本意入学者」に着目し,合否を決める4要素の観点から4タイプの特徴を調べた。

　分散分析の結果,「第一志望・本意」と「第二志望以下・本意」,また,「第一志望・不本意」と「第二志望以下・不本意」との間に有意差のある要素が見られなかったことから,合否を決める4要素について,第一志望校の「不本意入学者」と第二志望校以下の「本意入学者」に着目して見た場合,「不本意入学」は志望順位には依存しないことがわかった（表4-5）。

表4-4　入学本意度と志望度のクロス集計（n＝206）

		本意	不本意
第一志望	人数	76	27
	割合	36.9%	13.1%
第二志望以下	人数	36	67
	割合	17.5%	32.5%

表4-5　合否を決める要素と入学本意度・志望度4タイプの関係（分散分析）

才能

変動	平方和	自由度	平均平方	F 値	P 値	判 定
グループ間	2.9230	3	0.9743	0.7942	0.4983	
グループ内	251.4789	205	1.2267			
合計	254.4019	208				

*p＜.05　**p＜.01

受験技術

変動	平方和	自由度	平均平方	F 値	P 値	判 定
グループ間	4.6756	3	1.5585	1.6297	0.1837	
グループ内	195.0937	204	0.9563			
合計	199.7692	207				

*p＜.05　**p＜.01

努力

変動	平方和	自由度	平均平方	F 値	P 値	判 定
グループ間	3.2310	3	1.0770	1.9212	0.1273	
グループ内	114.9221	205	0.5606			
合計	118.1531	208				

*p<.05 **p<.01

運

変動	平方和	自由度	平均平方	F 値	P 値	判 定
グループ間	7.0771	3	2.3590	2.2713	0.0814	
グループ内	210.8456	203	1.0386			
合計	217.9227	206				

*p<.05 **p<.01

③合否を決める要素における「本意入学者」と「不本意入学者」の特徴

　次に，合否を決める要素における「本意入学者」と「不本意入学者」の特徴を確認していく。まず，「不本意入学者」，「本意入学者」それぞれが依拠する合否を決める要素に関する選択肢（「とても重要」，「まあ重要」，「どちらともいえない」，「あまり重要ではない」，「まったく重要ではない」）ごとの選択率を集計したところ，「本意入学者」，「不本意入学者」とも「努力」について，「とても重要」と回答した割合が最も高く，それぞれ60%を超えた。また，「運」を「とても重要」と回答した割合が，「本意入学者」33%に対し，「不本意入学者」は49%と約半数に達した（図4-1）。

　次に，平均点を高い順に見ると，「不本意入学者」では，「努力（4.47）」，「運（4.21），「受験技術（3.91）」，「才能（3.75）」，「本意入学者」では，「努力（4.57）」，「運（3.88），「受験技術（3.85）」，「才能（3.65）」となり，「不本意入学者」，「本意入学者」とも「努力」のスコアが最も高い結果となった（図4-2）。また，4要素それぞれについて，「本意入学者」と「不本意入学者」との間に差があるのかどうかを確認したところ，「運」について，「不本意入学者（4.21）」のスコアが「本意入学者（3.88）」よりも高く5%水準で有意差が見られた（表4-6）。A大学社会科学系学部の「不本意入学者」について，「本意入学者」と比較した場合，大学入試における合否を決める要素を「運」と捉える傾向があることがわかった。

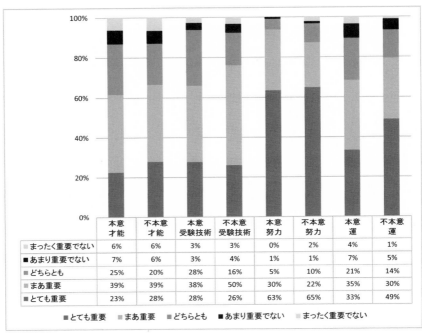

	本意 才能	不本意 才能	本意 受験技術	不本意 受験技術	本意 努力	不本意 努力	本意 運	不本意 運
まったく重要でない	6%	6%	3%	3%	0%	2%	4%	1%
あまり重要でない	7%	6%	3%	4%	1%	1%	7%	5%
どちらとも	25%	20%	28%	16%	5%	10%	21%	14%
まあ重要	39%	39%	38%	50%	30%	22%	35%	30%
とても重要	23%	28%	28%	26%	63%	65%	33%	49%

とても重要　　まあ重要　　どちらとも　　あまり重要でない　　まったく重要でない

図4-1　「本意入学者」と「不本意入学者」が依拠する合否を決める要素（回答割合）

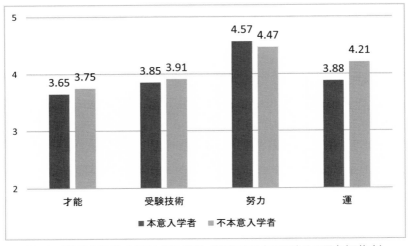

図4-2　「本意入学者」と「不本意入学者」が依拠する合否を決める要素（平均点）

表4-6 「本意入学者」と「不本意入学者」が依拠する合否を決める要素（平均点とｔ検定）

	平均点			P値	判定
	本意入学者	不本意入学者	差（本意−不本意）		
才能	3.65	3.75	−0.10	0.5180	
受験技術	3.85	3.91	−0.06	0.6476	
努力	4.57	4.47	0.10	0.3704	
運	3.88	4.21	−0.33	0.0205	*

*p＜.05　**p＜.01

④合否を決める要素における「本意入学者」と「不本意入学者」の特徴（男女別）

　男子と女子の合否を決める要素について，「本意入学者」と「不本意入学者」との間に差が見られるのかどうかを整理したのが表4-7，表4-8である。平均点で見た場合，「努力」のスコアが，男子，女子それぞれの「本意入学者」，「不本意入学者」とも，4要素の中で最も高くなっている。特に，女子の「不本意入学者」のスコア（4.89）の高さが目立つ。この傾向は，全体の平均点と同様だが，男子は，「本意入学者（4.57）」，「不本意入学者（4.41）」と「不本意入学者」のスコアが「本意入学者」よりも低いのに対し，女子は，「本意入学者（4.53）」，「不本意入学者（4.89）」と「不本意入学者」のスコアが「本意入学者」よりも高く，男女間で異なる結果となった。また，女子については，「本意入学者」と「不本意入学者」の間に5%水準で統計的有意差が見られた。

　続いて，「不本意入学者」，「本意入学者」別に，それぞれが依拠する合否を決める要素について，男女間で比較したのが表4-9，表4-10である。「不本意入学者」の「努力」の男女間のスコアについて，1%水準で有意差が見られた。繰り返しになるが，女子の「不本意入学者」の「努力」のスコア（4.89）が高いことが際立つ結果となった。

表4-7　「本意入学者」と「不本意入学者」が依拠する合否を決める要素・<u>男子</u>（平均点とｔ検定）

	平均点			P値	判定
	本意 入学者	不本意 入学者	差 （本意－不本意）		
才能	3.63	3.70	−0.07	0.7029	
受験技術	3.85	3.97	−0.13	0.3741	
努力	4.57	4.41	0.16	0.1773	
運	3.82	4.15	−0.33	0.0376	＊

*p＜.05　**p＜.01

表4-8　「本意入学者」と「不本意入学者」が依拠する合否を決める要素・<u>女子</u>（平均点とｔ検定）

	平均点			P値	判定
	本意 入学者	不本意 入学者	差 （本意－不本意）		
才能	3.73	4.22	−0.49	0.1060	
受験技術	3.87	3.44	0.42	0.4017	
努力	4.53	4.89	−0.36	0.0441	＊
運	4.13	4.44	−0.31	0.4376	

*p＜.05　**p＜.01

表4-9　「<u>不本意入学者</u>」が依拠する合否を決める要素・<u>男女間比較</u>（平均点とｔ検定）

	平均点			P値	判定
	男子 不本意	女子 不本意	差 （本意－不本意）		
才能	3.70	4.22	−0.52	0.0624	
受験技術	3.97	3.44	0.53	0.2752	
努力	4.41	4.89	−0.48	0.0038	＊＊
運	4.15	4.44	−0.29	0.4295	

*p＜.05　**p＜.01

表4-10 「本意入学者」が依拠する合否を決める要素・男女間比較（平均点とt検定）

	平均点			P値	判定
	男子 本意	女子 本意	差 （本意－不本意）		
才能	3.63	3.73	−0.10	0.6445	
受験技術	3.85	3.87	−0.02	0.9283	
努力	4.57	4.53	0.04	0.8324	
運	3.82	4.13	−0.31	0.1777	

*p<.05　**p<.01

2. インタビュー調査

　続いて，現在，在籍する大学に入学することに対して「不本意」と回答した男子3人（県内出身1人，県外出身2人），女子3人（県外出身3人）に，入試における合否結果の原因を「努力」と考える（不合格の原因を努力に帰属する）ことについて，2015年4月にインタビュー調査を実施した。結果は次のとおりである。

Q：入試における合否結果の原因を努力と考える（不合格の原因を努力に帰属する）ことについてどう思いますか。（下線は筆者が引いた）

女子A（県外出身）：私は不本意な気持ちを持ってこの大学に入学しました。でも，私には研究者になりたいという夢があります。だから，これから気持ちを切り替えていかなければならないと思っています。そのためには，失敗の原因を努力不足と考えるのではなく，自分が今の大学に入学するにいたるまで努力してきたことを思い出すようにしてきました。そうしたら，自分はこれまでできることはすべてやりきってきた，つまり，努力してきたのだということを確認することができました。結局，運がちょっとなかったのであり，それは自分ではどうすることもできないので，諦めて現実を受け入れ，これからの目標に向かっていきたいと思っています。

女子B（県外出身）：一年浪人もしたのに，結局，私は希望の大学に入学できませんでした。でも，失敗の理由を努力不足とは考えないようにしています。というか考えたくない。だって，結果は不本意入学

　　　　　　　　でも，これまで本当に努力してきたからその努力を否定したく
　　　　　　　　ないんです。

女子C（県外出身）：私は，前期試験で受験した国立大学に不合格だった時，なぜ
　　　　　　　　もっと努力できなかったのだろうと自分の努力の足りなさを責
　　　　　　　　め，前に進むことができなくなってしまいました。そして，失
　　　　　　　　意の中でこの大学を受験し合格しました。高校の先生からは，
　　　　　　　　浪人することを勧められたけど，あと1年頑張る力がわかなく
　　　　　　　　て今の大学に入学しました。

男子D（県内出身）：私はセンター試験の結果が志望校の目標点に届かず，今の大
　　　　　　　　学を受験し入学しました。センター試験の結果は，今振り返っ
　　　　　　　　てみると，もっとこうしておけばもう少し点数が取れたと思うこ
　　　　　　　　とがいくつかあり，点数を取るための戦略，そして，自分の努
　　　　　　　　力が足りなかったからだと思っています。

男子E（県外出身）：自分は高校も大学も不本意入学でした。でも，高校時代の恩
　　　　　　　　師に「一番大事なことは結果だが，一人の人間として最も大
　　　　　　　　切なのは，どれだけ努力をしたかだ。今は駄目だったとしても
　　　　　　　　最後に笑うのは努力した人間だ」といわれたことがあって，そ
　　　　　　　　の言葉を信じて受験まで頑張ってきました。でも結果が出な
　　　　　　　　かった。だから，失敗の原因は努力不足にあるのかもしれな
　　　　　　　　いが，それだけではないと思っているし，これまで努力してき
　　　　　　　　たことは必ずこの先の人生でプラスになると信じています。

男子F（県外出身）：失敗の原因を努力不足と考えることについては疑問がありま
　　　　　　　　す。失敗のほとんどの原因を自分の努力不足に求めるのは，
　　　　　　　　現代の若者には酷な話ではないでしょうか。自分自身を追い
　　　　　　　　込んでしまうのではないでしょうか。現代の人々のメンタルは
　　　　　　　　それほど強くないと思います。引きこもりなどの様々な社会問

題が増加してきています。私は今回の大学受験を含め，今まで数々の失敗をしてきました。その原因を自分にばかり求めようとしてもろくなことがありませんでした。自分を追い詰め，意欲を高めるどころか，かえって萎縮するようになってしまった。私は，失敗したとき，例えば，受験前日に食べた豚カツのせいで胃がもたれてテストに集中できなかったとか，消しゴムの形が悪くて時間をロスしてしまったなど，他人の迷惑にならない程度に他のものに失敗の責任をなすりつけることで，いくらかでもストレスやもやもやした気持ちを解消できました。いい意味で周囲のせいにすることも，生きやすくするために必要なことなのではないでしょうか。

　入試における合否結果の原因を「努力」と考える（不合格の原因を努力に帰属する）ことについて，女子Cは肯定的，男子Dと男子Eはいくつかの要素の一つとして肯定，女子Aと女子B，男子Fは否定的な回答内容であった。

　女子Aは，大学受験は失敗だったと考えているが，受験までの自分自身の「努力」を肯定的に捉えることで，自分自身を納得させ未来に進んでいこうとする様子が窺える。また，失敗の原因として「運」をあげており，このコメントは，アンケート結果と一致している。

　女子Bも，女子Aと同様に，受験までに最大限「努力」したが，大学受験は失敗したと考えているように，失敗と「努力」を関連付けることには否定的な思いを持っている。すなわち，女子A，女子Bとも，自分自身として，精一杯の「努力」をしてきたので，不合格の原因を「努力」と考えていない，もしくは，考えたくない回答内容となっている。

　女子Cは，女子Bとは反対に，「努力」不足の結果，不本意入学となってしまったと考えているタイプである。

　男子Dは，女子Cと同様に「努力」不足が原因で不本意入学となってしまったと考えているが，女子Cと異なるのは，「努力」不足を不合格の原因の一つとして捉えている点である。

　男子Eは，男子Dと同様に，「努力」不足を不合格の原因の一つとして捉えている。また，大学入試では「努力」が報われなかったが，高校入試も大学入試も不本意入

学というパターンとなるが，恩師との出会いによって，この先の人生でいずれ必ず「努力」が報われる日が来ると信じている。

　男子Fは，大学入試に限らずこれまでの多くの失敗経験から，失敗の原因を「努力」不足に帰属することへの危険性を述べている。ストレスを抱えすぎず，気楽に生きていこうとすることが重要であり，大学入試の結果についても深刻に考えすぎないことが重要であると考えている。

　6人のインタビュー調査から読み取れるのは，大学入試までのプロセスで自分が最大限「努力」してきたと思っている人と思っていない人の間で，「努力」に対する捉え方が異なることである。すなわち，最大限努力してきたと思っている人は，不合格という失敗の原因を「努力」の結果と考えることに否定的だが，まだ努力する余地があったと思っている人は，失敗の原因を努力と捉える傾向が見られるということである。つまり，大学入試にいたる努力の過程に対する認識が，入試に失敗したときに原因を努力に帰属するのかどうかの分岐点となることが考えられる。

3. 不本意入学者が依拠する合否を決める要素についての特徴

　本節では，結果を踏まえ次の四点について指摘したい。

　一点目は，合否を決める要素における「本意入学者」と「不本意入学者」の特徴を見た場合，「不本意入学」は志望順位には依存しないということである。調査分析からは，「第一志望・本意」と「第二志望以下・本意」，および，「第一志望・不本意」と「第二志望以下・不本意」との間に統計的有意差は見られなかった。第2章でも述べたように，序章では，「不本意入学」のタイプとして小林哲郎（2000）が，「第一志望不合格型」があることを示したが，大学入試で重視する合否を決める要素から見た場合，志望順位と「不本意入学」とは関連がないことが調査分析から示されたといえる。

　二点目は，大学入学者選抜を経た大学入学者は，「本意入学」，「不本意入学」に関わらず，入試結果で重視する要素について，「才能」，「受験技術」，「運」よりも「努力」と考える傾向が強いということである。調査結果からは，「不本意入学者」，「本意入学者」とも受験の合否結果を「努力」と考える者が，平均スコアで見た場合，「本意入学者」4.57，「不本意入学者」4.47（5点満点）と，ともに4要素の中で最も高かっ

た。確かに，この結果は，第1章で示した日本人の努力主義に関する先行研究に対して，努力主義の傾向が見られる点については一致している。しかし，1980年以降，努力主義が弱まっているという指摘について，少なくとも大学入試の合否を決める要素として，「才能」，「受験技術」，「運」よりも「努力」を重視していることがわかった。特に，女子の「不本意入学者」は，大学入試の合否を決める要素として「努力」に依拠する傾向が強いことが明らかとなった。

　三点目は，二点目の大学入学者選抜を経た大学入学者は，「本意入学」，「不本意入学」に関わらず，入試の合否結果に対する原因を「努力」と考える傾向が強いということに関連して，「努力」の平均スコアが高いということは，自分の「努力」に納得していない者が多いという可能性である。インタビュー調査からは，入試の結果を「努力」と考えるかどうかについて，受験者本人が受験にいたる過程で最大限の「努力」をしてきたかどうか，すなわち，自分自身の「努力」に納得しているかどうかが分岐点となる可能性が窺えた。「努力」をして納得することは，「加熱」したアスピレーションを「冷却」もしくは「縮小」させる確率を高め，たとえ「不本意入学」であったとしても，不本意感を大学入学後の長期に渡ってひきずるリスクを減少させることに寄与すると考えられる。しかし，自分がしてきた「努力」に対して納得していなければ，インタビュー調査の女子Cの「なぜもっと努力できなかったのだろうと自分の努力の足りなさを責め，・・・」というコメントに見られるように，大学入学後の不本意感の解消が困難になることが予想される。調査では，入試の合否結果に対して重視する要素について，女子における「不本意入学者」の「努力」の平均スコアが4.89と高く，男子の4.41と比較した場合，1%水準で統計的有意差が見られた。つまり，女子の「不本意入学者」の多くは，合否結果の要素を努力不足等，「努力」したことに納得していないと考えられる。したがって，「加熱」したアスピレーションを「冷却」し不本意感を抱きにくくするためには，自分がしてきた「努力」に納得するというプロセスが必要となるのである。

　最後，四点目は，「不本意入学者」は「本意入学者」よりも，入試の結果を「運」と考える傾向が見られる点である。「不本意入学者」全体の平均スコアが5点満点で4点を超えていたのは「運（4.21）」と「努力（4.47）」の2要素のみであった。ワイナー（1971）は，原因帰属の分類において，「運」を「努力」とともに不安定，すなわち，変わりやすい要素に区分している。つまり，「不本意入学者」は，「努力」に加え，「運」という安定性がない（変わりやすい）要素を合否結果として重視するこ

とで，「不本意入学」後の不本意感の改善に向けて，自己の行動によって意欲を高められる余地を残しておきたいというメンタリティを持っていると考えられる。第1章において，デイル・ミラー（1976）が，成功は主に内的要因に帰せられ，失敗は外的要因に帰せられる傾向があるという先行研究を示したが，本調査からは，入試に失敗したと感じている「本意入学者」は，合否結果の要素を外的というよりはむしろ，「努力」，「運」といった不安定さに求めていることが示されたといえる。

第2節　出身高校の属性による特徴と高校生活の振り返りに関する調査

　第2章では，教育の大衆化によって，偏差値による傾斜的配分システムが確立したことを論じた。このシステムによって子どもたちは，もう少し頑張れば一つ上のランクの学校に手が届くと焚きつけられている（竹内洋，1995）。また，第3章では，メリトクラシーの再帰性や推薦入試の拡大によって，高校の階層構造に変化が生じていることを，進学アスピレーションの観点から検討した。本調査では，はじめに，大学新入生の高校生活の振り返り調査から見た場合，「不本意入学」が志望順位に依存するのかどうかについて検証する。次に，中等教育，高等教育が大衆化する中で，大学新入生の高校生活の振り返り，および，進学校出身者と非進学校出身者という高校における二つのタイプの所属集団から，「不本意入学者」の特徴を明らかにする。[2]

1. アンケート調査

（1）調査の概要

【仮説】

進学校出身者は，非進学校出身者と比べ大学不本意入学者が多い。

【調査対象と時期】

調査名称：大学生活アンケート

調査時期：2014年4月

対象：近畿地方に所在する私立4年制C大学D学部（社会科学系）に所属する1年生（n= 73）。

C大学D学部は国公立大受験者との併願関係が存在し，入試競争倍率は2015年度入試で1.0倍を上回っている。

方法：質問紙調査法（講義終了後に質問紙を配布し回答してもらい，その場で回収した）

【質問項目】

①出身高校

記述式

②現在在籍する大学について，受験時点での志望順位

「第一志望」，「第二志望」，「第三志望以下」の3件法

③現在在籍する大学について，入学する時点での本意度（満足度）

「本意（とても満足）」，「まあ本意（まあ満足）」，「やや不本意（あまり満足していない）」，「不本意（満足していない）」の4件法

④現在在籍する学部・学科等について，入学する時点での本意度（満足度）

「本意（とても満足）」，「まあ本意（まあ満足）」，「やや不本意（あまり満足していない）」，「不本意（満足していない）」の4件法

⑤高校時代の成績について，学校内での平均的な位置

「上位」，「中位」，「下位」の3件法

⑥高校生活の振り返り[3]

「とてもあてはまる」，「まああてはまる」，「どちらともいえない」，「あまりあてはまらない」，「まったくあてはまらない」の5件法

【分析手法】

まず，質問項目の①～⑤の回答結果を尺度化した。

①出身高校：進学校群（n= 34）と非進学校群（n= 39）に分類。

②志望順位：第一志望（n= 22）と第二志望以下（n= 51：「第二志望」，「第三志望以下」の和）に分類。

③大学本意度：「本意入学者」（n= 50：「本意（とても満足）」，「まあ本意（まあ満足）」の和）と「不本意入学者」（n= 23：「やや不本意（あまり満足していない）」，「不本意（満足していない）」の和）に分類。

④学部・学科等（本意度：「本意入学者」（n= 58：「本意（とても満足）」，「まあ本意（まあ満足）」の和）と「不本意入学者」（n= 15：「やや不本意（あまり満足していない）」，「不本意（満足していない）」の和）に分類。学部・学科等は，以降，「学部・学科」と表記する。

⑤高校時代の成績：上位（n= 13），中位（n= 41），下位（n= 14）に分類。

　次に，志望度と大学本意度との関係を検証するため統計的分析（分散分析）を行い，分析の結果を踏まえ，高校生活の振り返り，進学校群と非進学校群別に「本意入学者」と「不本意入学者」の特徴について検討する。検証にあたっては，本意度を「本意（とても満足）：4点」，「まあ本意（まあ満足）：3点」，「やや不本意（あまり満足していない）：2点」，「不本意（満足していない）：1点」として点数化し統計的分析（t検定，重回帰分析）を行った。

（2）結果

①「不本意入学者」の割合（全体）

　大学「不本意入学者」と学部・学科「不本意入学者」の割合を確認したところ，大学に対しては31.5%，学部・学科に対しては20.5%が「不本意入学」と回答しており，大学「不本意入学者」の方が学部・学科「不本意入学者」よりも11%高くなっている（表4-11）。

表4-11　「本意入学者」と「不本意入学者」の人数と割合（全体）

		本意 (A)	まあ本意 (B)	やや不本意 (C)	不本意 (D)		本意 (A+B)	不本意 (C+D)
大学	人数	16	34	16	7		50	23
	割合	21.9%	46.6%	21.9%	9.6%		68.5%	31.5%
学部・学科	人数	31	27	8	7		58	15
	割合	42.5%	37.0%	11.0%	9.6%		79.5%	20.5%

②大学入学本意度と志望度のクロス集計，分散分析，多重比較検定（表 4-12，4-13，4-14）

　「第一志望・本意」，「第一志望・不本意」，「第二志望以下・本意」，「第二志望以下・不本意」の4タイプの割合を見たところ，「第一志望・本意」が30.1%，「第二志望以下・本意」が38.4%，「第二志望以下・不本意」が31.5%となった（表4-12）。序章で示した通り，第一志望校の不合格者が「不本意入学者」となるという先行研究や，表4-12において志望順位と本意度との間には関係が見られるが，本調査では，第二志望校以下の合格者の中に38.4%の「本意入学者」が存在することから，第二志望校以下の「本意入学者」に着目し，高校生活の振り返りの項目の観

点から3タイプの特徴を調べた。

　分散分析の結果，「自分の進路や生き方を考える機会が多かった」，「自分の出身高校で高校生活を送ることができて良かった」の2項目で有意差が見られたことから（表4-13），ボンフェロニの多重比較検定を行ったところ，「自分の進路や生き方を考える機会が多かった」では，「第二志望以下・本意」と「第二志望以下・不本意」との間に，「自分の出身高校で高校生活を送ることができて良かった」では，「第一志望・本意」と「第二志望以下・不本意」との間にそれぞれ有意差が見られた（表4-14）。一方で，「第一志望・本意」と「第二志望以下・本意」との間で有意差のある項目が見られなかったことから，高校生活の振り返りの項目については志望順位には依存せず，本意度に依存することがわかった。なお，本調査では，「第一志望・不本意」のタイプは存在しなかった。

表4-12　入学本意度と志望度のクロス集計（n＝73）

		本意	不本意
第一志望	人数	22	0
	割合	30.1%	0%
第二志望以下	人数	28	23
	割合	38.4%	31.5%

表4-13　高校生活の振り返りと大学入学本意度と志望度3タイプの関係（分散分析）

悩みや不安を語り合えるような友達がいた

変動	平方和	自由度	平均平方	F 値	P 値	判 定
グループ間	3.2308	2	1.6154	2.3199	0.1058	
グループ内	48.7418	70	0.6963			
合計	51.9726	72				

*p＜.05　**p＜.01

自分の進路や生き方を考える機会が多かった

変動	平方和	自由度	平均平方	F 値	P 値	判 定
グループ間	9.0737	2	4.5368	4.3548	0.0165	*
グループ内	72.9263	70	1.0418			
合計	82.0000	72				

*p＜.05　**p＜.01

後輩や弟妹に，自分の出身高校を勧めたい

変動	平方和	自由度	平均平方	F 値	P 値	判 定
グループ間	2.9134	2	1.4567	0.8670	0.4247	
グループ内	117.6071	70	1.6801			
合計	120.5205	72				

*p＜.05　**p＜.01

人間的な成長が得られた

変動	平方和	自由度	平均平方	F 値	P 値	判 定
グループ間	2.0787	2	1.0394	2.0504	0.1363	
グループ内	35.4829	70	0.5069			
合計	37.5616	72				

*p＜.05　**p＜.01

先生に質問や相談がしやすかった

変動	平方和	自由度	平均平方	F 値	P 値	判 定
グループ間	5.0002	2	2.5001	2.7980	0.0679	
グループ内	61.6526	69	0.8935			
合計	66.6528	71				

*p＜.05　**p＜.01

いきいきと高校生活を送っている生徒が多かった

変動	平方和	自由度	平均平方	F 値	P 値	判 定
グループ間	0.6709	2	0.3355	0.5143	0.6001	
グループ内	45.6578	70	0.6523			
合計	46.3288	72				

*p＜.05　**p＜.01

勉強やものごとをやり遂げた体験が多かった

変動	平方和	自由度	平均平方	F 値	P 値	判 定
グループ間	1.4455	2	0.7228	0.6606	0.5197	
グループ内	76.5819	70	1.0940			
合計	78.0274	72				

*p＜.05　**p＜.01

行事を通じて，高校生活での充実感が得られた

変動	平方和	自由度	平均平方	F 値	P 値	判 定
グループ間	2.4983	2	1.2491	1.3634	0.2625	
グループ内	64.1318	70	0.9162			
合計	66.6301	72				

*p＜.05　**p＜.01

友達の様子を見て「自分もやれそうだ」と感じることが多かった

変動	平方和	自由度	平均平方	F 値	P 値	判 定
グループ間	2.3281	2	1.1640	1.2397	0.2957	
グループ内	65.7267	70	0.9390			
合計	68.0548	72				

*p＜.05　**p＜.01

高校に行くのが楽しみだった

変動	平方和	自由度	平均平方	F 値	P 値	判 定
グループ間	2.4516	2	1.2258	1.2733	0.2864	
グループ内	66.4234	69	0.9627			
合計	68.8750	71				

*p＜.05　**p＜.01

部活動を通じて，高校生活での充実感が得られた

変動	平方和	自由度	平均平方	F 値	P 値	判 定
グループ間	0.9474	2	0.4737	0.3610	0.6983	
グループ内	87.9240	67	1.3123			
合計	88.8714	69				

*p＜.05　**p＜.01

自分の個性や能力を伸ばしてくれそうな活動があった

変動	平方和	自由度	平均平方	F 値	P 値	判 定
グループ間	4.3272	2	2.1636	1.7878	0.1749	
グループ内	84.7139	70	1.2102			
合計	89.0411	72				

*p＜.05　**p＜.01

影響を受けたり，魅力を感じる先生がいた

変動	平方和	自由度	平均平方	F 値	P 値	判 定
グループ間	5.2558	2	2.6279	2.8269	0.0660	
グループ内	65.0730	70	0.9296			
合計	70.3288	72				

*p＜.05　**p＜.01

友達から良い刺激を受けた

変動	平方和	自由度	平均平方	F 値	P 値	判 定
グループ間	4.5316	2	2.2658	2.9377	0.0596	
グループ内	53.9890	70	0.7713			
合計	58.5205	72				

*p＜.05　**p＜.01

自分の出身高校で高校生活を送ることができて良かった

変動	平方和	自由度	平均平方	F 値	P 値	判 定
グループ間	4.6816	2	2.3408	3.4749	0.0364	＊
グループ内	47.1540	70	0.6736			
合計	51.8356	72				

*p＜.05　**p＜.01

表4-14　高校生活の振り返りと大学入学本意度と志望度３タイプの関係（多重比較検定・Bonferroni）

自分の進路や生き方を考える機会が多かった

水準1	水準2	平均1	平均2	差	統計量	P 値	判定
第一志望 本意	第二志望以下 本意	4.1364	3.5714	0.5649	1.9427	0.1682	
第一志望 本意	第二志望以下 不本意	4.1364	4.3913	0.2549	0.8376	1.0000	
第二志望以下 本意	第二志望以下 不本意	3.5714	4.3913	0.8199	2.8544	0.0170	＊

*p＜.05　**p＜.01

自分の出身高校で高校生活を送ることができて良かった

水準1	水準2	平均1	平均2	差	統計量	P 値	判定
第一志望 本意	第二志望以下 本意	4.7273	4.4643	0.2630	1.1247	0.7937	
第一志望 本意	第二志望以下 不本意	4.7273	4.0870	0.6403	2.6161	0.0327	＊
第二志望以下 本意	第二志望以下 不本意	4.4643	4.0870	0.3773	1.6337	0.3204	

*p＜.05　**p＜.01

③高校生活の振り返りにおける「本意入学者」と「不本意入学者」の特徴

　高校生活の振り返りの項目について，本意度によって差がある項目が見られたことから，各項目について，「本意入学者」と「不本意入学者」の平均スコアを一覧にしたのが図4-3である。15項目中14項目で「本意入学者」の平均スコアが「不本意入学者」を上回っており，「本意入学者」の高校生活の充実度が「不本意入学者」よりも全般的に高いことがわかる。特に，統計的有意差が見られる項目を見ると，高校生活における友達との関係性（「悩みや不安を語り合えるような友達がいた」，「友達から良い刺激を受けた」）が大学入学に際して本意度に影響を与えることが窺える（表4-15）。また，「悩みや不安を語り合えるような友達がいた」と「自分の進路や「生き方」を考える機会が多かった」について，「本意入学者」は関連が見られるのに対し，「不本意入学者」は関連が見られないことがわかった（表4-16，表4-17）。

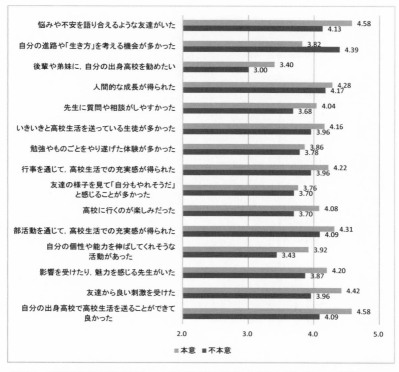

図4-3　高校生活の振り返りにおける「本意入学者」と「不本意入学者」の平均スコア

表4-15　高校生活の振り返りにおける「本意入学者」と「不本意入学者」の差（ t 検定）

	平均点			P値	判定
	本意	不本意	差（本意－不本意）		
悩みや不安を語り合えるような友達がいた	4.58	4.13	0.45	0.017	＊
自分の進路や「生き方」を考える機会が多かった	3.82	4.39	−0.57	0.026	＊
後輩や弟妹に，自分の出身高校を勧めたい	3.40	3.00	0.40	0.243	
人間的な成長が得られた	4.28	4.17	0.11	0.580	
先生に質問や相談がしやすかった	4.04	3.68	0.36	0.161	
いきいきと高校生活を送っている生徒が多かった	4.16	3.96	0.20	0.345	
勉強やものごとをやり遂げた体験が多かった	3.86	3.78	0.08	0.780	
行事を通じて，高校生活での充実感が得られた	4.22	3.96	0.26	0.299	
友達の様子を見て「自分もやれそうだ」と感じることが多かった	3.76	3.70	0.06	0.800	
高校に行くのが楽しみだった	4.08	3.70	0.39	0.153	
部活動を通じて，高校生活での充実感が得られた	4.31	4.09	0.22	0.497	
自分の個性や能力を伸ばしてくれそうな活動があった	3.92	3.43	0.49	0.123	
影響を受けたり，魅力を感じる先生がいた	4.20	3.87	0.33	0.208	
友達から良い刺激を受けた	4.42	3.96	0.46	0.020	＊
自分の出身高校で高校生活を送ることができて良かった	4.58	4.09	0.49	0.047	＊

$^*p<.05$　$^{**}p<.01$

表4-16　「不本意入学者」　 t 検定（表4-15）で有意差が見られた４項目を目的変数とした重回帰分析

	【1】友達		【2】進路		【3】友達		【4】生活	
	P値	判定	P値	判定	P値	判定	P値	判定
【1】悩みや不安を語り合えるような友達がいた			0.643		0.185		0.004	＊＊
【2】自分の進路や生き方を考える機会が多かった	0.643				0.590		0.926	
後輩や弟妹に，自分の出身高校を勧めたい	0.976		0.332		0.237		0.488	
人間的な成長が得られた	0.112		0.235		0.082		0.467	
先生に質問や相談がしやすかった	0.726		0.427		0.118		0.826	
いきいきと高校生活を送っている生徒が多かった	0.030	＊	0.751		0.338		0.012	＊
勉強やものごとをやり遂げた体験が多かった	0.003	＊＊	0.308		0.288		0.012	＊
行事を通じて，高校生活での充実感が得られた	0.007	＊＊	0.501		0.323		0.010	＊
友達の様子を見て「自分もやれそうだ」と感じることが多かった	0.284		0.560		0.018	＊	0.582	
高校に行くのが楽しみだった	0.012	＊	0.340		0.144		0.078	
部活動を通じて，高校生活での充実感が得られた	0.721		0.783		0.916		0.554	
自分の個性や能力を伸ばしてくれそうな活動があった	0.149		0.702		0.312		0.054	
影響を受けたり，魅力を感じる先生がいた	0.004	＊＊	0.754		0.210		0.010	＊
【3】友達から良い刺激を受けた	0.185		0.590				0.562	
【4】自分の出身高校で高校生活を送ることができて良かった	0.004	＊＊	0.926		0.562			
R2乗	0.967		0.685		0.969		0.989	

$^*p<.05$　$^{**}p<.01$

表4-17 「本意入学者」 ｔ検定（表4-15）で有意差が見られた４項目を目的変数とした重回帰
分析

	【1】友達		【2】進路		【3】友達		【4】生活	
	P値	判定	P値	判定	P値	判定	P値	判定
【1】悩みや不安を語り合えるような友達がいた			0.026	*	0.475		0.400	
【2】自分の進路や生き方を考える機会が多かった	0.026	*			0.796		0.649	
後輩や弟妹に，自分の出身高校を勧めたい	0.224		0.646		0.335		0.956	
人間的な成長が得られた	0.611		0.284		0.044	*	0.658	
先生に質問や相談がしやすかった	0.225		0.958		0.115		0.283	
いきいきと高校生活を送っている生徒が多かった	0.852		0.642		0.777		0.441	
勉強やものごとをやり遂げた体験が多かった	0.580		0.135		0.506		0.558	
行事を通じて，高校生活での充実感が得られた	0.347		0.019	*	0.063		0.912	
友達の様子を見て「自分もやれそうだ」と感じることが多かった	0.743		0.015	*	0.748		0.960	
高校に行くのが楽しみだった	0.895		0.968		0.140		0.043	*
部活動を通じて，高校生活での充実感が得られた	0.903		0.032	*	0.897		0.991	
自分の個性や能力を伸ばしてくれそうな活動があった	0.038	*	0.698		0.334		0.196	
影響を受けたり，魅力を感じる先生がいた	0.024	*	0.007	**	0.349		0.629	
【3】友達から良い刺激を受けた	0.475		0.796				0.021	*
【4】自分の出身高校で高校生活を送ることができて良かった	0.400		0.649		0.021	*		
R2乗	0.517		0.699		0.613		0.678	

$^*p<.05$　$^{**}p<.01$

④出身高校と大学，学部・学科（専攻）本意度との関係

　ここからは，出身高校を進学校群と非進学校群に分類し，「本意入学者」と「不
本意入学者」の特徴を見ていく。まず，出身高校群（進学校群と非進学校群）と大
学進学時点での本意度（「本意入学者）と「不本意入学者」）を，大学本意度，学
部・学科本意度別にクロス集計した結果（表 4-18），大学本意度について，進学校
群では「不本意入学者」の割合が52.9%と「本意入学者」の47.1%を上回ったの
に対し，非進学校群では「本意入学者」の割合が87.2%と「不本意入学者」の
12.8%よりも高い傾向が見られた。また，学部・学科本意度については，大学本意度
と比較した場合，進学校群，非進学校群とも本意度の割合が高かった。

　次に，出身高校群と大学本意度，学部・学科本意度との間に関連性があるかどう
かを統計的に確認するためカイ二乗検定を行ったところ，出身高校群と大学本意度と
の間に1%水準で有意差が見られ，大学に本意，または不本意で入学した者と出身高
校群との間には関連性があることが確認された（表 4-19）。一方で，学部・学科に本
意，または不本意で入学した者と出身高校群との間に関連性は見られなかった。

表4-18　出身高校群と入学本意度のクロス集計表（n＝73）

＜大学本意度＞

		進学校群	非進学校群	合　計
本意	人数	16	34	50
入学者	割合	47.1%	87.2%	68.5%
不本意	人数	18	5	23
入学者	割合	52.9%	12.8%	31.5%
合　計		34	39	73

＜学部・学科本意度＞

		進学校群	非進学校群	合　計
本意	人数	24	34	58
入学者	割合	70.6%	87.2%	79.5%
不本意	人数	10	5	15
入学者	割合	29.4%	12.8%	20.5%
合　計		34	39	73

％は，進学校群，非進学校群のそれぞれの本意入学者と不本意入学者の合計を100％とした場合の割合を示す

表4-19　出身高校群と入学本意度との関係についての検定結果（独立性の検定）

＜大学本意度＞

カイ二乗値	自由度	Ｐ　値	判定
13.5489	1	0.0002	＊＊

＜学部・学科本意度＞

カイ二乗値	自由度	Ｐ　値	判定
3.0627	1	0.0801	

$^{*}p<.05$　$^{**}p<.01$

⑤出身高校群での成績と大学本意度，学部・学科本意度との関係

　出身高校群別に高校時代の準拠集団内での相対的成績と「不本意入学」の関係を調べたところ，進学校群では大学不本意入学者の83.3％が成績において中下位層に位置する結果となった。一方，非進学校群では大学に不本意感を持って入学した5人のうち4人が高校時代は成績が相対的に上位に位置していた（表 4-20）。これらの傾向が，統計的に関連性があるのかどうかをカイ二乗検定によって検証したところ，出身高校群と大学「不本意入学者」との間に5％水準で有意差が見られた（表4-21）。進学校群では成績における中下位者層，非進学校群では成績における上位者層に大学「不本意入学」の割合が高い傾向があることが窺える。

表4-20　出身高校群での成績と「不本意入学者」のクロス集計表

	進学校 大学 不本意	非進学校 大学 不本意
上位	3	4
	16.7%	80.0%
中位	9	1
	50.0%	20.0%
下位	6	0
	33.3%	0.0%
合　計	18	5

	進学校 学部・学科 不本意	非進学校 学部・学科 不本意
上位	1	2
	10.0%	40.0%
中位	5	3
	50.0%	60.0%
下位	4	0
	40.0%	0.0%
合　計	10	5

％は,進学校群,非進学校群の不本意入学者について,各層の成績の合
計を100％とした場合の割合を示す

表4-21　出身高校群での成績と「不本意入学者」の関連についての検定結果（独立性の検定）

＜大学不本意＞

カイ二乗値	自由度	P 値	判定
7.6338	2	0.0220	＊

＜学部・学科不本意＞

カイ二乗値	自由度	P 値	判定
3.5625	2	0.1684	

*p＜.05　**p＜.01

2. 不本意入学者が所属していた出身高校の属性についての特徴

本節では,調査分析を踏まえ次の四点を指摘したい。

一点目は,高校生活の振り返りにおける「本意入学者」と「不本意入学者」の特徴を見た場合,「不本意入学」は志望順位には依存しないということである。調査分析からは,「第二志望以下・本意」と「第二志望以下・不本意」,および,「第一志望・本意」と「第二志望以下・不本意」との間に統計的有意差が見られた一方で,「第一志望・本意」と「第二志望以下・本意」との間に統計的有意差は見られなかった。第2章や第4章第1節でも述べたように,序章では,「不本意入学」のタイプとして小林哲郎（2000）が,「第一志望不合格型」があることを示したが,高校生活の振り返りにおける項目から見た場合,志望順位と「不本意入学」とは関連がないことが調査分析から示されたといえる。

二点目は,高校生活の振り返りにおける「不本意入学者」の特徴として,「本意入学者」と比較して深い友人関係を構築できていないという傾向が見られた点である。調査では,「悩みや不安を語り合えるような友達がいた」と「友達から良い刺激を受けた」の項目について,5％水準で統計的有意差が見られた。また,この2項目の「本

意入学者」平均スコアはそれぞれ 4.58，4.42と4点（5点満点）を大きく上回っており高いことがわかる。尾嶋史章・荒牧草平（2018）は，1981 年，1997 年，2011 年に実施した学校パネル調査において，友人との交際が活発であると回答した割合がそれぞれ 81.4%，77.8%，88.3%と高いことを示す一方で，現代の生徒たちは人間関係を良好に保つためにケータイやスマホをチェックし，生徒間関係のシビアなメンテナンスに消耗している可能性を指摘している。⁽⁴⁾この尾嶋・荒牧（2018）の指摘からは，現代の高校生は，表面的な友人関係の維持に苦心し，不安や悩みを語り合えるような友人，すなわち，親友と呼べるような友人関係を築くことが容易ではないことが窺える。このような状況の中で，高校時代に進路や生き方について語り合えるような深い交友関係を構築できたかどうかが，高校卒業後の進学する大学への本意度に影響を及ぼしていることが考えられるのである。

　三点目は，進学校出身者は非進学校出身者と比較すると，「不本意入学者」の割合が高く，特に，進学校という所属集団内で成績が相対的に中下位層に位置していた者が大学「不本意入学」となりやすい可能性が示唆されたことである。第 2 章で示した竹内洋（1995）の規範的期待水準は同じような境遇との人々との交流から形成されやすいや，第 3 章で示した岩木秀夫（1980）の「高校での進路選択では所属する学校の規定力が大きい」，斉藤浩一（1996）の「学校間の違いにより大学志望動機は明確に影響を受ける」，望月由起（2007）の「『受験校選択』への影響力が大きいのは『学校・仲間環境』である」，また，中西啓喜（2013）の「少子化の中で，高校は相対的に上位校の定員を多めに確保し，普通科高校を中心にセカンドランク以下の高校の生徒数を減少させた」などの指摘を踏まえると，進学校出身者，その中でも特に，従来は進学校に入学できなかった者を中心とした成績中下位層者は，非進学校出身者と比べると準拠集団内で形成される高いアスピレーションに縛られやすく，自己選抜によって実現可能なレベルにアスピレーションを縮小，もしくは冷却させにくい，すなわち，大学受験時までに自分の実力に見合った相応の出願校が選定できにくく，不本意感というメンタリティを持って大学に入学する割合が高いことが考えられる。また，第 2 章で示した吉本圭一（1984）の進学校における上位トラックと学力に乖離がある者は，学力が「負の文脈効果」を受けて伸び悩み，アスピレーションを下げることなく浪人するという指摘の通り，浪人を重ねた上での「不本意入学者」も含まれることが推測される。

　一方，非進学校出身者の場合，特別進学コースの設置等，進学校と同様に準拠集団内での高いアスピレーションが形成される場合を除き，大学という志望校の選定においては，準拠集団内で形成されるアスピレーションが進学校出身者と比べると低くなることに加え，高校入学段階，あるいはそれ以前の段階ですでに競争の残る難易度が高い大学入学の可能性については自己選抜が行われている可能性が考えられる。第1章の単線型と分岐型の学校制度の中で，日本の学校の場合，単線型ではあるが，トラッキングによって分岐型の要素が入り込んでいるため，どの学校に進学しても，進学を希望する大学に全く同じ確率で合格できる訳ではないことを述べた。もちろん，法律上，希望する進路先の道が進学した高校によって閉ざされることはないが，生徒は所属する非進学校という高校の集団の中で，自分自身の卒業後の進路先の可能性を感じ取り自己選抜を行っていることが考えられるのである。

　第3章で示した苅谷剛彦（1991）の，高校生の職業選抜において，学校の中で生徒は自己の能力や成績を認識しながら日常的な教育活動の中で自己選抜が促され，アスピレーションのコントロールという点で無駄のない効率的な配分を実現しているという指摘は，就職希望者が存在する非進学校出身者に，特に当てはまることが示唆される。また，濱中淳子（2019）が述べる進学アスピレーションが高い進学校から分化した進学中堅校の生徒たちが，中村高康（2011）が指摘する規模を拡大した軽量化された推薦入試にシフトすることで，非進学校出身者全体で「不本意入学者」の割合を低下させていることが窺われる。

　四点目は，学部・学科「不本意入学者」の割合は進学校出身者，非進学校出身者とも大学「不本意入学者」と比べると低い，すなわち，不本意の対象は学部・学科よりも大学に向いている傾向が見られたことである。調査結果からは，学部・学科に本意，または不本意で入学した者と出身高校群との間に関連性は見られなかった。また，大学本意度と比較した場合，進学校群，非進学校群とも学部・学科本意度の割合が高かった。豊嶋秋彦（1989）が，学部を決めてから入れる大学を選ぶという進路方略が一般化していると指摘しているように，高校での学部・学科選択を大学選択よりも優先した進路指導の定着により，学部・学科「不本意入学者」の割合は大学「不本意入学者」よりも低いことが考えられる。また，学部・学科選択は，大学選択と比べた場合，自己の成績，すなわち，傾斜的配分システムという細やかなランキングに応じて検討できることも学部・学科「不本意入学者」が大学「不本意入学者」よ

りも少ない要因と考えられる。大学選択の場合，まず志望する大学の難易度があり，その大学に自分自身の成績と折り合いがつけられるかどうかという検討が必要となるが，学部・学科選択の場合は，国公立大学医学部医学科，薬学部薬学科など，どの大学でも難易度が非常に高い一部の学部・学科を除き，幅広い難易度の中から選択が可能となるからである。⁽⁶⁾

　一方で，日本の大学の学部数は，2008年度時点で国公私立大学を合わせ2374学部存在することを考えると，⁽⁷⁾高校での学部・学科研究が定着してきているとはいえ，物理的にすべての学部・学科の内容を高校3年間で把握した上で自分自身に適した希望の学部・学科を選択することは難しく，実際には，調べることができた範囲の中から学部・学科選択をしている高校生が多いことが考えられる。したがって，医学部医学科や教員養成系統の学部などその学部・学科に進学しなければ希望する職業に就くことができない資格直結型の学部・学科を除き，高校生の志望学部・学科に対する不本意感は，大学入学後の新たな学問分野への接触の中で気付くケースが多く，大学入学時点では志望大学ほど抱きにくいといえる。

第3節　不本意入学者のアイデンティティ確立度の特徴に関する調査

　本節では，第3章で示したエリク・ホーンブルガー・エリクソンの自我同一性の理論に依拠し，はじめに，アイデンティティ確立度（自我の確立度と社会性の確立度）から見た場合,「不本意入学」が志望順位に依存するのかどうかを検証する。次に,「不本意入学者」の特徴を検討する。

1. アンケート調査

（1）調査の概要

【仮説】

「不本意入学者」のアイデンティティ確立度は,自我の確立度,社会性の確立度とも「本意入学者」より低い。

【調査対象と時期】

調査名称：大学生活アンケート

調査時期：2012年4月

対象：中部・近畿地方に所在する3大学の4年制大学社会科学系学部1年生　n=223　（E大学：n=73, F大学：n=103, G大学：n=47）

方法：質問紙調査法（キャリアデザイン等の講義終了後に質問紙を配布して回答してもらい，その場で回収した）

【質問項目】

①性別

「男子」,「女子」の2件法

②現在在籍する大学について，受験時点での志望順位

「第一志望」,「第二志望」,「第三志望以下」の3件法

③現在在籍する大学について，入学する時点での本意度（満足度）

「本意（とても満足）」,「まあ本意（まあ満足）」,「やや不本意（あまり満足していない）」,「不本意（満足していない）」の4件法

④アイデンティティ確立度を計測する30項目（第3章・表3-1）

「とてもあてはまる」,「まああてはまる」,「どちらともいえない」,「あまりあてはまらない」,「まったくあてはまらない」の5件法

【分析手法】

　まず，志望度と本意度との関係を検証するため統計的分析（分散分析，重回帰分析）を行い，分析の結果を踏まえ，アイデンティティ確立度を計測する30項目，男女別の「本意入学者」と「不本意入学者」の特徴について検討する。検証にあたっては，本意度を「本意（とても満足）：4点」,「まあ本意（まあ満足）：3点」,「やや不本意（あまり満足していない）：2点」,「不本意（満足していない）：1点」として点数化し統計的分析（t検定）を行った。

　また，4件法においてそれぞれ否定的な選択肢（「やや不本意（あまり満足していない）」,「不本意（満足していない）」の和）を回答した者を，序章で定義付けした通り,本研究における「不本意入学者」とし,肯定的な選択肢（「本意（とても満足）」,「まあ本意（まあ満足）」の和）を回答した者を「本意入学者」とした。志望度の尺度については,大学志望度の質問項目から「第一志望」と「第二志望以下」（「第二志望」,「第三志望以下」の和）とした。

　アイデンティティ確立度については,自我の15設問と社会性の15設問の回答結果

から得点化（社会性の確立度を計測する15項目⇒とてもあてはまる：5点，まああて
はまる：4点，どちらともいえない：3点，あまりあてはまらない：2点，まったくあてはまら
ない：1点），（自我の確立度を計測する15項目⇒とてもあてはまる：1点，まああてはま
る：2点，どちらともいえない：3点，あまりあてはまらない：4点，まったくあてはまらない：
5点）した。なお，自我の確立度の質問項目は否定項目のため，得点を反転させ集計
している。

（2）結果
①「不本意入学者」の割合（全体・男女別）
　「不本意入学者」の割合を集計したところ，全体の30.5%が「不本意入学」と回
答している（表4-22）。次に，男女別に見ると，女子23.2%に対し男子は34.5%と男
子の方が11%程度高い結果となった（表4-23）。男子の「不本意入学者」の割合
が高い傾向は，第2章や第4章第1節の調査結果と同様であった。

表4-22　「本意入学者」と「不本意入学者」の人数と割合（全体）

	本意 （A）	まあ本意 （B）	やや不本意 （C）	不本意 （D）	本意 （A+B）	不本意 （C+D）
人数	53	102	59	9	155	68
割合	23.8%	45.7%	26.5%	4.0%	69.5%	30.5%

表4-23　「本意入学者」と「不本意入学者」の人数と割合（男女別）

		本意	不本意	合計
男子	人数	91	48	139
	割合	65.5%	34.5%	100%
女子	人数	63	19	82
	割合	76.8%	23.2%	100%

②入学本意度と志望度のクロス集計，分散分析，多重比較検定（表4-24，4-25，
4-26）
　「第一志望・本意」，「第一志望・不本意」，「第二志望以下・本意」，「第二志望
以下・不本意」の4タイプの割合を見たところ，「第一志望・本意」が43.6%，「第一
志望・不本意」が7.3%，「第二志望以下・本意」が25.5%，「第二志望以下・不

本意」が23.6%となった（表4-24）。序章で示した通り，第一志望校の不合格者が「不本意入学者」となるという先行研究や，表4-24において志望順位と本意度との間には関係が見られるが，本調査では，第一志望校の合格者の中に「不本意入学者」が7.3%存在し，一方で，第二志望校以下の合格者の中に25.5%の「本意入学者」が存在することから，第一志望校の「不本意入学者」と第二志望校以下の「本意入学者」に着目し，アイデンティティ確立度の30項目から4タイプの特徴を調べた。

　分散分析の結果，「くよくよ心配するたちである」，「だれかに頼ろうとする気持ちが強い」，「困難に直面するとしりごみしてしまう」，「何でも自分から進んでやろうとする」，「集まりのとき，みんなを楽しくさせようと努力する」，「何でも手がけたことは最善をつくす」，「人の立場を考えて行動する」，「社会のためにつくそうという気持ちが強い」の8項目で有意差が見られたことから（表4-25），4タイプのうち，どのタイプ間に有意差があるのかを確認するため，ボンフェロニの多重比較検定を行ったところ，「くよくよ心配するたちである」，「だれかに頼ろうとする気持ちが強い」，「困難に直面するとしりごみしてしまう」，「社会のためにつくそうという気持ちが強い」では，「第二志望以下・本意」と「第二志望以下・不本意」との間に，「何でも自分から進んでやろうとする」，「集まりのとき，みんなを楽しくさせようと努力する」，「何でも手がけたことは最善をつくす」，「人の立場を考えて行動する」では，「第一志望・本意」と「第二志望以下・不本意」との間にそれぞれ有意差が見られた（表4-26）。一方で，「第一志望・本意」と「第二志望以下・本意」，また，「第一志望・不本意」と「第二志望以下・不本意」との間に有意差のある要素が見られなかったことから，アイデンティティ確立度の30項目について，第一志望校の「不本意入学者」と第二志望校以下の「本意入学者」に着目して見た場合，「不本意入学」は志望順位には依存しないことがわかった（表4-25）。

表4-24　入学本意度と志望度のクロス集計（n＝220）

		本意	不本意
第一志望	人数	96	16
	割合	43.6%	7.3%
第二志望以下	人数	56	52
	割合	25.5%	23.6%

表4-25　アイデンティティ確立度の項目と入学本意度・志望度4タイプの関係（分散分析）

くよくよ心配するたちである【自我・反転項目】

変動	平方和	自由度	平均平方	F 値	P 値	判 定
グループ間	22.0450	3	7.3483	5.2988	0.0015	**
グループ内	287.0640	207	1.3868			
合計	309.1090	210				

*p＜.05　**p＜.01

だれかに頼ろうとする気持ちが強い【自我・反転項目】

変動	平方和	自由度	平均平方	F 値	P 値	判 定
グループ間	9.9507	3	3.3169	3.4445	0.0176	*
グループ内	203.1842	211	0.9630			
合計	213.1349	214				

*p＜.05　**p＜.01

困難に直面するとしりごみしてしまう【自我・反転項目】

変動	平方和	自由度	平均平方	F 値	P 値	判 定
グループ間	7.6538	3	2.5513	2.8430	0.0388	*
グループ内	183.9634	205	0.8974			
合計	191.6172	208				

*p＜.05　**p＜.01

ときどき自分は役に立たない人間だと感じる【自我・反転項目】

変動	平方和	自由度	平均平方	F 値	P 値	判 定
グループ間	4.0039	3	1.3346	1.0781	0.3594	
グループ内	255.0247	206	1.2380			
合計	259.0286	209				

*p＜.05　**p＜.01

自分がみじめだと感じることが多い【自我・反転項目】

変動	平方和	自由度	平均平方	F 値	P 値	判 定
グループ間	4.0759	3	1.3586	1.0227	0.3836	
グループ内	273.6812	206	1.3285			
合計	277.7571	209				

*p＜.05　**p＜.01

決心したあともよくぐらつく【自我・反転項目】

変動	平方和	自由度	平均平方	F 値	P 値	判 定
グループ間	7.2733	3	2.4244	1.9073	0.1296	
グループ内	258.0407	203	1.2711			
合計	265.3140	206				

*p<.05　**p<.01

今の自分は本当の自分ではないような気がする【自我・反転項目】

変動	平方和	自由度	平均平方	F 値	P 値	判 定
グループ間	4.3616	3	1.4539	1.0649	0.3650	
グループ内	282.5958	207	1.3652			
合計	286.9573	210				

*p<.05　**p<.01

仲間はずれされそうな気がして心配である【自我・反転項目】

変動	平方和	自由度	平均平方	F 値	P 値	判 定
グループ間	1.2566	3	0.4189	0.3208	0.8104	
グループ内	269.0101	206	1.3059			
合計	270.2667	209				

*p<.05　**p<.01

自分の考えを人からけなされそうな気がする【自我・反転項目】

変動	平方和	自由度	平均平方	F 値	P 値	判 定
グループ間	1.5241	3	0.5080	0.3861	0.7632	
グループ内	271.0902	206	1.3160			
合計	272.6143	209				

*p<.05　**p<.01

うわさを気にするほうである【自我・反転項目】

変動	平方和	自由度	平均平方	F 値	P 値	判 定
グループ間	1.4885	3	0.4962	0.3686	0.7757	
グループ内	281.3378	209	1.3461			
合計	282.8263	212				

*p<.05　**p<.01

今, 自分が本当にしたいことがわからない【自我・反転項目】

変動	平方和	自由度	平均平方	F 値	P 値	判 定
グループ間	2.1443	3	0.7148	0.4545	0.7144	
グループ内	328.6820	209	1.5726			
合計	330.8263	212				

*p<.05　**p<.01

ひとりで初めてのことをするのが心配である【自我・反転項目】

変動	平方和	自由度	平均平方	F 値	P 値	判 定
グループ間	8.4148	3	2.8049	2.0810	0.1038	
グループ内	279.0165	207	1.3479			
合計	287.4313	210				

*p<.05　**p<.01

内気なので自分を主張できない【自我・反転項目】

変動	平方和	自由度	平均平方	F 値	P 値	判 定
グループ間	2.8998	3	0.9666	0.6925	0.5576	
グループ内	287.5573	206	1.3959			
合計	290.4571	209				

*p<.05　**p<.01

目標が高すぎて失敗したと思うことがよくある【自我・反転項目】

変動	平方和	自由度	平均平方	F 値	P 値	判 定
グループ間	1.4324	3	0.4775	0.4147	0.7427	
グループ内	238.3496	207	1.1514			
合計	239.7820	210				

*p<.05　**p<.01

自信がないのであきらめてしまうことが多い【自我・反転項目】

変動	平方和	自由度	平均平方	F 値	P 値	判 定
グループ間	0.9314	3	0.3105	0.3129	0.8161	
グループ内	207.3878	209	0.9923			
合計	208.3192	212				

*p<.05　**p<.01

何でも自分から進んでやろうとする【社会性】

変動	平方和	自由度	平均平方	F 値	P 値	判 定
グループ間	7.7112	3	2.5704	3.2652	0.0224	*
グループ内	162.9523	207	0.7872			
合計	170.6635	210				

*p<.05　**p<.01

集まりのとき，みんなを楽しくさせようと努力する【社会性】

変動	平方和	自由度	平均平方	F 値	P 値	判 定
グループ間	9.1755	3	3.0585	3.1991	0.0243	*
グループ内	201.7269	211	0.9561			
合計	210.9023	214				

*p<.05　**p<.01

何でも手がけたことは最善をつくす【社会性】

変動	平方和	自由度	平均平方	F 値	P 値	判 定
グループ間	6.1565	3	2.0522	3.1899	0.0246	*
グループ内	135.1005	210	0.6433			
合計	141.2570	213				

*p<.05　**p<.01

人の立場を考えて行動する【社会性】

変動	平方和	自由度	平均平方	F 値	P 値	判 定
グループ間	5.4767	3	1.8256	2.8099	0.0405	*
グループ内	133.8376	206	0.6497			
合計	139.3143	209				

*p<.05　**p<.01

将来に希望を持っている【社会性】

変動	平方和	自由度	平均平方	F 値	P 値	判 定
グループ間	8.2325	3	2.7442	2.2487	0.0838	
グループ内	251.3913	206	1.2203			
合計	259.6238	209				

*p<.05　**p<.01

社会のためにつくそうという気持ちが強い【社会性】

変動	平方和	自由度	平均平方	F 値	P 値	判 定
グループ間	13.6742	3	4.5581	5.2281	0.0017	**
グループ内	181.3446	208	0.8718			
合計	195.0189	211				

*p<.05　**p<.01

規則正しい生活をしている【社会性】

変動	平方和	自由度	平均平方	F 値	P 値	判 定
グループ間	8.1262	3	2.7087	1.7441	0.1591	
グループ内	321.4946	207	1.5531			
合計	329.6209	210				

*p<.05　**p<.01

いやな仕事でも最後までやり通す【社会性】

変動	平方和	自由度	平均平方	F 値	P 値	判 定
グループ間	3.8514	3	1.2838	1.5181	0.2108	
グループ内	177.5879	210	0.8457			
合計	181.4393	213				

*p<.05　**p<.01

仲のよい友達が多い【社会性】

変動	平方和	自由度	平均平方	F 値	P 値	判 定
グループ間	5.4907	3	1.8302	2.2523	0.0833	
グループ内	171.4581	211	0.8126			
合計	176.9488	214				

*p<.05　**p<.01

人の先頭にたって行動する【社会性】

変動	平方和	自由度	平均平方	F 値	P 値	判 定
グループ間	2.7358	3	0.9119	0.9372	0.4236	
グループ内	198.4949	204	0.9730			
合計	201.2308	207				

*p<.05　**p<.01

やるべきことは決められた日までにやってしまう【社会性】

変動	平方和	自由度	平均平方	F 値	P 値	判 定
グループ間	7.9413	3	2.6471	2.3045	0.0780	
グループ内	234.3231	204	1.1486			
合計	242.2644	207				

*p＜.05　**p＜.01

人に迷惑をかけないよう考えて発言している【社会性】

変動	平方和	自由度	平均平方	F 値	P 値	判 定
グループ間	2.8927	3	0.9642	1.3617	0.2555	
グループ内	148.7008	210	0.7081			
合計	151.5935	213				

*p＜.05　**p＜.01

自分の責任はきちんとはたす【社会性】

変動	平方和	自由度	平均平方	F 値	P 値	判 定
グループ間	2.3606	3	0.7869	1.0039	0.3921	
グループ内	161.4680	206	0.7838			
合計	163.8286	209				

*p＜.05　**p＜.01

強制されたことでも，いっしょうけんめいやる【社会性】

変動	平方和	自由度	平均平方	F 値	P 値	判 定
グループ間	2.6005	3	0.8668	0.9726	0.4066	
グループ内	183.5948	206	0.8912			
合計	186.1952	209				

*p＜.05　**p＜.01

努力してやりとげるような仕事をしたい【社会性】

変動	平方和	自由度	平均平方	F 値	P 値	判 定
グループ間	0.2811	3	0.0937	0.1185	0.9492	
グループ内	163.6431	207	0.7905			
合計	163.9242	210				

*p＜.05　**p＜.01

表4-26　アイデンティティ確立度の項目と入学本意度・志望度４タイプの関係（多重比較検定・Bonferroni）

くよくよ心配するたちである【自我・反転項目】

水準1	水準2	平均1	平均2	差	統計量	P　値	判定
第一志望本意	第一志望不本意	3.3000	3.2500	0.0500	0.1565	1.0000	
第一志望本意	第二志望以下本意	3.3000	3.8302	0.5302	2.6003	0.0599	
第一志望本意	第二志望以下不本意	3.3000	2.9231	0.3769	1.8375	0.4054	
第一志望不本意	第二志望以下本意	3.2500	3.8302	0.5802	1.7272	0.5138	
第一志望不本意	第二志望以下不本意	3.2500	2.9231	0.3269	0.9711	1.0000	
第二志望以下本意	第二志望以下不本意	3.8302	2.9231	0.9071	3.9464	0.0007	**

*p＜.05　**p＜.01

だれかに頼ろうとする気持ちが強い【自我・反転項目】

水準1	水準2	平均1	平均2	差	統計量	P　値	判定
第一志望本意	第一志望不本意	3.4239	3.6250	0.2011	0.7565	1.0000	
第一志望本意	第二志望以下本意	3.4239	3.7273	0.3034	1.8137	0.4268	
第一志望本意	第二志望以下不本意	3.4239	3.1346	0.2893	1.6992	0.5445	
第一志望不本意	第二志望以下本意	3.6250	3.7273	0.1023	0.3669	1.0000	
第一志望不本意	第二志望以下不本意	3.6250	3.1346	0.4904	1.7480	0.4915	
第二志望以下本意	第二志望以下不本意	3.7273	3.1346	0.5927	3.1224	0.0123	*

*p＜.05　**p＜.01

困難に直面するとしりごみしてしまう【自我・反転項目】

水準1	水準2	平均1	平均2	差	統計量	P 値	判定
第一志望 本意	第一志望 不本意	3.4719	3.1875	0.2844	1.1056	1.0000	
第一志望 本意	第二志望以下 本意	3.4719	3.7115	0.2396	1.4492	0.8928	
第一志望 本意	第二志望以下 不本意	3.4719	3.2115	0.2604	1.5747	0.7012	
第一志望 不本意	第二志望以下 本意	3.1875	3.7115	0.5240	1.9350	0.3262	
第一志望 不本意	第二志望以下 不本意	3.1875	3.2115	0.0240	0.0888	1.0000	
第二志望以下 本意	第二志望以下 不本意	3.7115	3.2115	0.5000	2.6913	0.0462	＊

*p＜.05　**p＜.01

何でも自分から進んでやろうとする【社会性】

水準1	水準2	平均1	平均2	差	統計量	P 値	判定
第一志望 本意	第一志望 不本意	3.4222	3.2500	0.1722	0.7154	1.0000	
第一志望 本意	第二志望以下 本意	3.4222	3.3019	0.1203	0.7833	1.0000	
第一志望 本意	第二志望以下 不本意	3.4222	2.9423	0.4799	3.1053	0.0130	＊
第一志望 不本意	第二志望以下 本意	3.2500	3.3019	0.0519	0.2050	1.0000	
第一志望 不本意	第二志望以下 不本意	3.2500	2.9423	0.3077	1.2131	1.0000	
第二志望以下 本意	第二志望以下 不本意	3.3019	2.9423	0.3596	2.0763	0.2346	

*p＜.05　**p＜.01

集まりのとき，みんなを楽しくさせようと努力する【社会性】

水準1	水準2	平均1	平均2	差	統計量	P　値	判定
第一志望 本意	第一志望 不本意	3.7935	3.4375	0.3560	1.3441	1.0000	
第一志望 本意	第二志望以下 本意	3.7935	3.4545	0.3389	2.0337	0.2594	
第一志望 本意	第二志望以下 不本意	3.7935	3.3077	0.4858	2.8636	0.0277	*
第一志望 不本意	第二志望以下 本意	3.4375	3.4545	0.0170	0.0614	1.0000	
第一志望 不本意	第二志望以下 不本意	3.4375	3.3077	0.1298	0.4644	1.0000	
第二志望以下 本意	第二志望以下 不本意	3.4545	3.3077	0.1469	0.7765	1.0000	

*p＜.05　**p＜.01

何でも手がけたことは最善をつくす【社会性】

水準1	水準2	平均1	平均2	差	統計量	P　値	判定
第一志望 本意	第一志望 不本意	3.8478	3.4375	0.4103	1.8887	0.3619	
第一志望 本意	第二志望以下 本意	3.8478	3.7407	0.1071	0.7788	1.0000	
第一志望 本意	第二志望以下 不本意	3.8478	3.4615	0.3863	2.7759	0.0360	*
第一志望 不本意	第二志望以下 本意	3.4375	3.7407	0.3032	1.3282	1.0000	
第一志望 不本意	第二志望以下 不本意	3.4375	3.4615	0.0240	0.1048	1.0000	
第二志望以下 本意	第二志望以下 不本意	3.7407	3.4615	0.2792	1.7916	0.4478	

*p＜.05　**p＜.01

人の立場を考えて行動する【社会性】

水準1	水準2	平均1	平均2	差	統計量	P 値	判定
第一志望本意	第一志望不本意	4.0556	4.1250	0.0694	0.3175	1.0000	
第一志望本意	第二志望以下本意	4.0556	3.9615	0.0940	0.6696	1.0000	
第一志望本意	第二志望以下不本意	4.0556	3.6731	0.3825	2.7241	0.0420	*
第一志望不本意	第二志望以下本意	4.1250	3.9615	0.1635	0.7094	1.0000	
第一志望不本意	第二志望以下不本意	4.1250	3.6731	0.4519	1.9612	0.3072	
第二志望以下本意	第二志望以下不本意	3.9615	3.6731	0.2885	1.8248	0.4169	

*p＜.05　**p＜.01

社会のためにつくそうという気持ちが強い【社会性】

水準1	水準2	平均1	平均2	差	統計量	P 値	判定
第一志望本意	第一志望不本意	3.2556	3.4375	0.1819	0.7182	1.0000	
第一志望本意	第二志望以下本意	3.2556	3.6296	0.3741	2.3274	0.1254	
第一志望本意	第二志望以下不本意	3.2556	2.9231	0.3325	2.0442	0.2532	
第一志望不本意	第二志望以下本意	3.4375	3.6296	0.1921	0.7229	1.0000	
第一志望不本意	第二志望以下不本意	3.4375	2.9231	0.5144	1.9271	0.3320	
第二志望以下本意	第二志望以下不本意	3.6296	2.9231	0.7066	3.8947	0.0008	**

*p＜.05　**p＜.01

③不本意入学者と本意入学者のアイデンティティ確立度の特徴

　そこで，次に，アイデンティティ確立度の30項目における「本意入学者」と「不本意入学者」の特徴について確認するため，平均スコアを一覧にしたのが図4-4, 4-5である。

　まず，「本意入学者」と「不本意入学者」の平均点が高かった項目を見ると，「本意入学者」では，「人の立場を考えて行動する（4.00）」，「努力してやりとげるような仕事をしたい（4.00）」，「人に迷惑をかけないように考えて発言している（3.92）」の順に高く，「不本意入学者」では，「努力してやりとげるような仕事をしたい（3.94）」，「人の立場を考えて行動する（3.78）」，「人に迷惑をかけないように考えて発言している

（3.71）」の順となり，「本意入学者」と「不本意入学者」との間で同様の傾向が見られた。また，これらはすべて社会性の確立度を計測する項目であった。

次に，平均スコアが2点台と低い項目数を見ると，「不本意入学者」では，自我の確立度を計測する4項目，社会性の確立度を計測する3項目であったのに対し，「本意入学者」では自我の確立度を計測する1項目，社会性の確立度を計測する2項目となり，「不本意入学者」は「本意入学者」と比べ，平均スコアが低い項目が多かった。

また，30項目中27項目で「本意入学者」の平均スコアが「不本意入学者」を上回っており，社会性の確立度を計測する15項目では，すべて「本意入学者」の平均スコアが「不本意入学者」を上回った。そのため，両者の平均スコア間に差があるのかどうかを確認したところ，自我の確立度については，「くよくよ心配するたちである」，「困難に直面するとしりごみしてしまう」の2項目で，社会性の確立度については，「何でも自分から進んでやろうとする」，「集まりのとき，みんなを楽しくさせようと努力する」，「何でも手がけたことは最善をつくす」，「将来に希望を持っている」，「社会のためにつくそうという気持ちが強い」，「規則正しい生活をしている」の6項目でそれぞれ有意差が見られた（表4-27，4-28）。

また，統計的有意差が見られた8項目について，他の項目との関係を「本意入学者」，「不本意入学者」それぞれについて見たところ，「将来に希望を持っている」について，「本意入学者」は，「今，自分が本当にしたいことがわからない（反転項目）」，「努力してやりとげるような仕事をしたい」，「人の先頭にたって行動する」など，現在から将来に向けて明確な目標を持ち，積極的に行動していこうとする項目との間に関連が見られたのに対し，「不本意入学者」は，それらの項目とは関連が見られないことがわかった（表4-29，4-30）。

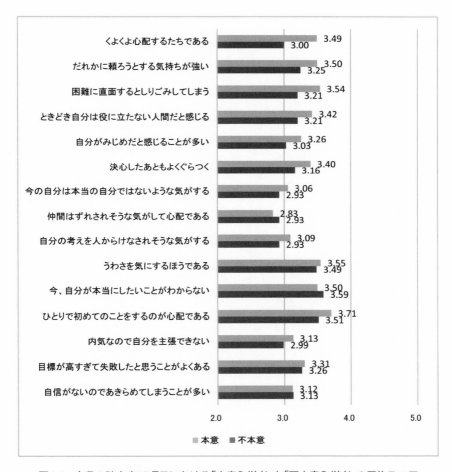

図4-4　自我の確立度15項目における「本意入学者」と「不本意入学者」の平均スコア
注）質問項目が否定項目のため得点を反転させている。そのため，平均スコアが高いほど項目
　　に対して否定的であることを示している。

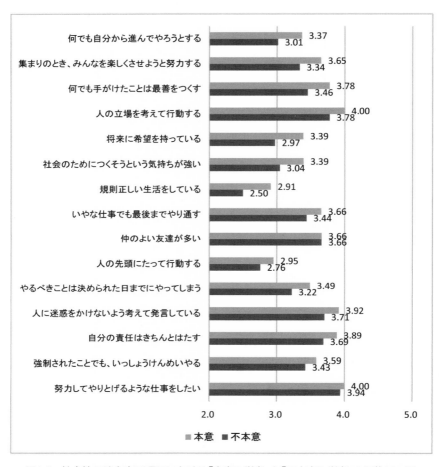

図4-5　社会性の確立度15項目における「本意入学者」と「不本意入学者」の平均スコア

表4-27　自我の確立度15項目における「本意入学者」と「不本意入学者」の差（t 検定）

自我の確立度を計測する項目	平均点			P値	判定
	本意	不本意	差（本意－不本意）		
くよくよ心配するたちである	3.49	3.00	0.49	0.01	**
だれかに頼ろうとする気持ちが強い	3.50	3.25	0.25	0.09	
困難に直面するとしりごみしてしまう	3.54	3.21	0.34	0.02	*
ときどき自分は役に立たない人間だと感じる	3.42	3.21	0.22	0.18	
自分がみじめだと感じることが多い	3.26	3.03	0.23	0.18	
決心したあともよくぐらつく	3.40	3.16	0.23	0.17	
今の自分は本当の自分ではないような気がする	3.06	2.93	0.13	0.42	
仲間はずれされそうな気がして心配である	2.83	2.93	−0.09	0.59	
自分の考えを人からけなされそうな気がする	3.09	2.93	0.16	0.32	
うわさを気にするほうである	3.55	3.49	0.06	0.71	
今，自分が本当にしたいことがわからない	3.50	3.59	−0.09	0.65	
ひとりで初めてのことをするのが心配である	3.71	3.51	0.19	0.27	
内気なので自分を主張できない	3.13	2.99	0.15	0.38	
目標が高すぎて失敗したと思うことがよくある	3.31	3.26	0.04	0.79	
自信がないのであきらめてしまうことが多い	3.12	3.13	−0.01	0.94	

*p＜.05　**p＜.01

注）質問項目が否定項目のため得点を反転させている。そのため，平均点が高いほど項目に対して否定的であることを示している。

表4-28　社会性の確立度15項目における「本意入学者」と「不本意入学者」の差（t 検定）

社会性の確立度を計測する項目	平均点			P値	判定
	本意	不本意	差（本意－不本意）		
何でも自分から進んでやろうとする	3.37	3.01	0.36	0.00	**
集まりのとき，みんなを楽しくさせようと努力する	3.65	3.34	0.32	0.03	*
何でも手がけたことは最善をつくす	3.78	3.46	0.32	0.01	**
人の立場を考えて行動する	4.00	3.78	0.22	0.07	
将来に希望を持っている	3.39	2.97	0.42	0.01	**
社会のためにつくそうという気持ちが強い	3.39	3.04	0.35	0.01	*
規則正しい生活をしている	2.91	2.50	0.41	0.02	*
いやな仕事でも最後までやり通す	3.66	3.44	0.22	0.10	
仲のよい友達が多い	3.66	3.66	0.00	1.00	
人の先頭にたって行動する	2.95	2.76	0.19	0.16	
やるべきことは決められた日までにやってしまう	3.49	3.22	0.27	0.09	
人に迷惑をかけないよう考えて発言している	3.92	3.71	0.21	0.10	
自分の責任はきちんとはたす	3.89	3.69	0.20	0.12	
強制されたことでも，いっしょうけんめいやる	3.59	3.43	0.16	0.26	
努力してやりとげるような仕事をしたい	4.00	3.94	0.06	0.66	

*p＜.05　**p＜.01

表4-29　「不本意入学者」　t検定（表4-27, 表4-28）で有意差が見られた8項目を目的変数とした重回帰分析

アイデンティティ確立度を計測する項目		【1】P値	判定	【2】P値	判定	【3】P値	判定	【4】P値	判定	【5】P値	判定	【6】P値	判定	【7】P値	判定	【8】P値	判定
社会性【1】	何でも自分から進んでやろうとする			0.225		0.362		0.768		0.663		0.778		0.265		0.619	
社会性【2】	集まりのとき，みんなを楽しくさせようと努力する	0.225				0.916		0.120		0.314		0.148		0.778		0.210	
社会性【3】	何でも手がけたことは最善をつくす	0.362		0.916				0.188		0.969		0.185		0.315		0.114	
社会性	人の立場を考えて行動する	0.510		0.113		0.803		0.525		0.139		0.401		0.286		0.152	
社会性【4】	将来に希望を持っている	0.768		0.120		0.188				0.516		0.010	**	0.531		0.704	
社会性【5】	社会のためにつくそうという気持ちが強い	0.663		0.314		0.969		0.516				0.426		0.771		0.964	
社会性【6】	規則正しい生活をしている	0.778		0.148		0.185		0.010	**	0.426				0.028	*	0.074	
社会性	いやな仕事でも最後までやり通す	0.939		0.792		0.679		0.540		0.005	**	0.835		0.951		0.932	
社会性	仲のよい友達が多い	0.743		0.045	*	0.811		0.224		0.064		0.439		0.480		0.733	
社会性	人の先頭にたって行動する	0.011	*	0.162		0.250		0.444		0.292		0.141		0.081		0.848	
社会性	やるべきことは決められた日までにやってしまう	0.735		0.914		0.352		0.981		0.195		0.982		0.711		0.380	
社会性	人に迷惑をかけないよう考えて発言している	0.557		0.299		0.752		0.425		0.672		0.759		0.441		0.313	
社会性	自分の責任はきちんとはたす	0.245		0.537		0.579		0.644		0.952		0.488		0.498		0.052	
社会性	強制されたことでも，いっしょうけんめいやる	0.529		0.538		0.151		0.900		0.744		0.330		0.312		0.867	
社会性	努力してやりとげるような仕事をしたい	0.586		0.896		0.057		0.781		0.280		0.559		0.303		0.518	
自我【7】	くよくよ心配するたちである	0.265		0.778		0.315		0.531		0.771		0.028	*			0.340	
自我	だれかに頼ろうとする気持ちが強い	0.329		0.224		0.420		0.932		0.427		0.314		0.775		0.189	
自我【8】	困難に直面するとしりごみしてしまう	0.619		0.210		0.114		0.704		0.964		0.074		0.340			
自我	ときどき自分は役に立たない人間だと感じる	0.248		0.607		0.846		0.043	*	0.201		0.296		0.609		0.613	
自我	自分がみじめだと感じることが多い	0.552		0.564		0.965		0.972		0.604		0.278		0.866		0.485	
自我	決心したあともよくぐらつく	0.493		0.635		0.386		0.323		0.314		0.339		0.784		0.336	
自我	今の自分は本当の自分ではないような気がする	0.279		0.052		0.561		0.333		0.607		0.947		0.238		0.188	
自我	仲間はずれされそうな気がして心配である	0.107		0.582		0.656		0.801		0.999		0.462		0.818		0.758	
自我	自分の考えを人からけなされそうな気がする	0.379		0.744		0.586		0.707		0.432		0.631		0.181		0.583	
自我	うわさを気にするほうである	0.980		0.081		0.647		0.453		0.370		0.330		0.932		0.053	
自我	今，自分が本当にしたいことがわからない	0.959		0.193		0.621		0.213		0.388		0.994		0.546		0.452	
自我	ひとりで初めてのことをするのが心配である	0.721		0.099		0.611		0.860		0.195		0.958		0.432		0.618	
自我	内気なので自分を主張できない	1.000		0.732		0.231		0.158		0.120		0.102		0.010	*	0.567	
自我	目標が高すぎて失敗したと思うことがよくある	0.176		0.791		0.127		0.949		0.877		0.374		0.142		0.674	
自我	自信がないのであきらめてしまうことが多い	0.508		0.919		0.364		0.732		0.705		0.838		0.777		0.157	
	R2乗	0.609		0.680		0.619		0.529		0.636		0.520		0.808		0.665	

$*p < .05$　　$**p < .01$

表4-30 「本意入学者」 t検定（表4-27, 表4-28）で有意差が見られた8項目を目的変数とした重回帰分析

アイデンティティ確立度を計測する項目		【1】P値	判定	【2】P値	判定	【3】P値	判定	【4】P値	判定	【5】P値	判定	【6】P値	判定	【7】P値	判定	【8】P値	判定
社会性	【1】何でも自分から進んでやろうとする			0.138		0.020	*	0.359		0.108		0.013	*	0.158		0.356	
社会性	【2】集まりのとき、みんなを楽しくさせようと努力する	0.138				0.582		0.498		0.648		0.444		0.814		0.916	
社会性	【3】何でも手がけたことは最善をつくす	0.020	*	0.582				0.269		0.367		0.532		0.808		0.688	
社会性	人の立場を考えて行動する	0.173		0.534		0.790		0.329		0.107		0.236		0.640		0.187	
社会性	【4】将来に希望を持っている	0.359		0.498		0.269				0.328		0.142		0.420		0.209	
社会性	【5】社会のためにつくそうという気持ちが強い	0.108		0.648		0.367		0.328				0.014	*	0.287		0.346	
社会性	【6】規則正しい生活をしている	0.013	*	0.444		0.532		0.142		0.014	*			0.401		0.824	
社会性	いやな仕事でも最後までやり通す	0.509		0.767		0.426		0.153		0.254		0.812		0.353		0.890	
社会性	仲のよい友達が多い	0.789		0.013	*	0.362		0.876		0.962		0.490		0.115		0.657	
社会性	人の先頭にたって行動する	0.115		0.221		0.467		0.004	**	0.271		0.534		0.129		0.237	
社会性	やるべきことは決められた日までにやってしまう	0.293		0.047	*	0.986		0.384		0.049	*	0.004	**	0.345		0.773	
社会性	人に迷惑をかけないよう考えて発言している	0.096		0.272		0.258		0.200		0.296		0.240		0.768		0.274	
社会性	自分の責任はきちんとはたす	0.267		0.322		0.329		0.836		0.873		0.103		0.920		0.757	
社会性	強制されたことでも、いっしょうけんめいやる	0.387		0.486		0.110		0.894		0.077		0.773		0.110		0.937	
社会性	努力してやりとげるような仕事をしたい	0.092		0.893		0.342		0.008	**	0.060		0.121		0.264		0.854	
自我	【7】くよくよ心配するたちである	0.158		0.814		0.808		0.420		0.287		0.401				0.125	
自我	だれかに頼ろうとする気持ちが強い	0.100		0.132		0.396		0.960		0.060		0.308		0.114		0.028	*
自我	【8】困難に直面するとしりごみしてしまう	0.356		0.916		0.688		0.209		0.346		0.824		0.125			
自我	ときどき自分は役に立たない人間だと感じる	0.410		0.413		0.231		0.598		0.208		0.120		0.442		0.986	
自我	自分がみじめだと感じることが多い	0.927		0.758		0.459		0.115		0.782		0.888		0.049	*	0.399	
自我	決心したあともよくぐらつく	0.645		0.180		0.729		0.341		0.397		0.423		0.004	**	0.853	
自我	今の自分は本当の自分ではないような気がする	0.242		0.944		0.852		0.835		0.941		0.083		0.038	*	0.870	
自我	仲間はずれされそうな気がして心配である	0.875		0.467		0.093		0.850		0.549		0.669		0.678		0.324	
自我	自分の考えを人からけなされそうな気がする	0.882		0.121		0.478		0.178		0.773		0.891		0.587		0.192	
自我	うわさを気にするほうである	0.013	*	0.342		0.459		0.069		0.577		0.107		0.004	**	0.971	
自我	今、自分が本当にしたいことがわからない	0.584		0.296		0.454		0.005	**	0.637		0.676		0.892		0.950	
自我	ひとりで初めてのことをするのが心配である	0.136		0.157		0.694		0.010	*	0.271		0.767		0.585		0.041	*
自我	内気なので自分を主張できない	0.642		0.099		0.566		0.767		0.288		0.529		0.018	*	0.352	
自我	目標が高すぎて失敗したと思うことがよくある	0.250		0.911		0.723		0.726		0.205		0.899		0.475		0.425	
自我	自信がないのであきらめてしまうことが多い	0.261		0.883		0.005	**	0.752		0.107		0.644		0.408		0.014	*
	R2乗	0.517		0.369		0.365		0.463		0.472		0.437		0.636		0.515	

*p＜.05 **p＜.01

④アイデンティティ確立度の項目における本意入学者と本意入学者の特徴（男女別）

「不本意入学者」の割合に異なる傾向が見られた男女別のアイデンティティ確立度の項目について、「本意入学者」と「不本意入学者」との間に差があるのかどうかを男女別に整理したのが表4-31, 4-32, 4-33, 4-34である。

まず、「本意入学者」と「不本意入学者」との平均点差を見ると、男子では、自我の確立度の3項目、社会性の確立度の2項目で、「本意入学者」が「不本意入学者」よりも平均点が低かった。それに対して女子は、自我の確立度の6項目で「本意入学者」が「不本意入学者」よりも平均点が低かった一方で、社会性の確立度については15項目すべてにおいて「本意入学者」のスコアが「不本意入学者」を上回り、女子と男子では異なる特徴が見られた。

次に、「本意入学者」と「不本意入学者」との間で統計的有意差が見られたのは、

男子は,「くよくよ心配するたちである (反転項目)」,「だれかに頼ろうとする気持ちが強い (反転項目)」,「困難に直面するとしりごみしてしまう (反転項目)」,「何でも自分から進んでやろうとする」,「集まりのとき, みんなを楽しくさせようと努力する」,「将来に希望を持っている」,「社会のためにつくそうという気持ちが強い」の7項目,女子は,「何でも手がけたことは最善をつくす」,「規則正しい生活をしている」,「いやな仕事でも最後までやり通す」,「自分の責任はきちんとはたす」,「努力してやりとげるような仕事をしたい」の5項目であった。この男子と女子の有意差が見られた項目からは, 次の二点の特徴が指摘できる。一点目は, 男子と女子で有意差が見られた項目には, 共通する項目が一つもなかったということであり, 二点目は, 男子の有意差が見られた項目は, 自我の確立度の3項目, 社会性の確立度の4項目であったのに対し, 女子は有意差が見られた5項目すべてが社会性の確立度の項目であったということである。このように, アイデンティティ確立度における「本意入学者」と「不本意入学者」については, 男子と女子では異なる傾向があることがわかった。

表4-31　「不本意入学者」と「本意入学者」　自我の確立度における平均スコアと差の検定・男子 (t 検定)

自我の確立度を計測する項目	平均点			P値	判定
	本意	不本意	差(本意-不本意)		
くよくよ心配するたちである	3.49	3.02	0.47	0.04	*
だれかに頼ろうとする気持ちが強い	3.65	3.17	0.48	0.01	**
困難に直面するとしりごみしてしまう	3.49	3.13	0.36	0.04	*
ときどき自分は役に立たない人間だと感じる	3.38	3.23	0.15	0.46	
自分がみじめだと感じることが多い	3.24	3.10	0.14	0.52	
決心したあともよくぐらつく	3.44	3.21	0.23	0.27	
今の自分は本当の自分ではないような気がする	2.94	2.85	0.09	0.68	
仲間はずれされそうな気がして心配である	2.88	3.00	−0.12	0.56	
自分の考えを人からけなされそうな気がする	3.16	2.85	0.30	0.16	
うわさを気にするほうである	3.63	3.58	0.05	0.81	
今, 自分が本当にしたいことがわからない	3.45	3.54	−0.09	0.70	
ひとりで初めてのことをするのが心配である	3.71	3.65	0.06	0.77	
内気なので自分を主張できない	3.18	3.00	0.18	0.40	
目標が高すぎて失敗したと思うことがよくある	3.37	3.29	0.08	0.69	
自信がないのであきらめてしまうことが多い	3.13	3.15	−0.02	0.92	

*p<.05　**p<.01

注) 質問項目が否定項目のため得点を反転させている。そのため,平均点が高いほど項目に対して否定的であることを示している。

表4-32 「不本意入学者」と「本意入学者」 社会性の確立度における平均スコアと差の検定・男子（ t 検定）

社会性の確立度を計測する項目	平均点			P値	判定
	本意	不本意	差（本意－不本意）		
何でも自分から進んでやろうとする	3.33	3.02	0.30	0.04	*
集まりのとき，みんなを楽しくさせようと努力する	3.68	3.27	0.41	0.03	*
何でも手がけたことは最善をつくす	3.74	3.46	0.28	0.08	
人の立場を考えて行動する	3.96	3.81	0.15	0.34	
将来に希望を持っている	3.46	2.98	0.49	0.01	*
社会のためにつくそうという気持ちが強い	3.40	3.02	0.38	0.03	*
規則正しい生活をしている	2.93	2.48	0.45	0.06	
いやな仕事でも最後までやり通す	3.57	3.46	0.11	0.51	
仲のよい友達が多い	3.62	3.69	−0.06	0.71	
人の先頭にたって行動する	2.96	2.78	0.18	0.28	
やるべきことは決められた日までにやってしまう	3.46	3.25	0.21	0.28	
人に迷惑をかけないよう考えて発言している	3.91	3.67	0.24	0.14	
自分の責任はきちんとはたす	3.89	3.77	0.12	0.45	
強制されたことでも，いっしょうけんめいやる	3.58	3.48	0.10	0.59	
努力してやりとげるような仕事をしたい	3.98	4.08	−0.11	0.50	

*p＜.05   **p＜.01

表4-33 「不本意入学者」と「本意入学者」 自我の確立度における平均スコアと差の検定・女子（ t 検定）

自我の確立度を計測する項目	平均点			P値	判定
	本意	不本意	差（本意－不本意）		
くよくよ心配するたちである	3.49	3.05	0.44	0.16	
だれかに頼ろうとする気持ちが強い	3.30	3.37	−0.07	0.78	
困難に直面するとしりごみしてしまう	3.61	3.53	0.08	0.74	
ときどき自分は役に立たない人間だと感じる	3.46	3.16	0.30	0.30	
自分がみじめだと感じることが多い	3.28	2.95	0.34	0.25	
決心したあともよくぐらつく	3.34	3.16	0.18	0.51	
今の自分は本当の自分ではないような気がする	3.20	3.21	−0.01	0.97	
仲間はずれされそうな気がして心配である	2.76	2.83	−0.07	0.83	
自分の考えを人からけなされそうな気がする	3.03	3.16	−0.12	0.66	
うわさを気にするほうである	3.42	3.37	0.05	0.86	
今，自分が本当にしたいことがわからない	3.57	3.84	−0.28	0.36	
ひとりで初めてのことをするのが心配である	3.68	3.32	0.37	0.30	
内気なので自分を主張できない	3.03	3.00	0.03	0.90	
目標が高すぎて失敗したと思うことがよくある	3.25	3.11	0.15	0.59	
自信がないのであきらめてしまうことが多い	3.11	3.16	−0.04	0.85	、

*p＜.05   **p＜.01

注）質問項目が否定項目のため得点を反転させている。そのため，平均点が高いほど項目に対
して否定的であることを示している。

表4-34　「不本意入学者」と「本意入学者」　社会性の確立度における平均スコアと差の検定・
女子（t 検定）

社会性の確立度を計測する項目	平均点			P値	判定
	本意	不本意	差(本意-不本意)		
何でも自分から進んでやろうとする	3.44	3.00	0.44	0.06	
集まりのとき，みんなを楽しくさせようと努力する	3.63	3.42	0.21	0.41	
何でも手がけたことは最善をつくす	3.84	3.37	0.47	0.01	**
人の立場を考えて行動する	4.05	3.74	0.31	0.14	
将来に希望を持っている	3.29	2.84	0.45	0.13	
社会のためにつくそうという気持ちが強い	3.37	3.00	0.37	0.12	
規則正しい生活をしている	2.87	2.42	0.45	0.04	*
いやな仕事でも最後までやり通す	3.76	3.32	0.44	0.03	*
仲のよい友達が多い	3.69	3.53	0.17	0.46	
人の先頭にたって行動する	2.93	2.74	0.20	0.44	
やるべきことは決められた日までにやってしまう	3.54	3.06	0.49	0.09	
人に迷惑をかけないよう考えて発言している	3.92	3.84	0.07	0.75	
自分の責任はきちんとはたす	3.92	3.42	0.49	0.02	*
強制されたことでも，いっしょうけんめいやる	3.58	3.21	0.37	0.11	
努力してやりとげるような仕事をしたい	4.07	3.53	0.54	0.04	*

*p＜.05　**p＜.01

2. 不本意入学者のアイデンティティ確立度についての特徴

　本節では結果を踏まえ，次の二点について指摘したい。

　一点目は，アイデンティティ確立度の 30 項目における「本意入学者」と「不本意入学者」の特徴を見た場合，「不本意入学」は志望順位には依存しないということである。調査分析からは，「第二志望以下・本意」と「第二志望以下・不本意」，および，「第一志望・本意」と「第二志望以下・不本意」との間に統計的有意差が見られた一方で，「第一志望・本意」と「第二志望以下・本意」との間に統計的有意差は見られなかった。第2章や第4章第1節，第2節でも述べたように，序章では，「不本意入学」のタイプとして小林哲郎（2000）が，「第一志望不合格型」があることを示したが，アイデンティティ確立度の 30 項目から見た場合，志望順位と「不本意入学」とは関連がないことが調査分析から示されたといえる。

　二点目は，「不本意入学者」は「本意入学者」よりも，アイデンティティ確立度が低い傾向が見られるということである。アイデンティティ確立度 30 項目中，「不本意入学者」が「本意入学者」よりも平均スコアが高かったのは3項目に留まり，8項目で統計的有意差が見られた。また，男子と女子の「不本意入学者」では，「本意入学者」よりも平均スコアが低い項目について異なる特徴が見られた。男子が，自我の確立度，社会性の確立度それぞれについて有意差が見られた項目があったのに対し，女子は，

社会性の確立度の項目のみで有意差が見られたのである。特に，1％水準で有意差が見られた項目を見ると，男子では，「だれかに頼ろうとする気持ちが強い（反転項目）」，女子では，「何でも手がけたことは最善をつくす」となり，男子では自我の確立度，女子では社会性の確立度を中心に差が見られることが明らかになった。このうち，女子で有意差が見られた「何でも手がけたことは最善をつくす」，「規則正しい生活をしている」，「いやな仕事でも最後までやり通す」，「自分の責任はきちんとはたす」，「努力してやりとげるような仕事をしたい」の5項目は，男子では有意差が見られず，女子独自の項目であった。これらの項目には，規律性や対処性，また忍耐力など最後までやりぬく姿勢が共通していることが窺え，男子のみで有意差が見られた「集まりのとき，みんなを楽しくさせようと努力する」，「将来に希望を持っている」といった社交性や将来の希望といった項目とは，同じ社会性の確立度の項目でも内容が異なっており，女子の特徴を示しているといえる。

　では，社会性の確立度を高めるにはどのような施策が考えられるのであろうか。その一つとして，高等教育機関と接続する高校をはじめとする初等・中等教育機関での教育活動が果たす役割が大きいことが考えられる。なぜなら，積極性や協調性，また，対処性や責任感といった社会性の確立度は学校教育の特徴である集団指導の中でこそ育成できる要素だからである。したがって，「不本意入学者」を減少させるという観点から，高校と大学との教育活動の連携を強化する施策が考えられる。勝野頼彦（2004）は高大連携の定義について，高校生を対象として，大学の教育資源を活用して行う高校の教育活動という狭義の高大連携と，大学と高校の連携による高校教育及び大学教育の改善充実に資する取組とする広義の高大連携に分けて整理しているが，「不本意入学者」の減少に寄与することを目的とする活動例としては，広義の高大連携の中の「高校と大学の相互理解を図るための連絡協議会の設置」によって，高校と大学が双方の社会性の確立度を高めるための教育活動に対する理解を深め，より有機的な教育活動のつながりを模索していくことなどが考えられるだろう。

第4節　不本意入学者の出願行動から見た自己選抜に関する調査

　第3章第2節で言及した自己選抜機能について，国立大学受験者の出願行動のケースから，大学入試の出願決定時期における「不本意入学者」の特徴を分析する。

1. アンケート調査

（1）調査の概要

【仮説】

「不本意入学者」は「本意入学者」と比べ，大学入試センター試験後に出願校を決定している割合が高い。すなわち，自己選抜行動を出願直前で行っている割合が高い。

【調査対象と時期】

調査名称：大学新入生アンケート

調査時期：2017 年4月，2018 年 4 月，2019 年 4 月

対象：九州地方に所在する4年制国立 H 大学文系学部，理系学部（資格や免許取得と就職が直結する学部を除く）1年生　　n = 2798（2017 年 4 月入学生：n= 657，2018 年 4 月入学生:n= 1093, 2019 年 4 月入学生:n= 1048）。入学した入試区分は，一般前期日程，および，一般後期日程のみとした。理由は,出願校決定時期について「センター試験受験後」の割合を分析するためである。また，H大学を対象としたのは，文系・理系の複数の学部系統を有する総合大学であり，第３章で言及した国立大学志願者の自己選抜のクライマックスとなる大学入試センター試験の後の自己採点結果で出願大学を決定するプロセスが組み込まれる「一般前期日程」，「一般後期日程」の募集人員の割合が，2017 ～ 2019 年度入試を通して全体の 85%以上と高いことから，まとまったサンプル数が確保できると考えたためである。

方法：質問紙調査法。新入生オリエンテーション期間中に回答してもらいその場で回収した。氏名，学籍番号等の個人情報は取得していない。

【質問項目】

①所属学部

H大学が有する学部から選択

②合格した入試区分

「推薦入試」，「AO入試」，「一般前期日程」，「一般後期日程」，「その他」の5件法。本調査における分析の対象は，「一般前期日程」，「一般後期日程」とした。

③現在在籍する大学について，入学する時点での本意度（満足度）

「本意（とても満足）」，「まあ本意（まあ満足）」，「やや不本意（あまり満足していない）」，「不本意（満足していない）」の4件法

④入学した大学の受験（出願）を決めた時期

「受験の前年（高校3年生）以前」,「受験の前年（高校3年生）以降夏休み以前」,「受験前年の夏休み以降センター試験受験前」,「センター試験受験後」の4件法

⑤出願した主な理由

「1. 国立大学だから（学費が安い）」,「2. 国立大学だから（ブランド力）」,「3. 国立大学だから（その他）」,「4. 出身地に近いから」,「5. 自分の学力に合っているから」,「6. 学生への支援制度が充実しているから」,「7. 学びたい学部・学科があったから」,「8. 取得したい資格があったから」,「9. 就職に有利だと考えたから」,「10. 部活やサークル」,「11. 高校の先生の勧め」,「12. 保護者の勧め」,「13. 先輩の勧め」,「14. 親戚,兄弟がいる」,「15. 確実に合格したかった」,「16. センター試験の結果」,「17. 受験科目が合っていた」の17の選択肢から上位3項目までを選択可能とした。

⑥性別

「男子」,「女子」の2件法

⑦出身高校の所在地（都道府県）

　H大学所在地県を含む隣接県は選択式,隣接県以外の都道府県は「その他」を選択した上で,出身高校の所在地（都道府県）を記述

【分析手法】

大学入学本意度（満足度）の質問項目から「本意入学者」（n= 2575:「とても本意（とても満足）」,「まあ本意（まあ満足）」の和）と「不本意入学者」（n= 168:「やや不本意（あまり満足していない）」,「不本意（満足していない）」の和）に尺度化して,出願校決定時期（「受験の前年《高校3年生》以前」,「受験の前年《高校3年生》以降夏休み以前」,「受験前年の夏休み以降センター試験受験前」,「センター試験受験後」の4つに分類）とのクロス集計を行い,「不本意入学者」の割合からその特徴を分析した。

（2）結果

①不本意入学者と本意入学者の割合（全体・男女別,出身高校所在地別）

　はじめに,本調査における「不本意入学者」の割合について確認する。全体,男女別,出身高校所在地別に整理したのが表4-35,表4-36,表4-37である。全体で見ると,H大学は,第1章の先行研究や,第2章,第4章1節,第2節,第3節の調査と比較すると,「不本意入学者」の割合が全体で6.1%と低くなっている。その中で,男

女別では，第2章，第4章第1節，第3節の調査結果と同様，女子よりも男子の「不本意入学者」の割合が高い結果となった。また，大学所在地と出身高校所在地が同一都道府県である県内と同一都道府県ではない県外に分けて見た場合，「不本意入学者」の割合はほぼ同じとなり，県内と県外の入学者との間に違いは見られなかった。

表4-35　「不本意入学者」と「本意入学者」の割合（全体）

		本意	不本意	合計
全体	人数	2575	168	2743
	割合	93.9%	6.1%	100%

表4-36　「不本意入学者」と「本意入学者」の割合（男女別）

		本意	不本意	合計
男子	人数	1566	134	1700
	割合	92.1%	7.9%	100%
女子	人数	1004	34	1038
	割合	96.7%	3.3%	100%

表4-37　「不本意入学者」と「本意入学者」の割合（出身高校所在地別）

		本意	不本意	不本意
県内	人数	1030	67	1097
	割合	93.9%	6.1%	100%
県外	人数	1536	101	1637
	割合	93.8%	6.2%	100%

②不本意入学者と本意入学者の出願校決定時期（全体）

　次に，出願校の決定時期別に「不本意入学者」と「本意入学者」の人数と割合を整理したのが表4-38である。「不本意入学者」，「本意入学者」ともセンター試験後に出願校を決定している割合が最も高いことがわかる。この傾向は第3章で示した先行研究の結果と一致しているが，本調査からは，「不本意入学者」の大多数（89.2%）がセンター試験以降に出願校を決定していることがわかった。また，「本意入学者」についても54.7%と半数以上がセンター試験以降に出願校を決定しており，国立大学への出願行動が，センター試験によって大きく左右されていることが確認された。一方，出願校決定時期について，「不本意入学者」と「本意入学者」との間に関係性があるかどうかを統計的に確認したところ，1%水準で有意差が見られた（表4-39）。

表4-38　「不本意入学者」と「本意入学者」　出願校決定時期とのクロス集計表・全体

	本意入学者		不本意入学者	
	人数	割合	人数	割合
1．受験の前年以前	436	17.0%	5	3.0%
2．受験の前年以降夏休み以前	237	9.2%	3	1.8%
3．夏休み以降センター試験以前	488	19.0%	10	6.0%
4．センター試験後	1403	54.7%	148	89.2%
合計	2564	100%	166	100%

表4-39　「不本意入学者」と「本意入学者」　出願校決定時期との関係（独立性の検定）

カイ二乗値	自由度	P 値	判 定
75.7106	3	0.0000	**

$^*p<.05$　$^{**}p<.01$

③不本意入学者と本意入学者の出願校決定時期（男女別，出身高校所在地別）

　「不本意入学者」と「本意入学者」の出願校決定時期について，②では全体の人数と割合を確認したが，ここでは，さらに男女別，出身高校所在地別に詳細に見ていく。

　まず，男女別に「不本意入学者」と「本意入学者」の出願校決定時期をまとめたのが表 4-40，表 4-41 である。「不本意入学者」については，センター試験後に出願校を決定する割合がそれぞれ高く，男女間に大きな差は見られなかった。一方，「本意入学者」については，センター試験後に出願校を決定する割合はほぼ同じである一方で，男子の「受験の前年以前」の決定の割合が 16.6%と女子の 8.7%よりも高く，出願を早い段階から決定しているのは「本意入学者」の男子に多い結果となった。

　次に，大学所在地と出身高校所在地が同一都道府県である県内と同一都道府県ではない県外に分けたのが表 4-42，表 4-43 である。「不本意入学者」については，センター試験後に出願校を決定する割合がそれぞれ高く，県内と県外の入学者との間に大きな差は見られなかった。一方，「本意入学者」については，県内の入学者の方が出願校を早く決定する割合が高く，センター試験後の出願校決定の割合も 36.7%に留まった。一方，県外からの入学者については，「本意入学者」であっても，センター試験後に出願を決定した割合が 66.9%に達し，県内と県外の入学者との間で異なる結果となった。

表4-40　「不本意入学者」と「本意入学者」　出願校決定時期とのクロス集計表・男子

	本意入学者		不本意入学者	
	人数	割合	人数	割合
1．受験の前年以前	259	16.6%	4	3.0%
2．受験の前年以降夏休み以前	136	8.7%	2	1.5%
3．夏休み以降センター試験以前	274	17.6%	7	5.3%
4．センター試験後	890	57.1%	120	90.2%
合計	1559	100%	133	100%

表4-41　「不本意入学者」と「本意入学者」　出願校決定時期とのクロス集計表・女子

	本意入学者		不本意入学者	
	人数	割合	人数	割合
1．受験の前年以前	74	8.7%	1	3.0%
2．受験の前年以降夏休み以前	53	6.2%	1	3.0%
3．夏休み以降センター試験以前	214	25.1%	3	9.1%
4．センター試験後	510	59.9%	28	84.8%
合計	851	100%	33	100%

表4-42　「不本意入学者」と「本意入学者」　出願校決定時期とのクロス集計表・県内

	本意入学者		不本意入学者	
	人数	割合	人数	割合
1．受験の前年以前	306	29.8%	4	6.1%
2．受験の前年以降夏休み以前	139	13.5%	2	3.0%
3．夏休み以降センター試験以前	205	20.0%	6	9.1%
4．センター試験後	377	36.7%	54	81.8%
合計	1027	100%	66	100%

表4-43　「不本意入学者」と「本意入学者」　出願校決定時期とのクロス集計表・県外

	本意入学者		不本意入学者	
	人数	割合	人数	割合
1．受験の前年以前	128	8.3%	1	1.0%
2．受験の前年以降夏休み以前	97	6.3%	1	1.0%
3．夏休み以降センター試験以前	283	18.5%	4	4.0%
4．センター試験後	1025	66.9%	94	94.0%
合計	1533	100%	100	100%

④不本意入学者と本意入学者の出願校決定時期別の出願理由

センター試験後に出願校を決定した者について，出願理由（第一理由）の項目別の割合を「本意入学者」と「不本意入学者」に分けて集計したところ,「本意入学者」,「不本意入学者」とも「1. 国立大学だから（学費が安い）」が50%前後を占め最も高くなった（表4-44）。この結果は，センター試験前に出願校を決定した者と同様の傾向を示しているが（表4-45），次に選択率が高かった項目を「本意入学者」,「不本意入学者」別にセンター試験前と後の出願校決定時期別にそれぞれ見ると，異なる傾向が見られた。「本意入学者」では,「7. 学びたい学部・学科があったから」が,出願校決定時期がセンター試験前（25.9%），センター試験後（16.7%）とも2番目に高い割合であったのに対し，「不本意入学者」では，出願校決定時期がセンター試験出願前では「4. 出身地に近いから（27.8%）」,センター試験出願後では「16. センター試験の結果（16.9%）」,「15. 確実に合格したかった（14.2%）」と，センター試験出願前と後で異なった。また，センター試験後の出願決定者の出願理由について，「本意入学者」と「不本意入学者」との間に関係性があるかどうかを統計的に確認したところ，1%水準で有意差が見られた（表4-46）。一方，センター試験前の出願決定者の出願理由について，「本意入学者」と「不本意入学者」との間に関係性があるかどうかを統計的に確認したところ，5%水準で有意差が見られた（表4-47）。

表4-44　「不本意入学者」と「本意入学者」　出願校決定がセンター試験後選択者の出願理由（第一）

	本意入学者		不本意入学者	
	人数	割合	人数	割合
1.国立大学だから（学費が安い）	706	50.3%	72	48.6%
16.センター試験の結果	134	9.6%	25	16.9%
15.確実に合格したかった	68	4.8%	21	14.2%
4.出身地に近いから	71	5.1%	9	6.1%
7.学びたい学部・学科があったから	234	16.7%	6	4.1%
2.国立大学だから（ブランド力）	74	5.3%	2	1.4%
5.自分の学力に合っているから	47	3.3%		
その他	69	4.9%	13	8.8%
合計	1403	100%	148	100%

表4-45　「不本意入学者」と「本意入学者」　出願校決定がセンター試験前選択者の出願理由
　　　　（第一）

	本意入学者		不本意入学者	
	人数	割合	人数	割合
1.国立大学だから（学費が安い）	566	48.8%	9	50.0%
4.出身地に近いから	141	12.1%	5	27.8%
7.学びたい学部・学科があったから	301	25.9%	1	5.6%
15.確実に合格したかった	11	0.9%	1	5.6%
2.国立大学だから（ブランド力）	54	4.7%		
5.自分の学力に合っているから	29	2.5%		
その他	59	5.1%	2	11.1%
合計	1161	100%	18	100%

表4-46　「不本意入学者」と「本意入学者」　出願校決定がセンター試験後選択者と出願理
　　　　由（第一）との関係（独立性の検定）

カイ二乗値	自由度	P 値	判 定
54.4820	7	0.0000	**

*p＜.05　**p＜.01

表4-47　「不本意入学者」と「本意入学者」　出願校決定がセンター試験前選択者と出願理由
　　　　（第一）との関係（独立性の検定）

カイ二乗値	自由度	P 値	判 定
12.6055	6	0.0497	*

*p＜.05　**p＜.01

⑤不本意入学者と不本意入学者の出願理由・上位3項目の選択率

　調査では，出願理由について上位3項目までを選択可能としたが，実際に被験者が
何項目を選択したのかについて，「不本意入学者」と「本意入学者」別に集計した
ところ，上位3項目全てを選択した割合は，「不本意入学者」が71.4%であったのに対
し，「本意入学者」は88.2%と，「不本意入学者」は「本意入学者」よりも出願理由
の選択数が少なかった（表 4-48）。また，出願理由の選択数について，「不本意入
学者」と「本意入学者」との間に関係性があるかどうかを統計的に確認したところ，
1%水準で有意差が見られた（表 4-49）。

表4-48 「不本意入学者」と「本意入学者」 出願理由の選択数と割合

	本意入学者		不本意入学者	
	人数	割合	人数	割合
第一から第三理由までを選択	2270	88.2%	120	71.4%
第一理由・第二理由まで選択	166	6.4%	20	11.9%
第一理由のみ選択	132	5.1%	27	16.1%
選択無	7	0.3%	1	0.6%
合計	2575	100%	168	100%

表4-49 「不本意入学者」と「本意入学者」 出願理由の選択数との関係（独立性の検定）

カイ二乗値	自由度	P 値	判 定
45.1527	3	0.0000	**

*p＜.05　**p＜.01

2. 不本意入学者の出願行動についての特徴

　本節では，国立大学一般入試への出願行動について，「不本意入学者」は「本意入学者」と比べた場合，出願校の決定時期が性別の違いや大学の所在地と近い出身高校であるか否かに関わらずセンター試験後に集中している，すなわち，本研究の問題関心である自己選抜の時期がより遅いことがわかった。

　一方，センター試験後の出願校の決定であっても「不本意入学」とはならない者も一定数存在した。「本意入学者」については，センター試験後に出願校を決定している割合が，「不本意入学者」の89.2%よりは低いものの，54.7%と半数を超えていた。したがって，自己選抜の時期がセンター試験後になったとしても，入学する大学に対して，不本意感を抱く者と抱かない者に分かれているということになる。本調査では，「本意入学者」と「不本意入学者」に分かれる要因について，出願理由との関係に着目したところ，「1. 国立大学だから（学費が安い）」が，「本意入学者」，「不本意入学者」の共通の出願理由として50%前後を占め最も多かったが，次に多い理由として，「本意入学者」が「7. 学びたい学部・学科があったから（16.7%）」であったのに対し，「不本意入学者」は，「16. センター試験の結果（16.9%）」，「15. 確実に合格したかった（14.2%）」であり，「本意入学者」と「不本意入学者」との間で異なる傾向が見られた。

　この「本意入学者」の出願理由は，第2章の調査で示された学習内容に関連した

動機づけを持っている者は「本意入学」となりやすいことと符合している。つまり,「本意入学者」は,大学入学後に学びたい内容が明確になっていれば,志望順位に依存せず,出願に際して自発性を有する自己選抜を行うことが可能となり,進学が決まった時点での不本意感を抱きにくいのである。それに対し「不本意入学者」の不本意と感じる理由からは,あくまでも合格することが主要な出願理由となっており,出願校についての入学後の学びまでは視野に入っていない傾向が窺えた。市川伸一（2001）は,「多重の動機に支えられていると,ある動機が弱くなった時でも,他の動機によって持続できる」と述べているが,(9) 前述した学習内容に関連した動機づけ等の複数の動機づけも持ち合わせていれば,たとえ一つの動機づけがなくなってしまっても,他の動機づけに支えられ,不本意という感情を持つリスクをより減らし大学に入学できると考えられる。

　以上,国立大学等の選抜性を有する大学における「不本意入学者」の出願行動についての特徴にまとめると,学校制度との連結において,アスピレーションの「冷却」機会が,高卒就職のプロセスと比較すると少ないため,国立大学の選抜システムは自発的な自己選抜機能を弱め「不本意入学者」を発生させやすいと考えられるが,出願理由の中に,入学後の学びといった学習内容と関連した動機づけを持っていると,アスピレーションの「冷却」を容易にし,自発的な自己選抜を可能とすることで入学する大学への納得感が高まり,「不本意入学」となりにくいことが指摘できる。

　次の第5章では,本章各節から得られた知見,および,第1章〜第3章の議論と調査分析結果を整理し,本研究における結論を述べる。

【注と引用文献】

(1) 竹内洋（1995）『日本のメリトクラシー−構造と心性』東京大学出版会, 98.「高校入試の入学試験の合否を決める上で重要な要素は何だと思いますか（2つまで）（%）」の質問について,「努力（89.2%）」,「生得能力（25.2%）」,「受験技術（30.3%）」,「運（34.4%）」という結果が示されている。

(2) 進学校の定義については第2章注（21）を参照。なお, 粒来香（1997）が「もともと進学を前提としていた普通科では, 進学校であるか否か, すなわち『進学校／非進学校』の区分が一般的であったが, 80年代前半における『非進学校』からの専修学校入学者の増加を反映して, 高校現場ではこの頃から『進学校／進路多様校』という区分がもちいられるようになった。」と指摘するように, 非進学校に変わる区分として, 進路多様校という呼称が一般化してきている（粒来香（1997）「高卒無業者層の研究」『教育社会学研究』61, 190.）。また, 片瀬一男（2005）は進路多様校について, 就職率10%以上の高校という定義付けをしている（片瀬一男（2005）「進路多様校の成立−仙台圏の公立高校における進路状況の変容−」『人間情報学研究』10巻, 18.）。しかし, この定義付けに従った場合, 例えば, 就職率は5%で大学進学率50%の高校など, 進学校にも進路多様校にも属さない区分の高校が一定数存在することが考えられることから, 本研究においては, 進学校と2要素間で比較する観点を重視し, 比較対象を非進学校として設定した。

(3) 高校生活の振り返りの質問項目ついては, ベネッセ教育研究開発センター（2009）「確かな学力の向上をめざす共同研究に関わる研究集録」平成21年7月, 133. の質問項目に依拠した。

(4) 尾嶋史章・荒牧草平（2018）「進路希望と生活・社会意識の変容−30年の軌跡」尾嶋史章・荒牧草平編『高校生たちのゆくえ−学校パネル調査からみた進路と生活の30年』世界思想社, 第1章, 24-30. また, 高校時代の交友関係は広さよりも深さが重要で, その後の精神衛生に影響するというアメリカでの研究結果もある（Narr, RK,(2019) Close Friendship Strength and Broader Peer Group Desirability as Differential Predictors of Adult Mental Health,Child development, 90(1), 298-313.）。

(5) 豊嶋秋彦（1989）「大学生の不本意感と適応過程」『東北学院大学教育研究所紀要』8, 64.

(6) 第1章注（107）を参照。

(7) 文部科学省（2008）『学校基本調査　平成20年度　高等教育機関（報告書掲載集計）学校調査　大学・大学院　大学の学部数』＜https://www.e-stat.go.jp/stat-search/files?page=1&layout=datalist&toukei=00400001&tstat=000001011528&cycle=0&tclass1=000001021771&tclass2=000001021795&tclass3=000001021796&tclass4=000001021798＞（2021年5月30日アクセス）。

(8) 勝野頼彦（2004）『高大連携とは何か−高校教育から見た現状・課題・展望』学事出版, 68-73.

(9) 市川伸一（2001）『学ぶ意欲の心理学』PHP新書, 211-212.

第5章　本書内で扱った研究から得られた知見

　本章では，最初に第1章～第4章の議論，および，実証分析から得られた大学「不本意入学者」の特徴について総括する。次に，序章で示した問いに対する答えを整理し，本研究における結論を述べたい。

　まず，本研究では，「不本意入学」の定義を「入学する大学に対して本意ではない（満足していない）」とした。その上で，これまでの研究では，第一志望に不合格となることが「不本意入学」となるという指摘に対し，学習動機づけの要因，受験生が重視する合否を決める要素，高校生活の振り返り，アイデンティティ確立度という4つの観点から，大学志望度と大学本意度の関係を統計的に分析した結果，これらの要素や要因から見た場合，「不本意入学」は志望順位に依存しないことを明らかにした。つまり，第一志望校に不合格であることが「不本意入学」であるとはいえないということである。

　では，「不本意入学」の意識に関連する要素とは何なのであろうか。本研究では，はじめに，「不本意入学者」を発生させる背景として大学入試を取り巻く構造と問題点に着目した。

　第1章では，メリトクラシー社会において，大学入試は，学校歴の獲得を目指す者たちを選抜によってふるいにかけ，多くの不合格者，すなわち，敗者を生み出す構造の中で，形式的な公平性と入試の結果を本人の努力不足に帰属させる努力主義によって敗者の不満を抑えこんできた構造を概観した。そして，この不満を抑え込む構造が入学する大学への不本意感の発生につながる可能性を指摘した。ただし，学歴主義の発生起源が，男子と女子では異なることから，男子と女子の学歴観は異なることについても言及した。

　続いて，第2章では，教育の大衆化の中で，子どもたちは所属する学校（進学校など）で形成される規範的期待水準の中で，卒業後に進学することに納得できる大学群までアスピレーションを高める学校の空気と構造の中に置かれている。この学校の空気と構造は，教育の大衆化という集団の中で，偏差値を用いた細かな学校ランクによる傾斜的選抜システムによって強固な仕組みを形成している。そのため，規範的期待水準の中で高まったアスピレーションに見合う大学に進学できない場合，不本意感を抱きやすくなることについて論じた。

　次に，第3章では，高校の進路指導と高校生の進路選択について，自己選抜による配分機能がある中で，高卒就職と比べた場合，大学進学は自己選抜が働きにくく，配分の効率性が低下する可能性を指摘した。

　また，1990年代以降の受験人口の減少，推薦入試の拡大による受験教科・科目等の軽量化，さらに，メリトクラシーの再帰性によって，従来の進学校群の生徒たちの進学アスピレーションが分化し，高校の階層構造が変化したことを論じた。そして，その結果，自己選抜機能に揺らぎが生じ，「不本意入学」の発生状況に変化が生じていることを述べた。

　最後に，現代の高校の進路指導において，配分機能が重視される背景には進路保障が重視されていることを論じた。この配分機能の重視は，大学進学を希望する生徒にとっても，第1章で指摘したように，選抜の敗者となり（または，敗者と感じ），ヨコの学歴は獲得できなかったとしてもタテの学歴だけは獲得しておきたいというメンタリティが働くため受け入れやすい一方で，受験後の「不本意入学」につながりやすいことを指摘した。

　以上のように，「不本意入学」の観点から大学入試を取り巻く構造と問題点を明らかにした上で，次に，第2章，および，第4章の実証分析によって「不本意入学者」の特徴を明らかにした。第2章では，学習動機づけの要因の場合，まず，「不本意入学」は志望順位に依存しないことを明らかにした後，「充実志向」，「訓練志向」，「実用志向」といった「内容関与的動機」，すなわち，入学する大学に対して，学習内容に関連した動機づけを持っていない者は，学習内容に関連した動機づけを持っている者と比べると，「不本意入学」となりやすい特徴があることを明らかにした。

　続いて，第4章第1節では，受験生が重視する合否を決める要素に関する調査より，まず，合否を決める要素から見た場合，「不本意入学」は志望順位に依存しないことを明らかにし，次に，「本意入学者」，「不本意入学者」に関わらず，合否を決める要素として，「才能」，「受験技術」，「運」よりも「努力」を重視している傾向が見られたが，インタビュー調査から，同じ「努力」でも，自分がしてきた「努力」に納得できるかどうかが「本意入学」と「不本意入学」の分岐点となる可能性を示した。

　次に，第4章第2節の高校生活の振り返りにおける調査において，まず，高校生活の振り返りにおける「本意入学者」と「不本意入学者」の特徴から見た場合，「不本意入学」は志望順位に依存しないことを明らかにした後，「不本意入学者」は，「本

意入学者」と比較した場合，高校時代に深い交友関係が築けていないという傾向が見られ，友人との深いつながりが高校卒業後の進学する大学への本意度に影響することを指摘した。また，出身高校の属性に関する分析からは，進学校出身者のうち，特に，高校での成績が中下位層に位置していた者は，準拠集団で形成される規範的期待水準の大学に合格することが難しく「不本意入学」となりやすい可能性を示した。

　そして，第4章第3節では，アイデンティティ確立度の項目における調査より，まず，アイデンティティ確立度の30項目から見た場合，「不本意入学」は志望順位に依存しないことを明らかにし，次に，「不本意入学者」は「本意入学者」よりも，アイデンティティ確立度が低い傾向を示し，男子では自我の確立度，女子では社会性の確立度を中心に有意差が見られ，性別による特徴の違いを指摘した。

　最後に，第4章第4節の「不本意入学者」の自己選抜の特徴からは，選抜性を有する国立大学への「不本意入学者」は，「本意入学者」と比べて，出願理由として入学後の学習内容に関連する動機づけを持っていない傾向が見られることがわかった。この傾向は，第2章の学習動機づけの要因の調査結果と一致している。入学後に学びたい内容が明確になっていれば，たとえ，センター試験後の自己採点の結果で希望していなかった大学に出願することになっても，入学することが決まった時に不本意感を抱きにくくする可能性が示された。

　一方，「不本意入学」の背景と考えられる先行研究の整理と，本研究での実証分析からは，「努力」の重視度について異なる傾向が示された。前述した通り，第4章第1節の不本意入学者が依拠する合否を決める要素に関するアンケート調査からは，「本意入学者」，「不本意入学者」に関わらず，入試結果に対して，「才能」，「受験技術」，「運」よりも「努力」を重視する傾向が見られた。この傾向は，第1章で示した努力主義の先行研究と全体としては一致している。しかし，1980年以降，努力主義が弱まっているという点に関しては，本研究における他の要素と比較した質問紙調査，インタビュー調査からは見られず，さらに，男女別の分析からは，女子の「不本意入学者」が，大学入試結果として「努力」を重視する傾向が強いことが明らかとなった。したがって，少なくとも，選抜性を有する大学入試の受験者については，大学入試の合否を決める要素として，他の要素との比較の観点からは，「努力」を重視する傾向が見られるというのが本書における主張である。

　次に，序章で示した問いに対して，これまでの記述と重複する部分があるが，改めて整理していきたい。

＜第一の問い＞
「不本意入学」は志望順位に依存するのだろうか。

　本研究では，学習動機づけの要因，受験生が重視する合否を決める要素，高校生活の振り返り，アイデンティティ確立度という4つの観点から，大学志望度と大学本意度の関係を統計的に分析した結果，これらの要素や要因から見た場合，「不本意入学」は志望順位に依存しないことを明らかにした。つまり，第一志望に不合格であることが「不本意入学」であるとはいえないということである。

＜第二の問い＞
「不本意入学者」の不本意感を発生させる要素は何であるのか。また，本来，選抜試験の勝者であると考えられる合格者の中になぜ不本意と感じる者がいるのだろうか。

　まず，「不本意入学者」の不本意感を発生させる要素について，本研究では，学習動機づけの要因，受験生が重視する合否を決める要素，高校生活の振り返り，アイデンティティ確立度という4つの観点について，「本意入学者」と「不本意入学者」の比較から「不本意入学者」の特徴を明らかにした。
　学習動機づけの要因の調査からは，「充実志向」，「訓練志向」，「実用志向」といった「内容関与的動機」，すなわち，入学する大学に対して，学習内容に関連した動機づけを持っている者は「不本意入学」とはなりにくい特徴があることがわかった。
　受験生が重視する合否を決める要素に関する調査からは，「本意入学者」，「不本意入学者」に関わらず，合否を決める要素として，「才能」，「受験技術」，「運」よりも「努力」を重視している傾向が見られたが，インタビュー調査から，同じ「努力」でも，自分がしてきた「努力」に納得できるかどうかが「本意入学」と「不本意入学」の分岐点となる可能性が示唆された。
　高校生活の振り返りにおける調査からは，高校時代の友人との深いつながりが，「不本意入学者」に弱い傾向が見られた。また，出身高校の属性に関する分析からは，

進学校出身者のうち，特に，高校での成績が中下位層に位置していた者は，準拠集団で形成される規範的期待水準の大学に合格することが難しく「不本意入学」となりやすい可能性が示唆された。

　アイデンティティ確立度の項目における調査からは，「不本意入学者」はアイデンティティ確立度が低い傾向が明らかになるとともに，男子では自我の確立度，女子では社会性の確立度を中心に有意差が見られ，性別による特徴の違いが見られた。

　最後に，「不本意入学者」の自己選抜の特徴からは，選抜性を有する国立大学への「不本意入学者」は，志望理由として入学後の学習内容に関連する動機づけを持っていない傾向が見られることがわかった。この傾向は，学習動機づけの要因の調査結果と一致している。

　次に，本来，選抜試験の勝者であると考えられる合格者の中になぜ不本意と感じる者がいるのかについては，上記に示した「不本意入学者」の特徴をそのまま適用できると考える。もちろん，第1章から第3章で論じてきた大学入試を取り巻く社会的構造の問題も「不本意入学」を発生させる要因の背景にあると考えられるが，本研究において最も主張したい点は，学習動機づけの要因，受験生が重視する合否を決める要素，高校生活の振り返り，アイデンティティ確立度という4つの観点から見た場合，「不本意入学」は志望度に依存しないことを明らかにしたことであり，志望順位に関係なく，合格者が上記に示した「不本意入学者」の特徴に当てはまる場合，不本意と感じやすいことを本書内でみる本研究の結論としたい。

補論　大学不本意入学者の予防と緩和・解消に向けて

　本研究では，学習動機づけの要因，受験生が重視する合否を決める要素，高校生活の振り返り，アイデンティティ確立度という4つの観点から見た場合，「不本意入学」は志望順位に関係しないという新規性を見出した。一方で，「不本意入学」が志望順位に関係ないとしても，第一志望校への入学者における「不本意入学」の割合は全体の20%前後に留まることから，第一志望校への合格効果は大きいことがわかる。そのため，大学への入学機会を拡大することが「不本意入学者」の減少につながることが期待される。そこで，補論では，大学入試改革による入学機会の拡大の可能性等について論じたい。

　野上修市（2001）は「不本意入学」について，大学をめぐる教育病理の一つであると述べている。[1]人間の意識や行動に対する諸問題に対応するためには，疾病と同様に，予防と治療が必要になるが，藤原武弘（2005）は，社会心理学の観点から，問題が起きてからの治療では遅すぎるため，治療以上に予防が必要であるという考え方を示している。[2]また，同様に米村恵子（2010）も，健康増進政策の観点から1970年代後半からは治療から予防へと疾病政策が転換されていることを指摘している。[3]このように，教育問題の課題解決を検討する上でも，予防は重要な役割を果たすことが考えられる。

　そこで，補論では，第1章から第3章までの議論，および，第4章の調査分析をもとに，大学「不本意入学者」の予防策と緩和・解消策について検討する。まず，第1節では，大学「不本意入学者」の発生を減少させるための予防策について，進学校を中心とした成績中下位層者の準拠集団で形成される規範的期待水準を冷却させるためのバンディング型習熟度別編成，[4]および，プランドハップンスタンス・セオリーを重視した進路学習（出願する可能性のあるすべての大学についての入学後をイメージする進路学習）の可能性について論じたい。

　次に，第2節では，入試における選抜機能を有する国立大学入学希望者を想定した大学入学者選抜制度改革の視点から論じたい。

第1節 不本意入学の予防策①－学校教育活動の観点より

1. バンディング型習熟度別編成の推進

　第4章第2節の出身高校の属性に関する調査分析からは，進学校出身者のうち，特に，高校での成績が中下位層に位置していた者は，準拠集団で形成される規範的期待水準の大学に合格することが難しく「不本意入学」となりやすい可能性が示唆された。この自分の成績以上に難易度の高い大学に合格するというアスピレーションを本人の成績に合わせて，納得するプロセスを経て縮小，または，冷却させることが「不本意入学者」を減少させる一つの施策となる可能性が考えられる。

　耳塚寛明ほか（1981）は，学校が教育活動の様々な機会を通じて，生徒に自分の成績や能力を自覚させ，各生徒にふさわしいトラックへ生徒を振り分ける学業分離化に注目した上で，「学業分離化の程度を高くすることにより，生徒は自己の成績を十分認識し，自分の学業的能力の自己概念を修正し，それに見合った進路志望へと方向づけられる一方で，学業的分離化の程度が低い学校では，能力の自己概念の修正はわずかしか行われず，その結果，入学時ないしはそれ以前からの進路志望をそのまま維持することになる」ことを指摘している。[5] つまり，大学受験時の最終的な志望校の選定に影響を及ぼすのは生徒本人による主体的な修正力以上に，高校の学業分離化の程度に起因していることが示唆される。竹内洋（1995）は「高校におけるアスピレーションの加熱と冷却はトラック間ではなくトラック内部に生じる」と述べているが，[6] 高校という準拠集団内で形成されるトラッキングシステムの働きが弱い場合，生徒の大学入試時点での実力と入学への納得感を持つことができる志望校選定の調整機能が作用せず，自己の成績と照らし合わせた合格可能性の見込みがある志望校を選定することを困難にしていると考えられる。

　トラッキングシステムの日本の高校教育における社会的機能（特に選抜機能）については，菊地栄治（1987）が高校の階層構造と硬直的な習熟度別学級編成を代表例として挙げ，[7] その習熟度別学級編成について天野郁夫ほか（1986）は，全国規模の調査より全国普通科高校の45.4%が習熟度別学級編成を取り入れていることを明らかにしている。[8] つまり，高校には階層構造が高校間と高校内にあり，アスピレーションの加熱と冷却が生じるのは高校内であるが，習熟度別学級編成によってアスピレーションの加熱と冷却に対処している高校は半数弱に留まっているということになる。

　したがって，成績と志望校選定の乖離・独立を防止するシステムとして学級単位で

のバンディング型の習熟度別編成の推進は有効である可能性が考えられる。この学級単位でのバンディング型の習熟度別編成の導入により，トップ進学校で成績が下位層に位置する生徒たちは，学校の成績という文脈における自分自身の校内での位置を自覚せざるを得なくなる。第1章，第2章で示した梶田（1983）が指摘するまなざしについて，少なくとも高校における準拠集団内においては，有名大学や難関大学に進学しなければならないというまなざしは弱まり，自己概念の修正が進みやすくなることや，第2章の竹内（1995）の規範的期待水準自体が下がり，身の丈に合った大学群に出願できるようになることが期待できるだろう。

2. プランドハップンスタンス・セオリーを重視した進路学習の可能性

　第4章第1節の受験生が依拠する合否を決める要素に関する調査分析からは，「不本意入学者」の特徴として，「本意入学者」と比較した場合，合否の結果を「運」に求める傾向が見られた。ここでの「運」は，失敗の原因としての「運」であるため，「運」が悪かった，よくなかったなど，不運としてマイナスに捉えられている。しかし，「運」はマイナスと捉えるケースもあれば，予想に反して合格が難しいと予想していた大学に合格した場合など，幸運という捉え方もあるだろう。そのため，「運」をプラスの作用として捉える習慣を高校の進路指導を通して身につけていくことが，「不本意入学」の予防策になる可能性について検討したい。

　渡辺和子（2012）は，「時間の使い方は，そのままいのちの使い方なのですよ。置かれたところで咲いてください。結婚しても，就職しても，子育てをしても，『こんなはずじゃなかった』と思うことが，次から次に出てきます。そんな時にも，その状況の中で『咲く』努力をしてほしいのです」という言葉を，勤務先の大学に入学した「不本意入学者」たちに伝え，予期しない偶然を「運」が悪かったのではなく縁があったのだと捉え，自分が所属する場所で最善を尽くすことが自分自身の未来を切り拓くことにつながることを説いている。(9)

　また，ジョン・クランボルツ，アル・レヴィン（2005）は，キャリアの80％は予期しない偶然の出来事によって形成されるというプランドハップンスタンス・セオリー（計画的偶発性理論）を提唱しており，キャリア形成について次のように述べている。

　人生の目標を決め，将来のキャリア設計を考え，自分の性格やタイプを分析したから

といって，自分が望む仕事を見つけることができ，理想のライフスタイルを手に入れることができるとは限りません。人生には，予測不可能なことのほうが多いし，あなたは遭遇する人々や出来事の影響を受け続けるのです。結果がわからないときでも，行動を起こして新しいチャンスを切り開くこと，偶然の出来事を最大限に活用することが大事なのです。[10]

続けて，ジョン・クランボルツほか（2005）は，アメリカの社会人を対象とした調査で18歳のときに考えていた職業に就いている人は全体の2%にしかすぎないという結果を示している。[11]もちろん，アメリカの調査が日本の高校生にそのまま当てはまることは考えにくいが，大学進学を目指す場合，高校時代に考えていた職業にその通りに就く人は少ないということが推測される。

一方，高橋俊介（2003）は，プランドハップンスタンス・セオリーに依拠しながら，「常に前向きでポジティブシンキングを持って新しいことにチャレンジし，人脈に投資し，自分のキャリアについて柔軟に考え続けるプロセスを実行できる人が，結果として，現実に自分にとって都合のよい偶然が起き，キャリアの満足度が上がっていく」と述べた上で，自ら行った社会人に対しての面接調査の結果について次のように指摘している。

面接調査においても，夢や理想とする職業に向かって一歩一歩計画的にキャリアをつくり上げていくより，日々の仕事に主体的に向き合っていこうとする自律的なジョブデザイン行動をとっていた結果として振り返ってみると，満足のいくキャリアができていたというケースが非常に多かった。つまり，ジョブデザインの結果としてキャリアデザインがあり，ジョブデザイン行動とキャリア自律行動が切り離されておらず，一体化している。こうした考え方がより重要になってくるのではないか。[12]

児美川孝一郎（2014）が，学校におけるキャリア教育の事例として，職場体験やインターンシップ，職業人インタビュー，上級学校訪問をあげているように，[13]多くの学校では子どもたちが主体的に行動できるキャリア教育に関わる場が用意されている。しかし，同時に児美川（2014）は，これらの焦点化された取り組みが単発の打ち上げ花火に終わり，時間の経過とともに風化し，子どもたちの認識や考え方の中に何の爪痕も残さなくなってしまう危険性を指摘している。[14]一方で，大学進学を目指す進学校の場

合，一般的に進路学習については，ロングホームルームや総合的な学習の時間を利用して，低学年では大学卒業後の職業研究，その後，現時点で就きたい仕事や興味・関心のある学問研究，そして，2年生の後半から3年生にかけて具体的に志望校を設定し，志望校について資料で調べたり，実際に志望する大学のオープンキャンパスに参加したりするといった流れを取るケースが見られる。つまり，このケースの場合，将来，就きたい職業を設定し，そこから逆算して志望校選びをするという積み上げ型の学習となる。確かに，この計画に沿った積み上げ型の進路学習は，進路研究を系統立てて調べることができるため，進路先に変更が発生しない場合には適しており，学習する生徒にとっても，学年進行とともに進路意識を高める効果が期待できるだろう。しかし，片岡洋子（2008）が「医学部に行って医者になる，教育学部から教師へ，というように学部を選ぶ時点で職業も視野に入れた選択をする高校生がいる一方で，やりたいことが分からないから，とりあえずつぶしのきく法学部へ，といった選択をする者も相当数いる。将来をはっきり決めないでの進学は，文系の学部の場合特に多い」と指摘していることや，就きたい職業が具体的に決まっている高校生は全体の36.7%と4割に満たないという調査結果に見られるように，現実には，大学進学を希望する高校生が進路指導や進路学習を経たとしても，全員が一律に大学卒業後の職業イメージを持つことは困難であると考えられる。また，マイケル・オズボーン（2013）の，コンピューターによる自動化が進むことによって，20年後の将来には47%の仕事がなくなるという予測や，キャシー・デビッドソン（2011）の，2011年度にアメリカの小学校に入学した子供たちの65%は，大学卒業時に今は存在していない職業に就くだろうという予測などに見られるように，技術や知識が進歩する中で，高校時代に考えていた職業に就く可能性はさらに低くなることが予測される。したがって，このプロセスで進路学習を行った場合，将来，就きたい職業が変わると，再び，最終的な志望校選択のために一から積み上げていかなければならなくなり，現実社会とのマッチングを考えた場合，現代においては必ずしも最適な学習とはいえないだろう。さらに，計画に沿った積み上げ型の進路学習の最大の問題点は，ひたすら夢や目標を実現することに向かった学習という点である。ジョン・クランボルツほか（2005）は将来の夢を描くことはすばらしいことであるとした上で，次のように述べている。

　私たちの多くは，自分の夢は実現すると無邪気に信じています。もしそうでなかった

ら，精神的に崩壊してしまうかもしれません。もし，あなたが憧れ続けてきた大学に願書を出したのに，合格しなかったら？＜中略＞あなたはどんな風にその状況に対応するでしょうか。夢が崩れたときにどう対応すべきか，私たちは教わりません。[19]

　技術革新が進み，先が見えにくい社会において必要なことは試行錯誤しながらも，自分で課題を設定し問題解決しようとする姿勢や行動である。当然，試行錯誤の段階においては多くの課題に対峙し失敗することになるだろう。その失敗への対応の仕方について，現在の進路指導や進路学習において，単発の体験型学習等ではなく，学校内の教育活動と学校外の教育活動を組み合わせ，子どもたちの認識や考え方に連続的にインパクトを与えるような教育活動の機会が限られているのではないだろうか。大学受験において，進学先として国立大学を目指す場合，大学入試の出願校決定は第4章第4節の国立大学受験者を対象とした出願決定時期から見た自己選抜に関する調査分析で示されたように，半数以上がセンター試験後の自己採点結果によって変更されることを余儀なくされているのが現状である。したがって，進路指導や進路学習では，夢が実現できなくなったときの対応について，高校の低学年段階から現在の各キャリア教育活動等を再編し，ジョン・クランボルツほか（2005）が，計画を変更することは失敗ではないと述べているように，希望する学校を変更することは失敗ではない[20]ことを学習していくことが重要であると考えられる。そのためには，まず，児美川孝一郎（2014）が，「現在，小・中・高校に勤務している教員の大半は，キャリア教育という言葉が登場する以前に，教師としてのキャリアを出発させている。そして，現行の教育職員免許法のもとにおいてすら，大学の教職課程に『キャリア教育』なる科目は存在していない。せいぜい『生徒指導・進路指導』があるだけである」と指摘しているように，[21]子どもたちを指導する側の教員が，夢が崩れた時の対処法などについて，大学の教職課程等で学ぶ仕組みを作ることが必要であることが考えられる。例えば，菅沼慎一郎（2013）が「『諦める』は否定的な側面のみならず，建設的な側面を有している。そこに『諦める』という概念の独自性があること，精神的健康に対して多様な機能を有する」と指摘しているように，[22]「諦める」ことを肯定的に捉え，現状を客観視して前向きに進路を考えていくことや，進学を希望する大学群を広めに設定し，設定した大学群のすべての学校に入学する可能性があることを高校生の1・2年生の段階から認識させ，各大学の良い点を調べていくという指導の必要性を学ぶことなど

が考えられる。この指導は，受験結果の現実的な可能性を考えさせることで，高まったアスピレーションを納得させながら徐々に冷却させる効果をもたらす。また，設定した進学希望の大学群の受験結果が仮にすべて不合格であった場合の対処法についても，高校1・2年生の段階からイメージさせる指導も考えられるだろう。

第2節　不本意入学の予防策②―大学入学者選抜制度改革からの視座

　第1章では，18歳のある一日の一度限りの統一試験で一生が決まってしまうことを，OECD教育調査団（1972），中村高康（2012c）が論じた統一試験政策，また中教審答申（2014）を引用し検討した。また，中村高康（2012b）が，実際の入試の採点基準や配点によって同一問題でも合格者と不合格者が一定の割合で入れ替わるという可能性についても言及した[(23)]。さらに第4章4節の調査分析から，「不本意入学者」は「本意入学者」と比較した場合，失敗の原因を「運」に帰属する傾向が見られた。そこで，本節では，第1章で指摘したすべての大学で選抜機能を維持している国立大学に着目し，国立大学を中心とした限定された受験機会を改善するという入試制度の改革によって，受験結果に対する納得度を高め，「運」に原因帰属する割合を低下させることで，一定の大学「不本意入学者」を予防できる可能性について検討する。まず，国公立大学，私立大学共通の事項として，「AO入試の今後の可能性」，「外部英語試験の活用」について述べる。次に，国立大学の入試制度の改革として，「共通テストと個別試験の配点の複数パターンの設定」，「共通テストを課す推薦入試，AO入試スケジュールの設定」の可能性について論じる。

1．AO入試の可能性

　AO入試の可能性について検討する理由は，倉元直樹（2013）が，「AO入試とは大学による自由設計入試」・「大学の自由度を究極まで極めた入試」と指摘する通り[(24)]，学生を受け入れる大学側の裁量が非常に大きい選抜方式だからである。文部科学省（2008）は，平成21年度大学入学者選抜実施要項においてAO入試を「詳細な書類審査と時間を掛けた丁寧な面接等を組み合わせることによって，受験生の能力・適性や学習に対する意欲，目的意識等を総合的に判定する入試方法」と定義しているが[(25)]，「総合的に」という表現に象徴されるように実施する大学側にとっては自由度の高い入試設計にすることが可能であることがわかる。要するに，「統一試験」を

はじめとする従来型の試験では見ることが難しい受験生の多面的な能力を計測するというアドミッションポリシーがあれば，具体的な入試方法は実施する各大学に相当の部分が委ねられるのが AO 入試なのである。

　裁量が大きいということは大学側のアドミッションポリシーやカリキュラムポリシーを盛り込みやすいなど大学の主体性を発揮しやすいことを意味する。大学は新しい知を創造する，すなわち研究する機関であるところに最大の特徴を持つ。従って，大学は入学者に対して入試方式の有無を問わず主体的な学びの姿勢を求めることが必須条件となる。だからこそ，大学は入学を志願する高校生に主体性を求める手段として，自大学での主体的な学びにつながる入試方式を再設計すべきではないだろうか。その再設計のための基礎的な枠組みとなるのが現在の AO 入試であると考える。

　現在の AO 入試は，荒井克弘・橋本昭彦（2005）が，入試の「多様化」は入試改革としてよりも，大学の広報戦略の一環として受容され，試験科目の削減や推薦入学等の推進は，学生募集の有力な手段としてみなされていると指摘しているように，[26]選抜機能が働く一部の大学を除いて，AO を「A →あ」と「O →お」と日本語読みして青（あ・お）田買い入試と揶揄されるほど学生募集の手段に特化したイメージが強まっている。また，選抜性の高い大学においては，AO 入試は定員の 5%までというところが肝心だという国立大学入試担当教員の指摘からは，[27]AO 入試の定員を増やすことはリスクがあると考えられていることが窺える。この大学では，一般入試の教科・科目試験だけでは計測できない強い問題意識や学問への興味・関心のある人材は実際に AO 入試を実施してみると 5%が上限なのだという。ただし，選抜性の高い大学においてもある程度定員を拡大することは可能であることが考えられる。例えば，東北大学の場合，倉元直樹（2017）によれば，2015 年度入試における AO 入試の募集人員は 438 人で全募集人員の 18.3%を占めており，東北大学の AO 入試の特徴について，「第一志望」かつ，「学力重視」の AO 入試であり，AO 入試と一般入試の間に求める学生像の大きな差別化はないと述べている。[28]つまり，AO 入試に共通テストや大学独自の一般入試と変わらない学力試験を課すことで募集人員の割合を高めることを可能にしていることが窺える。このように，AO 入試は，選抜性の観点から問題点が顕在化しているものの，一般学力試験，推薦入試などと比べれば入試設計の自由度は高く，自大学での主体的な学びにつながる入試方式を設計，または，再設計する可能性を持つ入試方式であると考えられる。

　第4章第3節のアイデンティティ確立度（自我の確立度と社会性の確立度）に関するアンケート調査からは，「不本意入学者」は「本意入学者」と比較した場合，積極性，協調性，社交性など，社会性の確立度が低い傾向があることが示された。この傾向を踏まえると，入試制度の自由度が高いAO入試で社会性を高める活動を取り入れることが，高校への教育効果をもたらし，大学「不本意入学者」を予防することに寄与することが考えられる。国立教育政策研究所生徒指導研究センター（2004）が行った調査によると，社会性を育成するための学校教育活動における有効な取り組みとして，「意図的・計画的な異年齢との交流活動」，「学級や学年を超えた多様なかかわり」をあげ，前者については，他者との関わり合いを楽しいと感じることや下級生に教えてあげたりする中で，上級生としての役割を自覚したり，自信を持てることが活動のポイントであるとしている。(29) 同様に，滝充（2006）も「異学年交流」や「地域交流」の異年齢との交流活動が子どもの社会性を育成する要諦であると指摘している。(30) 一方，岡山県教育庁指導課（2008）は，社会性を身につける取組みとして，「学級活動による話し合い」をあげ，話し合いが充実すると，集団に対する所属感や連帯感を高め，自発的・自治的な集団の運営の仕方や社会性を身に付けることができるとしている。(31) 文部科学省（2018）は，高大接続改革の中の現行のAO入試の改善点として，小論文，プレゼンテーション，口頭試問，実技，各教科・科目に係るテスト，資格・検定試験，大学入学共通テスト，志願者本人の記載する資料（活動報告書，入学希望理由書，学修計画書等）を積極的に活用することをあげている。(32) したがって，例えば，活動報告書に学校行事や部活動等による異学年との交流経験と交流経験で身についた能力を記載させ，プレゼンテーション等で記載内容を確認するなど，AO入試を，社会性を高める手段として新たに構築することが，「不本意入学者」の減少に寄与し，大学入学後の教育成果を高めることが期待できると考えられる。

2. 外部英語試験の活用

　共通テスト（大学入試センター試験）にみなし満点方式による外部英語試験を導入した際の受験生にもたらすメリットについて，地方に所在する国立H大学の導入事例より検討を行った。調査分析の結果，国立H大学のオープンキャンパスにおける高校生へのアンケート調査では，全体の70%近くがこの制度の導入によって学習意欲が高まるとしており，40%以上が出願へのインセンティブになると回答している。このように，

外部英語試験の導入が実際の出願行動までにはいたらなくても，実質的な受験機会の複数化を肯定的に捉えていることが窺えた。以下，外部英語試験の導入をめぐる動向，大学の活用状況，受験生にとってのメリット・デメリット，調査分析の詳細について見ていきたい。

（1）外部英語試験の大学入試への導入をめぐる動向

　大学入試における4技能を兼ね備えた外部英語試験の活用促進については，英語指導方法等改善の推進に関する懇談会（2001年1月17日），教育再生実行会議第三次提言『これからの大学教育等の在り方について』（2013年5月28日）などに見られるように，これまで10年以上に渡って提言されてきたが，具体的な利用形態についての言及はあまり見られず，実際の入試での利用については一部に限定されてきた。しかし，中教審答申「新しい時代にふさわしい高大接続の実現に向けた高等学校教育,大学教育,大学入学者選抜の一体的改革について」（2014年12月22日）において，毎年50万人以上が受験する共通テストに外部英語試験を取り入れるという具体的な利用形態が示されて以降，外部英語試験を導入する大学が2016（平成28）年度入試で,推薦入試,AO入試で271大学（36%），一般入試では50大学（6.7%）と一定数存在している。また，文部科学省は『高大接続改革の進捗状況について』（2016年8月31日）の中で，「大学入学共通テスト」の英語4技能評価の実施形態の具体的な案を示して検討を進め,2017年7月に『大学入学共通テスト実施方針』を公表し，2021年度入試から外部英語試験を活用することが示された。

（2）外部英語試験の大学入試における利用状況

　文部科学省（2019）によると，国立大学の活用方法は2019年5月時点で，「出願資格として活用（44大学）」，「点数化して加点（33大学）」，「出願資格及び点数化して加点（7大学）」，「一定水準以上の成績で大学入学共通テストの「英語」を満点とみなす（3大学）」，「高校が作成する証明書等の併用（8大学）」，「高得点活用（大学入学共通テストの「英語」の得点と比較）（1大学）」，「活用するが，現時点で活用方法を明示していない（8大学）」,「活用しない（4大学）」の8パターンがあることを示している。これらのパターンについて，受験生の立場から整理すると，活用の有無，および，活用される場合，大学に出願するために必要な条件であり，大

学が指定した級やスコアに到達していないと出願自体ができない「出願資格（要件）型」なのか，もしくは，大学が指定した級やスコアを持っていると，大学の英語試験の得点を満点とみなしたり加点されたり大学の英語試験自体が免除されたりする「希望者優遇制度型」なのかに二分できることが考えられる。本節では，実質的な受験機会の複数化となる後者の方式を利用する国立Ｈ大学の導入事例（表5-1）より受験生にとってのメリットについて確認する。

表5-1　国立Ｈ大学　外部英語試験利用形態

> 推薦入試Ⅱ及び一般入試（前期日程・後期日程）で，大学入試センター試験「外国語」を課す学部・学科等について，外部英語試験で一定スコア基準を満たす者の大学入試センター試験「外国語」の得点を，満点とみなす希望者優遇制度を設けます（ただし，大学入試センター試験「外国語」を受験する必要があります）。なお，対象とする過去の外部英語試験スコアの範囲は，過去３年間に実施された試験のスコアとします。（平成29年度入試では，平成26～28年度実施分となりますが，平成28年度実施分については，出願時までに取得したスコアに限ります。）

出典：国立Ｈ大学　平成29年度入学者選抜要項より一部抜粋

（3）外部英語試験利用の受験生にとってのメリットとは（調査分析）

①高校教員調査

【調査時期】

2014年11月～2015年3月

【対象】

高等学校で進路指導に携わっている進学校の教員（n= 25）。[40]

表5-2　調査対象高校の属性（筆者作成）　n＝25

ID	高校所在地	公私	高校の属性
M1	熊本	公立	県庁所在都市に位置する。難関大学を含む九州地区国公立大学への進学者が多い。
M2	熊本	公立	県庁所在都市以外の地方都市に位置する。九州地区国公立大学への進学者が多い。
M3	福岡	公立	県庁所在都市以外の地方都市に位置する。九州地区国公立大学への進学者が多い。
M4	鳥取	公立	県庁所在都市以外の地方都市に位置する。西日本地区国公立大学への進学者が多い。
M5	東京	公立	東京23区内に位置する。難関大学への進学者が多い。
M6	鹿児島	公立	県庁所在都市に位置する。難関大学を含む九州地区国公立大学への進学者が多い。
M7	大分	公立	県庁所在都市に位置する。九州地区国公立大学への進学者が多い。
M8	沖縄	公立	県庁所在都市に位置する。県内大学への進学者が多い。
M9	熊本	公立	県庁所在都市に位置する。難関大学を含む全国の国公立大学への進学者が多い。
M10	鹿児島	公立	県庁所在都市以外の地方都市に位置する。進路先は国公私立大学，専門学校，就職等多様である。
M11	群馬	公立	県庁所在都市以外の地方都市に位置する。難関大学を含む東日本地区国公立大学への進学者が多い。
M12	栃木	公立	県庁所在都市以外の地方都市に位置する。難関大学を含む東日本地区国公立大学への進学者が多い。
M13	栃木	私立	県庁所在都市以外の地方都市に位置する。東日本地区の大学への進学者が多い。
M14	鹿児島	公立	県庁所在都市以外の地方都市に位置する。九州地区国公立大学への進学者が多い。
M15	熊本	公立	県庁所在都市以外の地方都市に位置する。九州地区国公立大学への進学者が多い。
M16	栃木	公立	県庁所在都市以外の地方都市に位置する。東日本地区国公立大学への進学者が多い。
M17	広島	私立	県庁所在都市に位置する。難関大学を含む全国の大学への進学者が多い。
M18	鹿児島	公立	県庁所在都市に位置する。九州地区国公立大学への進学者が多い。
M19	鹿児島	公立	県庁所在都市に位置する。九州地区国公立大学への進学者が多い。
M20	群馬	公立	県庁所在都市に位置する。東日本地区の大学への進学者が多い。
M21	栃木	私立	県庁所在都市以外の地方都市に位置する。東日本地区国公立大学への進学者が多い。
M22	鹿児島	公立	県庁所在都市に位置する。九州地区国公立大学への進学者が多い。
M23	鹿児島	公立	県庁所在都市以外の地方都市に位置する。九州地区国公立大学への進学者が多い。
M24	鹿児島	公立	県庁所在都市に位置する。難関大学を含む九州地区国公立大学への進学者が多い。
M25	鹿児島	公立	県庁所在都市以外の地方都市に位置する。九州地区国公立大学への進学者が多い。

IDは調査日時順を示す。

【方法】

高校訪問時におけるインタビュー調査（半構造化インタビュー調査形式）

【質問内容】

外部英語試験を共通テストで希望者優遇制度として活用することについての受験生にとってのメリット・デメリットについて，自由に話していただいた。

【結果】（メリットを記載）

・定期考査や模擬試験では常に結果を出していながら，本番である大学入試センター試験では，思うように点が取れない生徒が毎年必ずいる。そのような生徒にとっては，教育的観点からも複数回のチャンスが与えられることは望ましい（M3，M18）。

・生徒にとって，高校3年間の複数回受験した中でのベストスコアを本番の試験に反映できることは，試験の結果が自分自身の実力であるという納得度を高められる（M13）。

・実用的な英語力を伸ばしたいと思っている生徒にとって，『話す』技能が試験に加わ

ることは英語を学ぶ上での大きなモチベーションとなる（M17）。
・TOEFLiBT72 点以上で，センター試験の英語が満点になる措置は，英語が得意な受験生にとって大きなモチベーションになる（M1）。

　受験生のメリットとしてあげられたのは，M3, M18 の高校に見られるように，一発勝負ではなく高校3年間を通して継続的に学習に取り組んだ努力が評価されるというコメントであった。この点は問題の所在と一致している。また，M13 の高校からの複数回の受験機会があることで，結果への納得度が高まるという点は，「不本意入学」を予防するための重要な観点であると考えられる。なお，インタビュー調査では，都市部と地方部の受験機会の格差や，高額な受験料負担による経済格差，また，セキュリティ対策など，試験の公平性の担保に対する不安などの試験環境の整備が必要であるという意見が多く出た。

② H 大学オープンキャンパスアンケート
【調査時期】
2016 年 8 月
【対象】
H 大学 2016 年度オープンキャンパス参加者（高校生）（n= 3066）。
【方法】
各学部・学科等のプログラム開催時に質問紙を配布し回答してもらい，その場で回収した（質問紙調査法）。氏名等の個人情報の記入はなし。
【質問内容】
「志望学部」,「性別」,「現在の学年」,「H 大学の外部英語試験の入試への導入（みなし満点方式）が英語の学習意欲を高めるかどうか」,「外部英語試験を活用して国立 H 大学に出願したいかどうか」についてそれぞれ質問した。
【分析手法】
　国立 H 大学オープンキャンパスでのアンケート調査から，収集したデータより単純集計，および統計的手法による分析を行った。
a）志望学部
「人文・社会」,「教員養成」,「理工」,「農・水産」,「医・歯」の学部系統に分類。[41]

b）性別

　「男子」,「女子」に分類。

c）現在の学年

　「高校1年」,「高校2年」,「高校3年」に分類。

d）外部英語試験の入試への導入が英語の学習意欲を高める

　「とてもそう思う：5点」,「まあそう思う：4点」,「どちらともいえない：3点」,「あまりそう思わない：2点」,「まったくそう思わない：1点」の5件法から, 肯定率（「とてもそう思う」,「まあそう思う」の回答割合の和）と否定率（「あまりそう思わない」,「まったくそう思わない」の回答割合の和）を算出。

e）外部英語試験を活用して国立 H 大学に出願したい

　尺度は d）と同じ。

【結果】

「外部英語試験の導入はあなた自身の英語の学習意欲を高めるかどうか」という質問に対して, 全体では肯定率68%と7割近くが, 外部英語試験の入試への導入を肯定的に捉えていることがわかった（図 5-1）。

　志望学部系統別では,「医・歯」系統と「人文・社会」系統の肯定率が70%を超え, 他の学部系統との間に1%水準で統計的有意差が見られた（表 5-3, 5-4, 5-5）。

　男女別では, 男子の肯定率が65%, 女子が71%と女子の肯定率が高く, 1%水準で統計的有意差が見られた（表 5-6）。

　学年別では, 学年が低いほど肯定率が高く（表 5-7）, 1 年と 3 年, および, 2 年と 3 年の間に, 1%水準で統計的有意差が見られた（表 5-8, 5-9）。

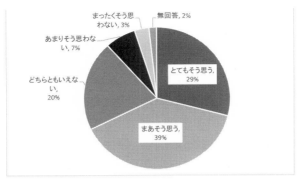

図5-1　外部英語試験の導入はあなた自身の英語の学習意欲を高めてくれる（全体）

表5-3　外部英語試験の導入はあなた自身の英語の学習意欲を高めてくれる
（志望学部系統別）

平均点, 肯定率, 否定率

	平均点	肯定率	否定率
人文・社会	3.92	72%	9%
教員養成	3.85	68%	10%
理工	3.71	63%	10%
農・水産	3.70	60%	13%
医・歯	4.03	74%	8%

表5-4　外部英語試験の導入はあなた自身の英語の学習意欲を高めてくれる
（志望学部系統別）分散分析

変動	平方和	自由度	平均平方	F 値	P 値	判定
グループ間	49.0903	4	12.2726	11.8720	0.0000	**
グループ内	3109.4813	3008	1.0337			
合計	3158.5715	3012				

*p＜.05　**p＜.01

表5-5　外部英語試験の導入はあなた自身の英語の学習意欲を高めてくれる
（志望学部系統別）

多重比較検定Bonferroni

水準1	水準2	統計量	P 値	判定
人文・社会	教員養成	1.2138	1.0000	
人文・社会	理工	3.4514	0.0057	**
人文・社会	農・水産	3.6190	0.0030	**
人文・社会	医・歯	1.9500	0.5127	
教員養成	理工	2.4791	0.1323	
教員養成	農・水産	2.6602	0.0785	
教員養成	医・歯	3.3835	0.0072	**
理工	農・水産	0.1759	1.0000	
理工	医・歯	5.5541	0.0000	**
農・水産	医・歯	5.7229	0.0000	**

*p＜.05　**p＜.01

表5-6　外部英語試験の導入はあなた自身の英語の学習意欲を高めてくれる（男女別）t 検定

	平均点	肯定率	否定率	P値	判定
男子	3.76	65%	11%	0.0001	**
女子	3.91	71%	9%		

*p＜.05　**p＜.01

表5-7　外部英語試験の導入はあなた自身の英語の学習意欲を高めてくれる（学年別）

平均点, 肯定率, 否定率

	平均点	肯定率	否定率
高校1年	4.01	74%	6%
高校2年	3.89	71%	9%
高校3年	3.63	60%	14%

表5-8　外部英語試験の導入はあなた自身の英語の学習意欲を高めてくれる（学年別）
分散分析

変動	平方和	自由度	平均平方	F 値	P 値	判定
グループ間	51.4388	2	25.7194	25.0739	0.0000	**
グループ内	2951.0609	2877	1.0257			
合計	3002.4997	2879				

*p＜.05　**p＜.01

表5-9　外部英語試験の導入はあなた自身の英語の学習意欲を高めてくれる（学年別）

多重比較検定Bonferroni

水準1	水準2	統計量	P 値	判定
1年	2年	2.2918	0.0660	
1年	3年	6.6117	0.0000	**
2年	3年	5.7509	0.0000	**

*p＜.05　**p＜.01

　次に，「外部英語試験を活用して国立 H 大学に出願したいかどうか」という質問に対しては，全体の 40％が，外部英語試験の入試への導入が出願意欲につながると考えていることがわかった（図 5-2）。

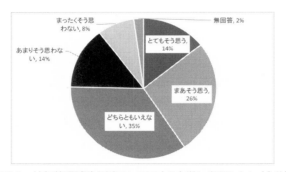

図5-2　外部英語試験を活用して国立H大学に出願したい（全体）

　志望学部系統別の肯定率を見ると，「医・歯」系統で約 50％，その他の学部系統は 30％台後半となり，他の学部系統との間に 1％水準で統計的有意差が見られた（表5-10，5-11，5-12）。

　男女別では，男女とも肯定率が 40％程度となり，性別による差は見られなかった（表5-13）。

　学年別では，学習意欲と同様，高校の学年が低いほど肯定率が高く（表 5-14），すべての学年間で統計的有意差が見られた（表 5-15，5-16）。

　また，「外部英語試験の導入は，あなた自身の英語の学習意欲を高めてくれる」と「外部英語試験を活用して国立 H 大学に出願したい」のそれぞれの回答結果の関連性

を見ると，2つの質問項目間には中程度の相関関係（相関係数 0.64）があることがわかった。

表5-10　外部英語試験を活用して国立H大学に出願したい（志望学部系統別）平均点, 肯定率, 否定率

	平均点	肯定率	否定率
人文・社会	3.14	38%	24%
教員養成	3.25	39%	21%
理工	3.17	37%	23%
農・水産	3.13	37%	27%
医・歯	3.48	50%	19%

表5-11　外部英語試験を活用して国立H大学に出願したい（志望学部系統別）分散分析

変動	平方和	自由度	平均平方	F 値	P 値	判定
グループ間	52.1801	4	13.0450	10.3631	0.0000	**
グループ内	3771.3474	2996	1.2588			
合計	3823.5275	3000				

*p＜.05　**p＜.01

表5-12　外部英語試験を活用して国立H大学に出願したい（志望学部系統別）多重比較検定Bonferroni

水準1	水準2	統計量	P 値	判定
人文・社会	教員養成	1.7614	0.7827	
人文・社会	理工	0.5193	1.0000	
人文・社会	農・水産	0.0811	1.0000	
人文・社会	医・歯	5.2617	0.0000	**
教員養成	理工	1.1886	1.0000	
教員養成	農・水産	1.8195	0.6894	
教員養成	医・歯	3.7947	0.0015	**
理工	農・水産	0.5925	1.0000	
理工	医・歯	4.6604	0.0000	**
農・水産	医・歯	5.2643	0.0000	**

*p＜.05　**p＜.01

表5-13　外部英語試験を活用して国立H大学に出願したい（男女別）t 検定

	平均点	肯定率	否定率	P値	判定
男子	3.21	41%	23%	0.4245	
女子	3.25	42%	23%		

*p＜.05　**p＜.01

表5-14　外部英語試験を活用して国立H大学に出願したい（学年別）平均点, 肯定率, 否定率

	平均点	肯定率	否定率
高校1年	3.48	49%	15%
高校2年	3.32	44%	20%
高校3年	2.87	28%	35%

表5-15　外部英語試験を活用して国立H大学に出願したい（学年別）分散分析

変動	平方和	自由度	平均平方	F 値	P 値	判定
グループ間	144.4077	2	72.2038	59.5565	0.0000	**
グループ内	3478.2577	2869	1.2124			
合計	3622.6654	2871				

*p＜.05　**p＜.01

表5-16　外部英語試験を活用して国立H大学に出願したい（学年別）多重比較検定・Bonferroni

水準1	水準2	統計量	P 値	判定
1年	2年	2.8466	0.0134	*
1年	3年	9.9126	0.0000	**
2年	3年	9.2677	0.0000	**

*p＜.05　**p＜.01

【考察】

　調査結果からは，国立 H 大学オープンキャンパス参加者の場合，外部英語試験の入試への導入（みなし満点方式）は英語の学習意欲向上につながること（肯定率68%），また，出願意欲についても全体の 40%が肯定的に捉えていることがわかった。さらに，学習意欲と出願意欲との間には，中程度の相関関係（相関係数 0.64）が見られることも明らかになった。また，外部英語試験の入試への導入は，H 大学を目指す高校生の中でも，特に，医・歯，人文・社会学部系統の志望者や，女子，また，今後の受験機会が 3 年生と比べて多い 1・2 年生を中心に肯定的に捉えられていることが確認された。

　外部英語試験が出願資格ではなく，何らかの形で，入試本番で加点される場合，外部英語試験は実質的に入試機会の増加につながることになる。しかし，前述の通り，文部科学省（2019）によれば，原則としてすべての国立大学が活用することになる2021 年度入試においては，出願資格として利用する形態が 44 大学と最も多くなって

いるため，受験機会の実質的な複数化にはつながらない。「不本意入学」を予防するという観点から見た場合，たとえ，英語1教科に限定されたとしても，受験機会の実質的な増加となる加点方式こそが，受験生の入試結果に対する納得度を現状よりも高めることにつながると考えられる。

3. 共通テストと個別試験における配点の複数パターンの設定

国立大学一般入試前期日程において，配点の複数パターンの設定が受験生に志望校を受験できる割合を高めることができる可能性について，受験生を指導する高校の進路指導担当教員に対するインタビュー調査から検討を行った。インタビュー調査の結果，共通テストの自己採点の結果に関わらず，志望大学に予定通り出願できる割合を高める等の理由から，メリットが大きい施策であることがわかった。以下，調査分析の詳細について見ていきたい。

（1）問題の所在

国立大学の募集人員で，最も多いのが平成31年度入試の場合，全体の67.1%を占める一般前期日程である（文部科学省，2018）。その一般前期日程の選抜は，1989年度に分離・分割方式が導入されて以降，約30年に渡って基本的に共通テスト（大学入試センター試験）の得点と，各大学の個別試験の合計得点によって合否が決定される仕組みとなっている。しかし，実際には，出願校決定における大学入試センター試験自己採点の影響は大きいという高木繁（2013）の指摘や，工学部のケースとして，入学者の半数以上が大学入試センター試験の結果に基づいて出願校を決定しているという高地秀明（2014），鳥取大学（2004）の調査などからは，自己採点結果に基づく事後出願方式である共通テストの受験結果が出願校の選定を左右してきたことが窺える。また，第1章の表1-3で示した通り，共通テストと各大学の個別試験の配点比率を見た場合，各大学の個別試験よりも共通テストの方が高い募集単位が前期日程で約75%，後期日程で80%以上と圧倒的に多いことも，共通テストの自己採点による出願校の選定の影響力を大きくしていることとして考えられるだろう。

第3章において，主に，高校と就職の制度的連結の観点から自己選抜機能について言及したが，高校と大学を接続する大学入試について，鈴木規夫（2009）は，大学入試センター試験受験後の自己採点による選抜機能を自己選抜と呼び，「自己選抜

によって低得点者による志願断念を決意させ，志願者と大学とを円滑に接続する上で
欠かすことのできない重要な役割を果たしている」と現在の共通試験制度のメリットと
して指摘している。また，内田照久ほか（2018）も「受験者の私的な自己採点結果
の利用は，マクロに捉えた場合には，受験者を分散配置する社会的なフィルタとしても
機能している可能性がある」と現制度の肯定的な面として捉えている。一方，肥田
野直（1990）は，「大学・学部別の出願者の共通テストの成績が均質化するという，
いわゆる輪切り現象と大学間の序列化が顕在化した批判が起こった」という否定的な
側面を指摘している。

　表 5-17 は 2015 ～ 2019 年度入試までの国立大学一般前期日程の志願者数・志
願倍率の推移である。志願倍率は過去 5 年間とも 3.0 ～ 3.1 倍となっており，国立大
学全体における志願状況は安定していることがわかる。一方，志願状況を各大学や
学部・学科等の単位で捉えた場合，例えば，全国の国立大学一般前期日程の志願
者数（2016 ～ 2018 年度入試，および，2017 ～ 2019 年度入試）において，揺り戻
しが発生した大学数とその割合を見ると，60%以上の国立大学が，志願者数が増加
した翌年度は減少，または，志願者数が減少した翌年度は増加していることが確認で
きる（表 5-18）。また，20%以上の国立大学が 100 人以上の規模での揺り戻しを起こ
していることがわかる。

　つまり，国立大学の志願状況をマクロに捉えた場合，鈴木（2009）や内田ほか（2018）
の指摘にあるように，自己採点制度によって受験生が自己選抜を行い分散配置するこ
とによって1段階選抜による不合格者数を減少させるメリットがあることが考えられる。
しかし，各大学・学部等別にミクロの単位で捉えると，揺り戻しを起こす大学が多い，
すなわち，多くの受験生は大学入試センター試験後の自己採点結果に基づいた予備
校各社が算出する合格判定ラインによって，合格の可能性が高いと考えられる大学に
志望校を変更せざるをえない仕組みとなっているのである。先﨑卓歩（2010）は，自
己採点結果後の出願行動おける受験生を取り巻く環境について，予備校の強い影響
力が介在しているとして，次のように述べている。

　予備校に共通する特徴は，共通一次試験に対応した数十万規模の模擬試験の実
施と，そこから得られた情報と共通一次本試験の自己採点結果の収集・分析とによっ
て大学の合格判定の精度を向上させようとしたことにある。受験生，保護者，高校はも

とより大学にとっても，こうした予備校のデータが入試戦略上不可欠な存在となるまでに至ったことは，その是非はともかく，もはや否定できない。[49]

表5-17　国立大学一般前期日程　志願者数・志願倍率推移（2015〜2019年度入試）

	2015年度	2016年度	2017年度	2018年度	2019年度
募集人員	65,157	64,889	64,542	64,344	64,031
志願者数	198,855	198,011	197,112	195,255	194,525
志願倍率	3.1	3.1	3.1	3.0	3.0

出典）文部科学省『国公立大学入学者選抜の志願状況等』平成31年2月＜http://www.mext.
go.jp/a_menu/koutou/senbatsu/1346791.htm＞（2019年2月21日アクセス）より作成。

表5-18　国立大学一般前期日程の志願者数で揺り戻しが発生した大学数とその割合

入試年度		揺り戻しの発生	±100人以上の増減	±300人以上の増減
2016-2018年度	大学数	52	20	5
	割合	60.5%	23.3%	5.8%
2017-2019年度	大学数	53	22	8
	割合	61.6%	25.6%	9.3%

出典）文部科学省『国公立大学入学者選抜の志願状況等』平成31年2月＜http://www.mext.
go.jp/a_menu/koutou/senbatsu/1346791.htm＞（2019年2月21日アクセス）より作成。
北海道教育大学は各校別に集計を行った。

（2）　一般前期日程における配点の複数パターンの事例

　では，現在の自己採点結果に基づく事後出願方式において予備校が算出する合格判定ラインに対する影響度を縮小し，志願者数の揺り戻し幅を抑え安定化を図る方法としてどのような施策が考えられるだろうか。本稿では，第3章で指摘した国立大学の一般入試において共通テストの配点が高い募集単位が多いという調査結果を踏まえた上で，2次（個別試験）の配点比率が高いことが，志願倍率を高めていたという岩本健良・星敦士（2000）の指摘についての一般化の可能性に着目した。[50]　具体的には，一般前期日程において，現在の一募集単位を，共通テストの配点が個別試験よりも大きいパターンと個別試験の配点が共通テストよりも大きいパターンの複数パターンを設定することで，現在の自己採点後の出願という画一化した選抜スケジュールの中で，受験生の出願に際しての裁量を拡大できる可能性を検討する。

　表5-19は，平成31年度入試における国立大学の一般前期日程で，センター試験重視型と個別試験重視型の複数配点パターンを設定している主な募集単位である。また，これらの募集単位について，募集単位を分けているのかどうかと受験生が配点パターンを選択できるのかどうかという二つの観点から募集方法を整理・分類したのが表5-20である。

　このうち山口大学では，理学部数理科学科前期日程において5つの配点パターンから受験生が個別試験後に選択できる入試方式を採用している。林寛子（2016）は配点の自己申告制について，「志願者は満足のいく実施状況等の公表資料が入手できなくとも，センター試験に失敗しても挽回可能性が高いというメリットが恐らく上回っているのであろう」と述べ，受験生にとってメリットが大きい入試方式であるとしている[51]。また，個別試験の配点重視型の配点を選択し合格する受験生が例年2割程度いることを指摘した上で，配点の自己申告制は受験生の強みをいかせるという点で十分機能を果たしていると評価している。一方，富山大学では，工学部前期日程と理学部の一部の学科の前期日程において，センター試験重視型と個別試験重視型の2種類の配点パターンを設け，それぞれの方式で募集している。船橋伸一（2018）は，複数の配点パターンの設定によって受験生が志望校に出願しやすくなると分析している[52]。

　このように，先行実施大学の分析からは配点の複数パターンの設定は，国立大学の募集人員が最も多い一般前期日程において，受験生が志望校に出願できる割合を高め，結果として志願者数が増加する施策として評価されていることがわかる。また，表5-19からは理工学部系統，その中でも特に理学部での実施例が多いことが確認できる。では，受験生を指導する高校の進路指導担当教員は，配点の複数パターンの設定を肯定的に捉えているのだろうか。また，肯定的に捉えていたとした場合，どの学部・学科等を志望する受験生にメリットがあると考えるのだろうか。加えて，表5-20の分類から見た場合，どの募集方法が望ましいと考えるのだろうか。これらの点を問いとして設定し，受験生を指導する高校の進路指導担当教員への半構造インタビュー調査から検討する。

表5-19　平成31年度一般前期日程で配点の複数パターンを設定している主な募集単位と選抜内容

大学	学部・学科等	選抜内容
秋田大学	理工学部 （全学科）	a方式（募集人員126人）：センター試験と個別試験の配点が，750：400 b方式（募集人員80人）：センター試験と個別試験の配点が，350：800 それぞれの方式で募集する。
富山大学	理学部 物理学科	a方式（募集人員10人）：センター試験と個別試験の配点が，900：300 b方式（募集人員12人）：センター試験と個別試験の配点が，200：1000 それぞれの方式で募集する。
	理学部 化学科	a方式（募集人員17人）：センター試験と個別試験の配点が，900：500 b方式（募集人員5人）：センター試験と個別試験の配点が，450：1000 それぞれの方式で募集する。
	理学部 生物圏 環境科学科	a方式（募集人員10人）：センター試験と個別試験の配点が，900：600 b方式（募集人員10人）：センター試験と個別試験の配点が，200：800 それぞれの方式で募集する。
	工学部 工学科	a方式（募集人員196人）：センター試験と個別試験の配点が，800：400 b方式（募集人員68人）：センター試験と個別試験の配点が，400：800 それぞれの方式で募集する。
大阪大学	経済学部	A配点：センター試験と個別試験の配点が，540：60 B配点：センター試験と個別試験の配点が，60：540 C配点：センター試験と個別試験の配点が，300：300 募集人員198人の募集単位は分けない。 A配点で上位65位以内，B配点で上位65位以内にある者をまず合格者とし， 残りの受験者の中から，C配点での高得点順に合格者を決定する。
島根大学	総合理工学部 数理科学科	パターンA：センター試験と個別試験の配点が，900：200（数：200） パターンB：センター試験と個別試験の配点が，700：400（数：400） 募集人員31人の募集単位は分けない。 高得点のパターンを採用する。
山口大学	理学部 数理科学科	パターン①：センター試験と個別試験の配点が，900：400（数：400） パターン②：センター試験と個別試験の配点が，450：850（数：850） パターン③：センター試験と個別試験の配点が，630：670（数：335，理：335） パターン④：センター試験と個別試験の配点が，630：670（数：335，外：335） パターン⑤：センター試験と個別試験の配点が，315：985（数：335，理：325，外：325） 募集人員35人の募集単位は分けない。 受験者は，個別学力検査終了後に上記5パターンから1パターンを選択して申告する。
	理学部 物理・情報科学科	パターン①：センター試験と個別試験の配点が，900：200（数：200） パターン②：センター試験と個別試験の配点が，900：200（理：200） パターン③：センター試験と個別試験の配点が，550：550（数：550） パターン④：センター試験と個別試験の配点が，550：550（理：550） 募集人員33人の募集単位は分けない。 受験者は，個別学力検査終了後に上記4パターンから1パターンを選択して申告する。
	理学部 地球圏システム 科学科	パターン①：センター試験と個別試験の配点が，900：200 パターン②：センター試験と個別試験の配点が，700：400 パターン③：センター試験と個別試験の配点が，450：600 募集人員15人の募集単位は分けない。 受験者は，個別学力検査終了後に上記3パターンから1パターンを選択して申告する。
琉球大学	理学部 物質地球科学科 物理系	パターンA：センター試験と個別試験の配点が，900：400 パターンB：センター試験と個別試験の配点が，450：850 募集人員28人の募集単位は分けない。 高得点のパターンを採用する。

出典）各国立大学のホームページより筆者が整理した。

表5-20　配点の複数パターン　募集方法の分類

		募集単位	
		一括り	分割
受験生による選択	可	・自己申告制 （山口大学）	（秋田大学） （富山大学）
	不可	・高得点集計 （島根大学） （琉球大学） ・配点区分ごとの高得点集計 （大阪大学）	

表5-19より筆者が整理・分類した。

（3）配点の複数化が受験生に与えるメリットとは（調査分析）

【調査時期】

2018 年 12 月～ 2019 年 3 月

【対象】

2018 年度入試において国立大学一般前期日程で合格者を輩出した高校の進路指導担当教員（表 5-21，n= 20）。

表5-21　調査対象高校の属性（筆者作成）　n ＝20

ID	高校所在地	公私	高校の属性
K1	熊本	公立	県庁所在都市に位置する。九州地区国公立大学への進学者が多い。
K2	熊本	公立	県庁所在都市に位置する。難関大学を含む九州地区国公立大学への進学者が多い。
K3	熊本	公立	県庁所在都市に位置する。九州地区国公立大学への進学者が多い。
K4	福岡	公立	県庁所在都市以外の地方都市に位置する。九州地区国公立大学への進学者が多い。
K5	福岡	公立	県庁所在都市以外の地方都市に位置する。九州地区国公立大学への進学者が多い。
K6	鹿児島	公立	県庁所在都市に位置する。九州地区国公立大学への進学者が多い。
K7	鹿児島	公立	県庁所在都市以外の地方都市に位置する。九州地区国公立大学への進学者が多い。
K8	沖縄	公立	県庁所在都市に位置する。地元国公立大学への進学者が多い。
K9	沖縄	私立	県庁所在都市に位置する。難関大学を含む全国の国公立大学への進学者が多い。
K10	福岡	公立	県庁所在都市以外の地方都市に位置する。難関大学を含む九州地区国公立大学への進学者が多い。
K11	福岡	私立	県庁所在都市に位置する。九州地区国公立大学への進学者が多い。
K12	福岡	公立	県庁所在都市に位置する。九州地区国公立大学への進学者が多い。
K13	福岡	公立	県庁所在都市に位置する。難関大学を含む九州地区国公立大学への進学者が多い。
K14	鹿児島	公立	県庁所在都市に位置する。九州地区国公立大学への進学者が多い。
K15	鹿児島	公立	県庁所在都市以外の地方都市に位置する。九州地区国公立大学への進学者が多い。
K16	鹿児島	公立	県庁所在都市以外の地方都市に位置する。進路先は国公私立大学，専門学校，就職等多様である。
K17	鹿児島	公立	県庁所在都市に位置する。九州地区国公立大学への進学者が多い。
K18	鹿児島	公立	県庁所在都市以外の地方都市に位置する。九州地区国公立大学への進学者が多い。
K19	熊本	公立	県庁所在都市に位置する。九州地区国公立大学への進学者が多い。
K20	鹿児島	公立	県庁所在都市以外の地方都市に位置する。九州地区国公立大学への進学者が多い。

IDは調査日時順を示す。

　高校教員を調査・分析の対象としたのは，進路決定に影響した人として高校教員の割合が高いという経済産業省（2016）[53]や，ベネッセ教育総合研究所（2015）[54]などの調査結果があることに依拠している。また，本研究のインタビュー調査の対象地域は，国立大学志向が強い地域の一つである九州・沖縄地区の高校とした。[55]

【方法】

高校訪問時におけるインタビュー調査（半構造化インタビュー調査形式）

【質問内容】

国立大学一般前期日程における配点の複数化に対しての賛否とその理由，賛成，すなわち肯定的に捉えていた場合，どの学部・学科等の受験生にとってメリットが大きいと考えているのか，また，表5-19の選抜内容と表5-20の分類例を見てもらいながら，どの募集方法が望ましいと考えるのかについて意見を聞いた。

【結果】

①配点の複数化に対しての賛否とその理由

　調査対象校20校のうち，賛成が11校，反対が2校，どちらともいえないが7校となり，賛成が過半数を占めた。まず，賛成の理由として最も多かったのが，「個別試験重視型の配点があることによって，センター試験で多少失敗しても，センター試験前に志望していた大学・学部等にそのまま出願できる（K1 〜 K3, K5, K8, K10, K12 〜 K14, K16 〜 K18）」であった。また，「出願の選択肢が増える（K5）」や，「国立大学の入試が，センター試験が失敗したら終わり，というところから脱却できるのでは（K13）」，「理系は数学，理科，文系は国語，英語がそれぞれ強いが5教科の学力がそろわない受験生にとってチャンスが増える（K18）」などの理由が見られた。

　一方，賛成としながらも高校の進学状況によって異なるのではという指摘もあった。下記はK10の高校教員からのコメントである。

　高校の進学レベルによって賛否が分かれると考える。本校のような難関国立大志望者が多い高校は，センター試験対策よりも個別試験対策を中心に指導しており，かつ，センター試験の点数によって志望校を変更する生徒が少ないため，センター試験重視型の国立大学で個別試験重視の配点パターンができることは非常にありがたい。一方，センター試験対策を中心に行っている高校にとっては，個別重視の配点パターンができることで，今までであれば，センター試験で逃げ切れていた生徒が不合格になる

ケースが出てくることが考えられるので不安に感じる面があるのではないか。

次に，反対の理由である。下記は，反対の立場を取る2校の高校教員のコメントである。

　本校の学力レベルだと，センター試験対策までが精一杯で個別試験対策まで手がまわらない。そのため，できるだけセンター試験の配点が高い逃げ切り型の方が出願しやすい（K6）。

　予備校が算出するデータから合否を読むことが難しくなり，記述力のない生徒への出願指導が難しくなる。この場合，個別試験で逆転されるのではという不安要素が大きくなる。学校としては，特に，県外の大学への出願者については出来る限り合格率を高めたいため，データから合否が読みやすい方がありがたい（K11）。

　2校のコメントの共通点として挙げられているのは，個別試験で記述力に不安がある受験生が逆転されることへの懸念であった。

　一方，どちらともいえないと回答した理由については，メリット，デメリットがそれぞれあるため，一概に賛成，または反対の意見が示せないという下記のコメントが見られた。

記述力がある生徒や，絶対にこの大学しか受験しないと決めている生徒にとっては合格のチャンスが拡大するのでメリットがある。一方，センター試験対策まででしかできずに記述力がない生徒にとっては不利になるのでデメリットが大きい。要するに，生徒個々の学力レベルによってメリットになるか，デメリットになるのかが異なり，全体的な見地から賛成，反対の立場を示すことは難しい（K7）。

　メリットとしては，センター試験で失敗しても志望変更をせずに，個別逆転を狙ってそのまま出願できることである。一方，デメリットとしては，第一志望でない生徒の，出願変更先としての指導が難しくなる。というのも，予備校のデータだけでは読みにくくなるので合格の押さえとしては生徒に勧めにくくなるからである（K9）。

募集枠の設定によって賛否が異なる。募集枠がもともと少なくない学部等で個別試験重視型の配点の募集人員が全体の1～2割程度であれば個別逆転狙いの受験者の合格可能性が高まるため賛成できる。一方で，個別試験重視型の募集人員の割合が高くなることには反対である。理由は，センター試験，個別試験とも毎年度難易度や標準偏差が異なるため，ギャンブル性（不確実性）が高まってしまうためである（K16）。

また，指導する教員側と受験する生徒側の立場によって賛否が分かれるという下記のコメントが見られた。

指導する教員側としては,配点の複数パターンは合否が読みにくくなるため反対だが,受験する生徒の立場になると，最後まで合格の可能性を信じて高いモチベーションで勉強できるので賛成である。ただし，その場合でも配点のパターンは合否が辛うじて読める2パターン程度に留めてほしい（K18）。

一方，指導する教員側の経験年数によって賛否が異なるという下記のコメントが見られた。

現在,大量退職の時期に差し掛かっており,ベテラン教員が減少している。この中で,進路指導の経験が豊富な教員であれば，予備校の判定は参考程度に留めて各生徒の成績伸張度や個別試験内容との相性などの状況に応じて指導するため，配点の複数パターン化は歓迎である。一方，進路指導の経験が浅い教員の場合，予備校の判定ありきで指導してしまうケースが多いため，配点を複数パターン化しても，予備校が複数パターンのそれぞれの配点に対しての判定を出さない限り，従来の出願指導とは変わらないことが考えられる（K4）。

②どの学部・学科等を志望する受験生にメリットがあると考えるのか
　次に，配点の複数パターンの設定がどの学部・学科等を志望する受験生にメリットがあると考えるのかについては，「特に難易度が高くセンター試験の配点が高い傾向にある医・歯・薬・獣医学部で個別試験重視の配点があるとありがたい（K2）」という

意見が見られた。一方で，入試科目から見た下記の指摘がK16の高校の先生からあった。

　数学や理科の記述・論述式問題は他の科目と比較して点数の差がつきやすい印象があるので，数学や理科が個別試験で課されている学部・学科の受験者にメリットがあると感じる。

③望ましいと考える募集方法
　最後に，望ましいと考える募集方法について，表5-19の分類を参考に意見を伺ったところ，配点の複数パターンの設定に賛成と回答した高校のうち，募集単位を分けずに大学側で集計が7校，募集単位を分けるが1校，どちらともいえないが3校という結果となった。このうち，7校が望ましいとした募集単位を分けずに大学側で集計という理由について，募集単位を分けない方がよいとした理由としては，「募集人数は多い方が，実力があれば合格圏内に確実に入れるので分けないほうがありがたい（K14）」，「募集人員はできるだけ多い方が，合否が読みやすく安心感がある（K13）」，「分割募集は募集人員が少なくなり合否が読みにくくなるため反対である（K17）」など，募集人員が多いことが合格の可能性を高める，または，合否が読みやすいという理由が目立った。また，「募集単位を分けると，結局，入試倍率を読みながらどちらの募集単位の方が合格させやすいかという受験戦略の勝負となってしまう（K18）」という受験生の希望を生かす本来のメリットから離れてしまうことを危惧する意見もあった。一方，大学側で集計した方がよいとした理由としては，「集計は受験生の選択ではなく，大学側が行った方が正確な集計によって合否判定の精度が増し公平感が高まるので，大学側が行った方がよい（K14，K16）」というコメントが見られた。

【考察】
　インタビュー調査からは，高校の進路指導教員の過半数が配点の複数パターン化を肯定的に捉えており，配点の複数パターン化は，受験生に希望する大学に出願できる割合を高めることや，合格の可能性を高める点などからメリットをもたらす可能性が示唆された。また，高校の進路指導教員から個別試験の科目に数学や理科がある点がメリットとなるというコメントがあったように，数学や理科が得意な受験生にとってメリット

が大きいことが窺えた。ただし，受験生にとってメリットがあるかどうかについては，一定の学力レベルがあることが前提となっていることがインタビュー調査からは読み取れる。すなわち，志望大学に合格できる学力を身につけておくことが，受験機会のチャンスが増えた際に志望校に合格できる可能性を高め，「不本意入学」の可能性を低下させるということである。逆の見方をすれば，志望校に合格できるための学力レベルがなければ，受験生機会が拡大しても志望校に合格できる可能性を高めることは難しいということになる。したがって，本施策について「不本意入学」を予防する観点として前提となるのは，志望校に対するアスピレーションに見合った学力をつけることであり，その上で受験機会の複数化は，「不本意入学」を減少させる有効な入試制度の変更となると考えられる。

第3節　不本意入学への対処法－緩和・解消策

　本節では，実際の「不本意入学者」に対して，「不本意入学」を緩和・解消できる施策について，大学教育改革と，浪人や仮面浪人を必要としない大学入学後の入試制度改革（学部編入学試験）の拡大によるリターンマッチの可能性について検討したい。

　不本意感を緩和・解消するためには，予防と同様に，加熱したアスピレーションを縮小，または，冷却させることが，対処方法の一つとして考えられる。ピエール・ブルデュー（1989）は，「投資縮小の作用によって行為者たちは，自分の願望を今ある客観的可能性に合わせ，そうして自分の置かれている存在状態と折り合いをつけて，自分がありのままになろうとし，自分がもっているものだけで満足しようとしむけられていく」と述べ，加熱したアスピレーションを冷却させる過程を社会的な老化として示している。(56) ブルデューの指摘は，第3章で検討した相応の自己選抜と置き換えることも可能であると考えられる。本節では，実際に「不本意入学」となった場合の緩和や解消の対処方法の可能性について検討したい。

　「不本意入学者」の不本意感の緩和・解消策について，豊嶋秋彦（1987）は，学生の来談事例をもとに不本意感の形成－解消のパターンとして，「A：準拠がえ型」，「B：興味－適性の展開通路発見型」，「C：目標活動の水路発見型」の3つを抽出している。(57) Aの「準拠がえ型」とは，中核的準拠集団の変更や中核的価値の溶解を意味する。高校時代，希望の大学に進学した仲間の自我的準拠集団から喚起され

た不本意感が，大学入学後に新たに所属する仲間への準拠がえによって不本意感を
解消するパターンである。また，新たに所属する仲間への準拠がえによって，高校時
代の中核的価値であった偏差値に対する価値観が溶解することも不本意感の解消に
つながる。Bの「興味－適性の展開通路発見型」とは，偏差値による大学選びを行っ
た結果，不本意と感じる大学へ入学したが，入学した学部・学科等の学問領域に興
味を持つことで，不本意感が解消されるパターンである。また，Cの「目標活動の水
路発見型」とは，不本意と感じる大学に入学した後，要求水準にかなった場と新集団
を見出すパターンである。大学のゼミ（研究室）の所属などで自分の知的要求水準
を満たす場に所属することで入学時の不本意感が解消するケースが該当する。

　　また，竹内洋（1995）は，アーヴィング・ゴフマンとバートン・クラークの冷却論（表
5-22）に依拠しながら，アスピレーションの維持・低下と，現実の価値の変換・非変換
という2軸から失敗への適応として4類型を示した（図5-3）。大学入学者選抜のケー
スで見た場合，第一象限の「再加熱→リターンマッチ」の類型は，志望校に不合格
となり，浪人，または「不本意入学」した大学で仮面浪人しながら翌年度の入試に再
チャレンジするケースを指す。第二象限の「縮小→次善の達成」の類型は，希望し
た大学は不合格であったが，合格した大学について，アスピレーションを縮小して入学
するケースが該当する。第三象限の「冷却→代替的価値」の類型は，志望校に不
合格となり，大学進学を断念し，他の進路に価値を見出すというケースである。第四
象限の「代替的加熱→代替的野心」の類型は，例えば，医学部進学を希望してい
たが歯学部や薬学部などに志望する学部・学科を変更するケースである。竹内洋
（1995）は，現実に選抜で排除された者がどう適応するかは図5-3の4類型のいず
れか，または，いくつかの組み合わせによっておこなわれると述べている。[58]

表5-22　バートン・クラーク　冷却論

「代替的達成」	拒否されたり失敗したことに気づいた者が第二の努力の方が自分には適切だとすること
「漸次的離脱」	一連の段階を踏みながら自己評価をし，最初の目標からしだいに離れていくこと
「客観的拒否」	成績などの客観的資料によって志向を組みかえること
「慰撫のエージェント」	カウンセラーが時間をかけて過剰なアスピレーションを冷ましていくこと
「基準の回避」	能力について単一の尺度ではなく，能力についていろいろあるのだとして，加熱時の一元的価値基準を相対化すること

竹内洋（1995）『日本のメリトクラシー－構造と心性』東京大学出版会，p.73より作成。

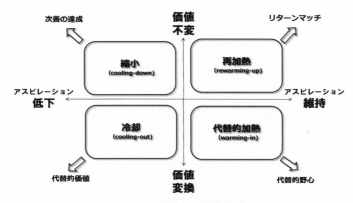

図5-3　失敗への適応類型

竹内洋(1995)『日本のメリトクラシー－構造と心性』東京大学出版会, p.77より作成。

　豊嶋（1987），竹内（1995）のタイプ分けから読み取れることとして，豊嶋（1987）の場合，複数の類型において，希望して入学した大学に近い水準で知的要求水準を満たす集団に属することで，本人のアスピレーション，もしくはプライドが維持され，不本意という不満が和らぐことが考えられる。ただし，「目標活動の水路発見型」の一例となるゼミナール活動の場合，通常，上級学年で所属することが多いため，大学入学直後からすぐに希望のゼミに所属することは，通常は困難であると考えられる。一方，竹内（1995）の場合,再加熱→リターンマッチの類型は「不本意入学」を避けるために，大学に入学せずに浪人をする，あるいは，不本意と感じる大学に入学した後，仮面浪人や休学等をすることになる。前者の場合，経済的事情など受験生本人の希望や学力とは別の問題が発生するケースが考えられ，後者の場合，大学生活と実質的な浪人生活が共倒れするリスクが懸念される。一方，再加熱→リターンマッチ以外の類型の場合，クラークの冷却論を含めてみても，基本的にアスピレーションを一気に縮小，または冷却させることになり，不本意感を解消するには本人が時間をかけて納得していかなければならないケースが多いことが考えられる。その場合，貴重な大学生活の一定の時間を不本意感の解消に割かなければならなくなる場合も想定される。もちろん，人生全体を長い目で見れば，時間をかけて不本意感を解消していくことは貴重な経験となるという考え方もあるだろう。しかし一方で，できるだけ早く前向きに学生生活等に取り組めた方が有意義であるという考え方もある。本節では，最初に，入学を希望し

ていた大学と同様の知的要求水準を満たす集団に入学直後から所属できるという観点からの教育改革の可能性について見ていく。そして，次に，再加熱→リターンマッチを浪人や仮面浪人ではなく，大学生活を充実させながらも当初の志望校合格を実現できる確率を高める学部編入学試験の可能性について検討する。

1. 大学教育改革の可能性

　文部科学省（2003）が，普通科における特色あるコースの例として特進科（特別進学科）があることを明記していることからもわかる通り，高校では，私立高校や地方の高校を中心に，特別進学コースなど，大学進学に特化したコースを設置するケースが多く見られる。また，その中の多くは，奨学金の支給や授業料・入学料の免除や減額がセットになっている。その背景としては，生徒の進路希望に応じた個への対応という教育的な側面がある一方で，生徒の希望進路を実現し，合格実績を積み上げることが翌年度以降の生徒募集へのプラスの効果として働くという経営的な側面があることが考えられる。実際に，特別進学コース等を設置している高校では，入学難易度として用いられる偏差値が高校単位ではなくA高校・特進コースとして示されていることから，高校単位では大学進学を目指す受験生から敬遠されたとしても，特別進学コースであれば地域の他の進学校の入試難易度（偏差値）と遜色がなくなるため，大学を目指す者が前向きに受験し入学することが考えられる。

　一方，大学については，入試で優秀な成績をとった学生に対する奨学金の支給や授業料の免除，減額などの事例，また，学生の希望に応じた副専攻や教育プログラム等の設置するケースは見られる一方で，成績の優秀な学生を選抜し，特別コースやクラスを設置して教育資源を投下する例は，高校と比較した場合，あまり見られない。しかし，先ほど指摘したように，「不本意入学者」の規範的期待水準や知的好奇心，また，プライドを大学内の集団で満たすという視点に立った場合，大学も，高校と同様に，入学試験が優秀であった学生について特定の選抜された集団を作り，教育投資を行うことで「不本意入学者」の減少に寄与できる可能性があることが考えられる。

　例えば，神戸国際大学では，経済学部の中に「英語特別クラス」，「経済特別クラス」，「観光特別クラス」を大学入学時より設置している。入試とは別に入学前に選抜テストを実施し，選抜された者だけが履修できるコースである。以下は，特別クラスに在籍している学生の声である。

＜英語特別クラス＞

　英語を深く学びたいと思い，少人数制で学ぶことができる特別クラスの選抜試験を受けました。ハイレベルな授業や課題から学び積み上げていくので，英語でのプレゼンテーションなど英語特別クラスならではの経験ができています。今では，ネイティブの先生の英語もほとんど理解できるようになって，毎日の授業が楽しくて仕方ありません。

＜経済特別クラス＞

　大学では経済特別クラスに入ったので，より高度な内容の授業に接しつつ，見聞を広めていきたいと思っています。起業するにあたって様々なことに興味はあるのですが，どんなことを，より専門的に特化するかを，これからの大学での学びを通して探していきたいとと考えています。もちろん，これまでに勉強してきた英語にも力を入れてTOEICのスコア向上も目指します。

＜観光特別クラス＞

　ブライダルの仕事に携わりたいと思ったのは，小学生の頃から。＜中略＞その後，キャンパスムービーや大学案内パンフレットを何度も見て進学を決意しました。また，特別クラスの選抜試験にも合格し観光特別クラスへ所属できました。よりハイレベルな学びの環境で知識や技術を身につけていきたいと思います。今後は語学力を伸ばすために海外への留学もしたいですし，インターンシップでブライダルの現場を経験できることも待ち遠しくて仕方ありません。

＊下線は筆者が引いた。

　これらの学生の声は，大学ホームページからの引用であるため，当然のことながらプラスの情報しか掲載されていない。その前提を踏まえた上で見たとしても，特別クラスだからこそ享受できるハイレベルな授業に満足していることが，3人の学生の声からは窺える。各特別クラスでは，1年次より4年次まで少人数教育による演習が徹底されるとともに，卒業後の就職に向けた資格取得や資格取得のためのダブルスクール通学への経済的支援などもあるという。まさに，自分は入学者全体の中から選ばれた特別な

存在であるというプレミア感を享受できるクラスとなっている。

　一方で，大学間には 40 年以上も前に作られた大学のブランド格差があり，それが偏差値という数値となって定着していることを「入れ替わりのないリーグ戦」と呼ぶ大学入試広報担当者がいる。(64) この固定化した大学間のブランド格差が，偏差値で出願大学を決定する受験生の希望しない大学へ入学する場合の不本意感を形成するケースも多くあることが，第 4 章の調査結果からは示唆される。したがって，神戸国際大学のような選抜という過程を経ての特別クラスが設置されれば，B 大学の偏差値がA 大学に追いつくことは難しいが，B 大学の特別クラスについては，B 大学の入試とは別の選抜過程があるため，A 大学を超える偏差値となる可能性が考えられる。つまり，選抜という過程を経た特別クラスの設置は，入れ替わりのないリーグ戦から入れ替わりが発生するリーグ戦へ大学間ブランドの地図を書き換え，これまでであれば「不本意入学」であった者に対して，志望大学に不合格となった負の感情を清算し，アスピレーションを急激に低下させることなく，知的要求水準にかなった場と新集団を見出し，プライドを取り戻すことにつながる場を与えることで，不本意感を緩和・解消することを可能とすることが考えられるのである。ただし，このケースで不本意感を緩和・解消できる「不本意入学者」はあくまでも，アスピレーションに見合う学力水準を有する者，すなわち，不本意と感じる大学の入試における成績優秀者に限定される可能性が高いことを付け加えておきたい。

2. 学部編入学試験の可能性

　赤尾勝己（2018）は，アメリカには，無試験で進学できる公立 2 年制のコミュニティカレッジという高等教育機関があり，このコミュニティカレッジの存在が，希望すれば誰でも高等教育機関で学ぶことを可能にしたことを説明している。(65) コミュニティカレッジには，一般教養コース，職業訓練コース，準学士号取得コース，4 年制大学編入コースなどがあるが，バートン・クラーク（1960）は，コミュニティカレッジには，一応，希望する大学への編入のチャンスは与えながらも，現実には希望する大学への編入は難しいという現実を徐々に自覚させることでアスピレーションを冷却させる機能があると述べている。(66) クラーク（1960）の指摘は，「不本意入学」の緩和・解消という視点から見た場合，クラークが示した冷却論（表5-22）による「不本意入学者」のアスピレーションの冷却と，竹内（1995）が示した再加熱→リターンマッチの失敗に対する適応類型を，

入学後の大学教育で「不本意入学者」の状況に合わせて使い分けることを可能としていることが考えられる。しかし，使い分けるためには，後者の「再加熱→リターンマッチ」の受け皿となる志望大学への進学ルートが一定の割合で確保されていることが求められる。

日本では，理工系学部への進学者は大学卒業後，大学院へ進学する割合が一定数あるが，文系学部の場合，卒業者の多くは就職する。(67) したがって，例えば，A 大学理工系学部への入学を希望していた者が，A 大学に不合格となり，B 大学理工系学部に不本意感を持って入学した場合，卒業後，A 大学の大学院に進学し，最終学歴を A 大学大学院することは成績次第で可能となる。この「学歴ロンダリング」(68) ともいうべき状況を実現可能としたのが，国の大学院重点化政策である。(69) 竹内洋（2008）は，大学院の現状について，次のように述べている。

近年，大学院重点化政策で大学院入学者が増大した。この十年間で二倍以上になった。しかし実態はバブリーな大衆大学院生の時代になった面が大きい。大学院重点化によって大学院の定員は従来以上に増え，同時に従来のように定員未満でお茶をにごすことなど御法度になった。増大した定員を満たすことが強く要請されている。大学院の定員は重点化された大学だけでなく，私立大学をふくめて拡大しているから，より好みをしていたら定員を満たせなくなる。大学院生市場は売り手市場となっている。入学試験のハードルを相当落とさなければならない。(70)

竹内（2008）の指摘からは，大学院重点化政策による大学院定員の急速な拡大により入試が相当易化していることが窺われる。つまり，同一大学同一学部系統の入試難易度を比較した場合，多くは学部入試のレベルよりも大学院入試のレベルの方が低い状況になっているということである。村澤昌崇（2014）は，法科大学院のケースとして，所属大学の学部の偏差値の高い大学院に進学している院生ほど，大学院の満足度が高いことを明らかにしている。(71) また，赤田達也（2009）が，「地方のマイナー私立大学の学部生が，地元ではナンバーワンの国公立大学の大学院に進学するケースはまったく珍しくない。特に，地元の進学高校を卒業したものの大学受験でつまずいたケースでは，気が晴れない大学生活を送ることが少なくないが，大学院で本来希望していたような学校に行くことによって，心の平穏を得ることがよくある」と述べているよ

うに,学歴ロンダリングによって大学入試の不本意感を緩和・解消している者がいることがわかる。このように,大学院入試で,学部では合格できなかった大学に合格することは,大学院重点化政策によって実現可能となったのである。

　しかし,前述の法科大学院の事例はあるものの,A大学文系学部への入学を希望していた者が,A大学に不合格となり,B大学文系学部に不本意感を持って入学した場合,卒業後,A大学の大学院に進学するケースは理工系学部と比較すると少ない。文系学部の学生の多くは,卒業者後は大学院に進学せず就職するからである。したがって,学部卒業後の大学院進学による希望する学校歴の実現は,文系学部の志望者は現実的に限定されてしまう。では,文系学部の大学に「不本意入学」をした者は,その大学が最終学歴となり,志望大学へ進学する夢が絶たれることになるのかといえば,必ずしもそうであるとは言い切れない。実際には,仮に不本意と感じる大学に入学した場合でも,アスピレーションを縮小や冷却することなく,希望する大学に進学できる道が,大学院進学以外にも残されているからである。それが,学部編入学試験である。

　学部編入学とは,学校を卒業した者が,教育課程の一部を省いて途中から履修すべく他の種類の学校に入学すること(途中年次への入学)である。学部編入学試験の最大のメリットは,例えば,最初に入学したB大学に2年間在籍,または,C短期大学を2年間で卒業した後,A大学の3年次編入学試験に合格して2年間で卒業すれば,通算4年間,すなわち,実質的にストレートで大学を卒業できる点にある。つまり,大学入試で希望の大学に進学できなくても,浪人をすることなく,現役で希望の大学に進学した人と同様の年数で希望の大学卒業というヨコの学歴を得るチャンスがある入試制度なのである。しかし,立石慎治(2008)が,選抜度が高くなるに連れて受験の機会が狭まり,同時に学士課程在籍者の機会もまた狭まる。また,学部系統別に見た場合,医歯薬系の募集は,ほぼ学士入学者で占められていると指摘しているように,ヨコの学歴,すなわち,銘柄大学ほど大学に在籍しながら受験できるチャンスは少なく,学部入試で難易度の高い医学科などは学士課程在籍中からの出願は困難な状況となっている。また,募集人員も若干名と少ないケースが多いことや,大学入試とは異なり,毎年度実施されるとは限らないなど,選抜度以外にも受験機会が制限されるケースが見られる。それでも,大学入試で失敗し「不本意入学」となった者にとって,アスピレーションを縮小や冷却させることなく,リターンマッチの機会を得られることは事実である。実際,予備校のホームページには,学部編入学試験の志願者動向として,

在籍中の大学から，より難易レベルが高い大学，自分の学習目標がかなえられる大学へ編入学する学生が増加していることや，大学受験で失敗したリベンジのために学部編入学試験での合格を目指した合格体験談が掲載されている⁽⁷⁸⁾。したがって，学部編入学試験は理工系を中心とした大学院入試ほどの規模はないにしても，大学入試で失敗した不本意感を緩和・解消できる制度であると考えられる。

　このように，「不本意入学者」の不本意感の緩和・解消策として効果があると考えられる学部編入学試験だが，デメリットもある。それは，学部編入学試験も大学入試同様，選抜試験であるということである。序章で示した中澤渉（2015）の「競争である以上，必ず敗者が出る」という指摘にあるように⁽⁷⁹⁾，選抜試験である以上，必ず不合格者が出るという事実を忘れてはならないだろう。つまり，現実には，大学入試で志望していた大学に合格できず，「不本意入学」をした者が，入学した大学1・2年次を学部編入学試験の準備に捧げ，リターンマッチとして臨んだ学部編入学試験で再び志望していた大学に不合格となるケースが考えられるということである。また，このケースはアスピレーションに対して成績が伴っていない者ほど，高い確率で発生することが考えられる。予備校のホームページには，不合格者の情報は掲載されていないが，大学入試も編入学入試も不合格となった二重の「不本意入学者」が存在していることは，選抜試験である以上，間違いないといってよいだろう。したがって，「不本意入学者」への対応に際しては，リターンマッチは勝者となるチャンスではあるが，再び敗者となる可能性があることも，情報として伝える必要があるだろう。また，「不本意入学者」の成績など，客観的な情報，事実をもとに，不本意感の緩和・解消に向けて，アスピレーションの縮小，冷却を促す一方で，志望大学に合格できる可能性がある学力レベルを有し，アスピレーションの縮小，冷却が困難だと考えられるケースについては，リターンマッチを検討することが，「不本意入学者」に対しての不本意感の緩和・解消に向けてのステップの一つとして考えられるだろう。

【注と引用文献】

(1)　野上修市（2001）「次世代の育成と高等教育－権利としての教育－」『学術の動向』公益財団法人日本学術協力財団，2001年5月号，17.

(2)　藤原武弘（2005）「コミュニティ政策への社会心理学的アプローチ」『コミュニティ政策』2005年3巻，68.

(3)　米村恵子（2010）「ヘルスツーリズム (Health Tourism) についての考察」『情報と社会』20巻，282.

(4)　バージェス (Burgess) によれば，一連のテストや教員の評価にもとづいて，同一年齢童・生徒の能力によって異なる学級に分けることをストリーミングといい，特定の教科に関して，その教科の能力にもとづいて児童・生徒をいくつかの授業学級に分けることをセッティングという。これに対してバンディングは児童・生徒を，平均以下，平均，平均以上といった幅広い能力集団に分けて学級を編成する方式を指す（< http://sports.geocities.jp/selfcontrol_teacher/ed8.html >（2015年9月10日アクセス）。また，望田研吾（2005）はバンディングについて，総合的能力によって分けるがストリーミングに比べてゆるやかな区分になると説明している（望田研吾（2005）「イギリス　復活した能力別学級編成－生徒の自尊感情など克服すべき多くの課題－」『CS研レポート Vol.54』教科教育研究所（啓林館），2005年4月，21.）。

(5)　耳塚寛明・苅谷剛彦・樋田大二郎（1981）「高等学校における学校活動の組織と生徒の進路形成－高校生の生徒文化と学校経営（2）」『東京大学教育学部紀要』21，36-37.

(6)　竹内洋（1995）『日本のメリトクラシー－構造と心性』東京大学出版会，108-109.

(7)　菊地栄治（1987）「習熟度別学級編成の社会学－社会的構成過程序説－」『東京大学教育学部紀要』27，239-240.

(8)　天野郁夫・耳塚寛明・樋田大二郎・菊地栄治・酒井朗（1986）「高等学校における学習習熟度別学級編成に関する研究」『東京大学教育学部紀要』26，30-31.

(9)　渡辺和子（2012）『置かれた場所で咲きなさい』幻冬舎，12-13.

(10)　ジョン・クランボルツ，アル・レヴィン（2005）『その幸運は偶然ではないんです!』花田光世・大木紀子・宮地夕紀子訳，ダイヤモンド社，1.

(11)　ジョン・クランボルツ，アル・レヴィン（2005），同上書，37.

(12)　高橋俊介（2003）『キャリア論』東洋経済新報社，71-75.

(13)　児美川孝一郎（2014）「＜移行＞支援としてのキャリア教育」溝上慎一・松下佳代編『高校・大学から仕事へのトランジション－変容する能力・アイデンティティと教育』ナカニシヤ出版，第4章，125.

(14)　児美川孝一郎（2014），同上書，126.

(15)　河合塾 Guideline（2011）「シリーズキャリア教育　第3回　高校でのキャリア教育」2011年9月号，44-49.

(16)　片岡洋子（2008）「大学生の職業選択と高校時代の不安」『経営論集』18巻1号，30.

(17)　マイナビ進学（2015）『高校生のライフスタイル・興味関心調査』< https://www.mynavi.jp/news/2015/08/post_9516.html >（2019年8月21日アクセス）。

(18)　文部科学省（2015）『産業競争力会議雇用・人材・教育WG（第4回）資料2』平成27年2月17日< https://www.kantei.go.jp/jp/singi/keizaisaisei/wg/koyou/

dai4/siryou2.pdf ＞（2019 年 8 月 11 日アクセス）。

(19) ジョン・クランボルツ，アル・レヴィン（2005），前掲書，53.

(20) ジョン・クランボルツ，アル・レヴィン（2005），前掲書，83.

(21) 児美川孝一郎（2014），前掲書，130-131.

(22) 菅沼慎一郎（2013）「青年期における諦めることの定義と構造に関する研究」『教育心理学研究』61，265-276.「諦める」の語源は，「事情などをはっきりさせる意味の「明（あき）らむ」が，近世以降，心の中にはっきり決める，迷いを断ち切る意となり，さらに転じて，断念する意味へと変化した。」とあり，現代の否定的に捉えたれる意味とは異なる。（由来・語源辞典（2019）＜ http://yain.jp/ ＞（2019 年 8 月 27 日アクセス））。

(23) 中村高康（2012b）「学校に埋め込まれた競争」吉川徹・中村高康『学歴・競争・人生』日本図書センター，2, 62-64.

(24) 倉元直樹（2013）『AO 入試，入学者ランキング　自分が面倒を見る学生は自ら選ぶ』2014 年度版大学ランキング　朝日新聞出版，64- 65.

(25) 文部科学省（2008）『平成 21 年度の大学入学者選抜実施要項』＜ http://www.mext.go.jp/a_menu/koutou/senbatsu/080912.pdf ＞（2013 年 9 月 17 日アクセス）。

(26) 荒井克弘・橋本昭彦（2005）『高校と大学の接続』玉川大学出版部，9- 55.

(27) 中井浩一（2007）『大学入試の戦後史　受験地獄から全入時代へ』中公新書ラクレ，93. 2000 年度から AO 入試（AC 入試）を導入した元筑波大学アドミッションセンター長のコメントとして紹介している。また，筑波大学は，AO 入試（AC 入試）においては共通テストを課していない。

(28) 倉元直樹（2017）「東北大学における入試改革の展望」『平成 29 年度全国大学入学者選抜研究連絡協議会大会（第 12 回）研究発表予稿集』平成 29 年 5 月 26 日，独立行政法人大学入試センター，242-243.

(29) 国立教育政策研究所生徒指導研究センター（2004）「社会性の基礎を育む交流活動・体験活動−人とかかわる喜びをもつ児童生徒に—」『平成 13 〜 15 年度文部科学省委嘱研究　児童生徒の社会性を育むための生徒指導プログラムの開発』平成16年3月，75-78.

(30) 滝充（2006）「『異学年交流』『地域交流』こそ育成の要諦−徹したい教師の『学習支援』」『CS 研レポート Vol.58』教科教育研究所（啓林館），2006 年 12 月，26-31.

(31) 岡山県教育庁指導課（2008）『共に生きる〜豊かな心，社会性を育むために〜』平成 20 年 2 月，61-66.

(32) 文部科学省（2018）『高大接続改革に係る質問と回答（FAQ）』平成 30 年 6 月＜ http://www.mext.go.jp/a_menu/koutou/koudai/detail/1404473.htm ＞（2019 年 9 月 4 日アクセス）。

(33) 文部科学省（2001）『英語指導方法等改善の推進に関する懇談会（報告）』平成 13 年 1 月 17 日 ＜ http://www.mext.go.jp/b_menu/shingi/chousa/shotou/018/toushin/010110.htm ＞（2017 年 2 月 23 日アクセス）。

(34) 教育再生実行会議第三次提言（2013）『これからの大学教育等の在り方について』平成 25 年 5 月 28 日＜ https://www.kantei.go.jp/jp/singi/kyouikusaisei/pdf/dai3_1.pdf ＞（2017 年 2 月 23 日アクセス）。

(35) 中央教育審議会答申（2014）『新しい時代にふさわしい高大接続の実現に向けた高等学校教育，大学教育，大学入学者選抜の一体的改革について〜すべての若者が夢や目標を芽吹かせ，未来に花開かせるために〜』2014 年 12 月 22 日，14-16.

(36) 旺文社教育情報センター（2016）『2016年度入試　英語外部試験利用状況』平成
28年5月27日＜http://eic.obunsha.co.jp/pdf/exam_info/2016/0526_1.pdf＞（2017
年2月17日アクセス）。

(37) 文部科学省（2016）『高大接続改革の進捗状況について』平成28年8月31日＜
https://warp.ndl.go.jp/info:ndljp/pid/11293659/www.mext.go.jp/b_menu/
houdou/28/08/1376777.htm＞（2021年6月24日アクセス）。

(38) 文部科学省（2017）『大学入学共通テスト実施方針』2017年7月＜http://www.
mext.go.jp/a_menu/koutou/koudai/detail/1397731.htm＞（2019年8月23日アク
セス）。

(39) 文部科学省（2019）『2021年度入学者選抜（一般選抜）における国立大学の英語
資格・検定試験の活用予定の公表状況について』令和元年5月31日＜http://www.
mext.go.jp/a_menu/koutou/koudai/detail/1417592.htm＞（2019年8月23日アク
セス）。

(40) 進学校の定義については，第2章注（21）を参照。

(41) 文部科学省『平成28年度国公立大学入学者選抜確定志願状況』平成28年2月18
日＜https://warp.ndl.go.jp/info:ndljp/pid/11373293/www.mext.go.jp/b_menu/
houdou/28/02/1367317.htm＞（2021年6月24日アクセス）で示された学部系統の
区分を利用。

(42) 文部科学省（2018）『平成31年度国公立大学入学者選抜の概要』＜http://www.
mext.go.jp/a_menu/koutou/senbatsu/1412102.htm＞（2019年2月8日アクセス）。

(43) 高木繁（2013）「センターリサーチと個別試験受験者の成績分布から見た輪切りの実
態」『大学入試研究ジャーナル』23, 56.

(44) 高地秀明（2014）「入学者の出身県別に見た大学志願行動−平成26年度入学者に
対する調査から（教育学部，工学部について）−」『広島大学入学センター年報』第
12号, 10.

(45) 鳥取大学工学部物質工学科（2004）『学生アンケート結果（平成16年）』教育自己
評価委員会＜www.chem.tottori-u.ac.jp/tutor/annke-to-H16.pdf＞（2016年9月
22日アクセス）。

(46) 鈴木規夫（2009）「共通試験制度における大学・学部の層別化と選抜機能の評価」
『大学入試センター研究紀要』38, 37-58.

(47) 内田照久・鈴木規夫・橋本貴充・荒井克弘（2018）「センター試験における大学合格
率の停滞現象　−自己採点による出願先の主体的選択が生みだす受験者　の分散配置
−」『日本テスト学会誌』14, 17-30.

(48) 肥田野直（1990）「わが国の大学入試研究」『教育心理学年報』29, 130-141.

(49) 先﨑卓歩（2010）「高大接続政策の変遷」『年報公共政策学』北海道大学公共政
策大学院, 4, 85.

(50) 岩本健良・星敦士（2000）「大学入試と学校選択−文学部への志願者を引きつけるも
のは何か?−」『金沢大学文学部論集　行動科学・哲学篇』20, 21.

(51) 林寛子（2016）「前期日程の受験者による『配点の自己申告制』の効果と問題点」『大
学入試研究ジャーナル』26, 9-14.

(52) 船橋伸一（2018）「入試方式の分割（前期日程）が受験者に及ぼす影響についての
考察」『大学入試研究ジャーナル』28, 233-237.

(53) 経済産業省（2016）『理工系人材育成に係る現状分析データの整理（学生の文・理,

学科選択に影響を及ぼす要因の分析）』＜http://www.meti.go.jp/policy/innovation_corp/entaku/pdf/160128_entaku6_shiryo01.pdf＞（2018年2月7日アクセス）。

(54) ベネッセ教育総合研究所（2015）『高校生活と進路に関する調査ダイジェスト版 2015』＜https://berd.benesse.jp/shotouchutou/research/detail1.php?id=4766＞（2018年2月7日アクセス）。

(55) 文部科学省（2017a）『平成29年度学校基本調査高等教育機関編　16. 出身高校の所在地県別入学者数　2. 国立』128-131 より，所在する高校を卒業した者の国立大学への進学率を調べたところ，上位10都道府県のうち，九州地区が5県を占めていたこと，また，全国平均 15.8% に対して九州・沖縄地区の8つの全ての県が全国平均を上回っていたことから九州・沖縄地区の高校をインタビュー調査の対象とした。

(56) ピエール・ブルデュー（1989）『ディスタンクシオン1』石井 洋二郎訳，173.

(57) 豊嶋秋彦（1987）「不本意入学感・準拠集団・人格適応の三者関連に対する社会心理学的接近」『弘前大学保健管理概要』10, 1-21.

(58) 竹内洋（1995）『日本のメリトクラシー－構造と心性』東京大学出版会，76-77.

(59) 文部科学省（2003）『平成15年度版　高等学校教育の改革に関する推進状況』＜http://www.mext.go.jp/a_menu/shotou/kaikaku/detail/1374505.htm＞（2019年8月28日アクセス）。

(60) 例えば，鹿児島県の高校の入試難易度（偏差値）を見ると，私立高校の入試難易度（偏差値）は，設置コースによって大きく変わり，特別進学コース等の大学進学に特化したコースは，公立トップ進学校と同水準の難易度となっている（みんなの高校情報＜https://www.minkou.jp/hischool/search/pref=kagoshima/v=2/＞（2019年8月28日アクセス））。

(61) ユニヴプレス（2016）『全国有名277大学奨学金一覧』大学通信＜https://univpressnews.com/2016/12/16/post-681/＞（2019年8月28日アクセス）。奨学金の内容は 2017年4月入学生向けの情報。

(62) 神戸国際大学ホームページ『特別クラス』＜https://www.kobe-kiu.ac.jp/faculty/economics/special/＞（2019年8月28日アクセス）。

(63) 神戸国際大学ホームページ『みんなのインタビュー』＜https://www.kobe-kiu.ac.jp/prospective_students/interview/＞（2019年9月9日アクセス）。

(64) 産学官連携ジャーナル（2018）『近大流最強コミュニケーション戦略 産学連携 伝わらなければただの自己満足』国立研究開発法人科学技術振興機構，2018年9月号＜https://www.jst.go.jp/tt/journal/journal_contents/2018/09/1809-02-1_article.html＞（2021年6月24日アクセス）。

(65) 赤尾勝己（2018）「学習社会」日本教育社会学会編『教育社会学事典』丸善出版，504-505.

(66) Burton R. Clark, 1960　The "Cooling-Out" Function in Higher Education, American Journal of Sociology, Vol65（Num6），569-576.

(67) 平成30年3月大学卒業者の学部系統別の大学院進学率は，人文科学 5.8%，社会科学 3.2%，理学 42.8%，工学 36.8%，農学 24.8%，保健 5.4%，家政 3.5%，教育 6.5% となっており，理工系の進学率が一定数あるのに対し，文系の進学率が低いことがわかる。（文部科学省『平成30年度学校基本調査（確定値）の公表について』平成30年12月25日＜http://www.mext.go.jp/component/b_menu/other/__icsFiles/

afieldfile/2018/12/25/1407449_1.pdf ＞（2019 年 8 月 28 日アクセス）。

(68) 赤田達也（2009）は，学歴ロンダリングを「自分の出身校よりも格上の学校に進学し，学歴を塗り替えること」と定義し，学歴ロンダリングについて，日本ではネガティブなイメージがあるが，欧米では，自分を高めるためにどんどんステップアップしてゆく学歴ロンダリングに対して，ネガティブなイメージはまったくないと指摘している（赤田達也（2009）『学歴ロンダリング実践マニュアル』オクムラ書店，12.）。

(69) 大学院重点化政策については，平成 3 年の旧大学審議会の答申「大学院の整備充実について」及び答申「大学院の量的整備について」から本格的にはじまったといわれている（中央教育審議会大学分科会大学院部会（2015）『大学院教育改革の推進について〜未来を牽引する「知のプロフェッショナル」の育成〜』平成 27 年 8 月 31 日，第 78 回 ＜ http://www.mext.go.jp/b_menu/shingi/chukyo/chukyo4/004/gijiroku/__icsFiles/afieldfile/2015/09/03/1361504_1_1.pdf ＞（2019 年 8 月 28 日アクセス））。

(70) 竹内洋（2008）『学問の下流化』中央公論新社，156-157.

(71) 村澤昌崇（2014）「伝統的大学構造の桎梏をもつ法科」吉田文編著『「再」取得学歴を問う−専門職大学院の教育と学習』第 4 章，82.

(72) 赤田達也（2009），前掲書，110.

(73) 文部科学省『大学への編入学について』＜ http://www.mext.go.jp/a_menu/koutou/shikaku/07111315.htm ＞（2019 年 8 月 28 日アクセス）。

(74) 北海道の札幌新陽高校では，経済的負担が少ない大学進学パターンとして，公立短大に進学した上で，学部 3 年次編入で国立大学を目指すルートを生徒に勧めるケースがあるという（NHK ホームページ『NHK ニュースおはよう日本　奨学金返済が不安　学ぶ意欲をどう支える?』2018 年 8 月 5 日（日）放送　＜ https://www.nhk.or.jp/ohayou/digest/2018/08/0805.html ＞（2019 年 7 月 30 日アクセス））。

(75) 立石慎治（2008）「高等教育機関を移動する学生−受験機会と入学実態」『大学評価・学位研究』独立行政法人大学評価・学位授与機構，第 7 号，19-31. また，立石（2008）は，編入学制度の運用についての調査を行い，「編入学定員を設定して，毎年度受け入れている：42%」，「編入学定員は設定していないが，例年受け入れている：11%」，「編入学受け入れの実績はほとんどない：37%」，「編入学制度を設けていない：10%」となり，全体の半数弱の学部が編入学受け入れの実績がない状況であると分析している。

(76) 大学編入のためのコースを設置している中央ゼミナールは，大学編入の募集対象となる受験資格について，「①大学・短大・高等専門学校卒業（見込）者を受け入れる」，「②上記①に加えて，大学在学者を受け入れる」，「③上記②に加えて，専門学校卒業（見込）者（＝専門士）を受け入れる」，「④上記③に加えて，高等学校専攻科卒業（見込）者を受け入れる」，「⑤短大卒業（在籍）者のみ受け入れる」の 5 つに大別している。（中央ゼミナールホームページ『大学編入 Q&A』＜ http://www.chuo-seminar.ac.jp/transfer/qa/ ＞（2019 年 8 月 28 日アクセス））。

(77) 進路ナビ（ライセンスアカデミー）ホームページ＜ https://shinronavi.com/newcolumn/daigakuhennyu/learn ＞（2019 年 8 月 28 日アクセス）。

(78) 中央ゼミナールホームページ『大学編入合格体験記』＜ http://www.chuo-seminar.ac.jp/blog/e-transfer/?p=1674 ＞（2019 年 8 月 28 日アクセス）。

(79) 中澤渉（2015）「入試と選抜」近藤博之・岩井八郎編『教育の社会学』放送大学教育振興会，10，165.

資　料

―質問紙調査票―

〔第2章 第2節, 第4章 第1節〕

2015

大学生アンケート

このアンケートは学術研究のみに利用します。

個人の回答結果が特定されることはありません。

ご協力の程何卒よろしくお願い申し上げます。

1. 学年（　　　　　）回生（年生）　2. 性別（A.男、B.女）＊いずれかにマルをつける
3. 学部・学科（　　　　　）学部（　　　　　）学科
4. 出身高校（　　　　　）県・府・都・道（公・私・国）立（　　　　　）高校
5. あなたは本学にどの入試方式を利用して入学しましたか　＊いずれかにマルをつける
　A　一般入試　　B　推薦・AO等、一般入試以外の特別入試　　C　3年次編入　　D　その他

【1】 現在在籍する大学・学部の受験時点での志望順位について、もっとも近いもの1つ選んで数字を〇で囲んでください。

　　1）第1志望　　　　2）第2志望　　　　3）第3志望以下

【2】 現在在籍する**大学**へ入学する時の気持ちとして、もっとも近いもの1つお選びください。

| 1）本意（とても満足） |
| 2）まあ本意（まあ満足） |
| 3）やや不意（あまり満足していない） |
| 4）不意（満足していない） |

回答欄

【3】 高校卒業後の進路先が、就職・専門学校等ではなく、**4年制大学**であることに対する気持ちを1つ選んで下さい

| 1）本意（とても満足） |
| 2）まあ本意（まあ満足） |
| 3）やや不意（あまり満足していない） |
| 4）不意（満足していない） |

回答欄

【4】 あなたの高校時代の成績はどの程度でしたか。 もっとも近いものを1つ選んで数字を〇で囲んでください。

　　1）上　　　　2）中の上　　　　3）中の下　　　　4）下

【5】 以下の項目は、あなたが大学で勉強する理由として、どの程度あてはまりますか。

それぞれ最も近いものを次の1〜5の中から1つ選んで数字を〇で囲んでください。

	とても あてはまる	まあ あてはまる	どちらとも いえない	あまり あてはまら ない	まったく あてはまら ない
1）みんなと一緒に何かをするのが楽しいから	5	4	3	2	1
2）ライバルに負けたくないから	5	4	3	2	1
3）成績がよいと就職や大学院進学に有利だから	5	4	3	2	1
4）すぐに役に立たないにしても、勉強がわかること自体おもしろいから	5	4	3	2	1
5）いろいろな面からものごとが考えられるようになるため	5	4	3	2	1
6）学んだことを将来の仕事にいかしたいから	5	4	3	2	1
7）先生が気にかけてくれるから	5	4	3	2	1
8）成績がよいと自信が持てるから	5	4	3	2	1
9）よい就職先の方が、社会に出てからも得なことが多いと思うから	5	4	3	2	1
10）何かができるようになっていくことは楽しいから	5	4	3	2	1
11）勉強すると、筋道だった考えができるようになるから	5	4	3	2	1
12）勉強で得た知識は、いずれ仕事や生活の役に立つと思うから	5	4	3	2	1

【6】 以下の項目は、現在のあなたにどの程度あてはまりますか。

それぞれ最も近いものを次の1〜5の中から1つ選んで数字を〇で囲んでください。

	とても あてはまる	まあ あてはまる	どちらとも いえない	あまり あてはまら ない	まったく あてはまら ない
1）他の人からどんなうわさをされているか気になるほうである	5	4	3	2	1
2）自分が少しでも人からよく見られたいと思うことが多い	5	4	3	2	1
3）小さいことをくよくよと考えることが多い	5	4	3	2	1
4）何かしようとする時、他の人が反対するのではないかと心配になる	5	4	3	2	1
5）自分の心が傷つくようなことを恐れている	5	4	3	2	1

【7】 大学入試などの、合格・不合格が発生する試験（テスト）において、合否を決める上で下記の要素はどの程度重要だと思いますか。もっとも近いもの1つお選びください。

	とても 重要	まあ 重要	どちらとも いえない	あまり 重要では ない	まったく 重要では ない
1）才能	5	4	3	2	1
2）受験技術（受験テクニック）	5	4	3	2	1
3）努力	5	4	3	2	1
4）運	5	4	3	2	1

※質問は以上で終わりです。ありがとうございました。

〔第4章 第2節〕

大学生活アンケート

*このアンケートは学術研究のみに利用します。
個人の回答結果が特定されることはありません。
ご協力のほど何卒よろしくお願い申し上げます。

アンケート調査責任者　教育学研究科　竹内正興

2014

1. 学年（　　　　　　）回生(年生)　2. 性別（ A.男 ，　B.女 ）
3. 出身高校（　　　　）県・府・都・道（公・私・国）立（　　　　　）高校
4. 所属学部（　　　　）学部（　　　　）学科
5. あなたは本学にどの入試方式を利用して入学しましたか　*いずれかにマルをつける

A　一般入試(A日程・B日程)　　B　センター利用入試(前期・後期)　　C　推薦・AO等の特別入試
D　3年次編入　　　　　　　　E　その他

【1】現在在籍する大学・学部の受験時点での志望順位について、最も近いものを1つ選んで数字を〇で囲んでください。

1）第一志望　　　2）第二志望　　　3）第三志望以下

【2】-1 現在在籍する**大学**へ進学する時の気持ちとして、もっとも近いものを1つ選んで数字を〇で囲んでください。

1）本意（とても満足）
2）まあ本意（まあ満足）
3）やや不本意（あまり満足していない）
4）不本意（満足していない）

【2】-2 現在在籍する**学部・学科等**へ進学する時の気持ちとして、もっとも近いものを1つ選んで数字を〇で囲んでください。

1）本意（とても満足）
2）まあ本意（まあ満足）
3）やや不本意（あまり満足していない）
4）不本意（満足していない）

【3】あなたの高校時代の成績は、平均して校内ではおよそどこに位置していましたか。最も近いものを1つ選んで数字を〇で囲んでください。

1）上位　　　2）中位　　　3）下位

【4】高校生活を振り返った時、以下の項目はどれくらいあてはまりますか。最も近いものを1つ選んで数字を〇で囲んでください。

	とても あてはまる	まあ あてはまる	どちらとも いえない	あまり あてはまらない	まったく あてはまらない
1）悩みや不安を語り合えるような友達がいた	5	4	3	2	1
2）自分の進路や「生き方」を考える機会が多かった	5	4	3	2	1
3）後輩や弟妹に、自分の出身高校を勧めたい	5	4	3	2	1
4）人間的な成長が得られた	5	4	3	2	1
5）先生に質問や相談がしやすかった	5	4	3	2	1
6）いきいきと高校生活を送っている生徒が多かった	5	4	3	2	1
7）勉強やものごとをやり遂げた体験が多かった	5	4	3	2	1
8）行事を通じて、高校生活での充実感が得られた	5	4	3	2	1
9）友達の様子を見て「自分もやれそうだ」と感じることが多かった	5	4	3	2	1
10）高校に行くのが楽しみだった	5	4	3	2	1
11）部活動を通じて、高校生活での充実感が得られた	5	4	3	2	1
12）自分の個性や能力を伸ばしてくれそうな活動があった	5	4	3	2	1
13）影響を受けたり、魅力を感じる先生がいた	5	4	3	2	1
14）友達から良い刺激を受けた	5	4	3	2	1
15）自分の出身高校で高校生活を送ることができて良かった	5	4	3	2	1

【5】以下の項目は、あなたが大学で勉強する理由として、どの程度あてはまりますか。最も近いものを1つ選んで数字を〇で囲んでください。

	とても あてはまる	まあ あてはまる	どちらとも いえない	あまり あてはまらない	まったく あてはまらない
1）みんなと一緒に何かをするのが楽しいから	5	4	3	2	1
2）ライバルに負けたくないから	5	4	3	2	1
3）成績がよいと就職や大学院進学に有利だから	5	4	3	2	1
4）すぐに役に立たないにしても、勉強がわかること自体おもしろいから	5	4	3	2	1
5）いろいろな面からものごとが考えられるようになるため	5	4	3	2	1
6）学んだことを将来の仕事にいかしたいから	5	4	3	2	1
7）先生が気にかけてくれるから	5	4	3	2	1
8）成績がよいと自信が持てるから	5	4	3	2	1
9）よい就業先の方が、社会に出てからも得なことが多いと思うから	5	4	3	2	1
10）何かができるようになっていくことは楽しいから	5	4	3	2	1
11）勉強すると、筋道だった考えができるようになるから	5	4	3	2	1
12）勉強で得た知識は、いずれ仕事や生活の役に立つと思うから	5	4	3	2	1

※質問は以上で終わりです。ありがとうございました。

〔第4章　第3節〕

2012

大学生活アンケート

このアンケートは学術研究のみに利用します。
個人の回答結果が特定されることはありません。
ご協力の程何卒よろしくお願い申し上げます。

```
1. 学年 （_____） 回生（年生）
2. 性別 （ A.男 ， B.女 ）
3. あなたは本学にどの入試方式を利用して入学しましたか　＊いずれかにマルをつける
   A　一般入試　　B　推薦・AO等の特別入試　　C　その他
```

【1】現在在籍する大学・学部の受験時点での志望順位について、もっとも近いもの1つお選びください。

　　1）第一志望　　　　3）第三志望以下
　　2）第二志望

回答欄

【2】-1　現在在籍する**大学**へ進学する時の気持ちとして、もっとも近いもの1つお選びください。

	大学
1）本意（とても満足）	回答欄
2）まあ本意（まあ満足）	
3）やや不意（あまり満足していない）	
4）不本意（満足していない）	

【2】-2　現在在籍する**学部・学科等**へ進学する時の気持ちとして、もっとも近いもの1つお選びください。

	学科
1）本意（とても満足）	回答欄
2）まあ本意（まあ満足）	
3）やや不意（あまり満足していない）	
4）不本意（満足していない）	

【3】あなたの大学生になった今の考え方などについて、以下の項目はどれくらいあてはまりますか。
　　それぞれについて、最も近いものを1～5の番号より1つずつ選択してください。

5= とてもあてはまる　4= まああてはまる　3= どちらとも言えない　2= あまりあてはまらない　1= まったくあてはまらない

	回答欄（マルをつける）				
1）だれかに頼ろうとする気持ちが強い	5	4	3	2	1
2）何でも手がけたことは最善をつくす	5	4	3	2	1
3）人に迷惑をかけないよう考えて発言している	5	4	3	2	1
4）人の立場を考えて行動する	5	4	3	2	1
5）困難に直面するとしりごみしてしまう	5	4	3	2	1
6）集まりのとき、みんなを楽しくさせようと努力する	5	4	3	2	1
7）今、自分が本当にしたいことがわからない	5	4	3	2	1
8）仲のよい友達が多い	5	4	3	2	1
9）うわさを気にするほうである	5	4	3	2	1
10）何でも自分から進んでやろうとする	5	4	3	2	1
11）いやな仕事でも最後までやり通す	5	4	3	2	1
12）社会のためにつくそうという気持ちが強い	5	4	3	2	1
13）ひとりで初めてのことをするのが心配である	5	4	3	2	1
14）人の先頭にたって行動する	5	4	3	2	1
15）自信がないのであきらめてしまうことが多い	5	4	3	2	1
16）今の自分は本当の自分ではないような気がする	5	4	3	2	1
17）強制されたことでも、いっしょうけんめいやる	5	4	3	2	1
18）自分がみじめだと感じることが多い	5	4	3	2	1
19）規則正しい生活をしている	5	4	3	2	1
20）ときどき自分は役に立たない人間だと感じる	5	4	3	2	1
21）自分の考えを人からけなされそうな気がする	5	4	3	2	1
22）将来に希望を持っている	5	4	3	2	1
23）努力してやりとげるような仕事をしたい	5	4	3	2	1
24）仲間はずれされそうな気がして心配である	5	4	3	2	1
25）やるべきことは決められた日までにやってしまう	5	4	3	2	1
26）内気なので自分を主張できない	5	4	3	2	1
27）くよくよ心配するたちである	5	4	3	2	1
28）決心したあともよくぐらつく	5	4	3	2	1
29）自分の責任はきちんとはたす	5	4	3	2	1
30）目標が高すぎて失敗したと思うことがよくある	5	4	3	2	1

※質問は以上で終わりです。ありがとうございました。

〔第4章 第4節（その1）〕

２０１９年度新入生アンケート	大学使用欄 No.

新入生の皆さん、ご入学おめでとうございます。

■■■■大学の入試・広報活動に関して、今後、参考にさせていただきたいので、以下のアンケートにご協力お願いします。

アンケート用紙は、学部オリエンテーション終了後、出入り口にある 回収箱に投函してください。

※ 回答は、該当する番号等を選択する問いと、理由順に番号を答える問い、記述式の問いがあります。

設問	回答ボックス

Q1．あなたのことについてお聞きします。

① 所属学部は？　1：法文学部｜2：教育学部｜3：理学部｜4：医学部医学科｜5：医学部保健学科　　　｜1-①｜
　　6：歯学部｜7：工学部｜8：農学部｜9：水産学部｜10：共同獣医学部

② 性別は？　　　　1：男｜2：女　　｜1-②｜

③ 出身高等学校所在地は？（九州地区以外は、都道府県名または国名でお答えください。）　｜1-③｜
　　1：鹿児島｜2：福岡｜3：佐賀｜4：長崎｜5：大分｜6：熊本｜7：宮崎｜8：沖縄｜9：その他（　　　）

④ あなたが■■大学に出願した入試区分は？（複数回答可）　｜1-④｜
　　1：推薦入試Ⅰ（センター試験を課さない推薦入試）｜2：推薦入試Ⅱ（センター試験を課す推薦入試）
　　3：AO入試｜4：前期日程｜5：後期日程｜6：その他（　　　　　）

⑤ あなたが■■大学に合格した入試区分は？　｜1-⑤｜
　　1：推薦入試Ⅰ（センター試験を課さない推薦入試）｜2：推薦入試Ⅱ（センター試験を課す推薦入試）
　　3：AO入試｜4：前期日程｜5：後期日程｜6：その他（　　　　　　）

Q2．情報入手手段についてお聞きします。

① 情報収集のための機器の保有状況についてお聞きします。　｜2-①｜
　　所有している機器の番号を記入して下さい。（**複数回答可**）
　　1：スマートフォン｜2：携帯電話｜3：ノートPC｜4：デスクトップPC｜5：タブレットPC｜6：いずれも持っていない

② あなたが利用しているSNSを教えてください。（**上位３つまで**）　｜2-②｜1位｜2位｜3位｜
　　1：LINE｜2：twitter｜3：facebook｜4：Google＋｜5：mixi｜6：Instagram｜7：kakaotalk｜
　　8：その他（　　　）｜9：いずれも利用していない

Q3．■■大学を志願したことについてお聞きします。

① ■■大学を受験する時点での大学の志願順位は？　｜3-①｜
　　1：第1位｜2：第2位｜3：第3位以下

② ■■大学を受験する時点での入学した学部・学科等の志願順位は？　｜3-②｜
　　1：第1位｜2：第2位｜3：第3位以下

③ ■■大学を志願した主な理由について？（上位３つまで、理由順に番号でお答えください）　｜3-③｜1位｜2位｜3位｜
　　1：国立大学だから（学費が安い）｜2：国立大学だから（ブランド力）｜
　　3：国立大学だから（その他-具体的に：　　　　　　　　　　　）｜
　　4：出身地に近いから｜5：自分の学力に合っているから｜6：学生への支援制度が充実しているから｜
　　7：学びたい内容の学部・学科があったから｜8：取得したい資格があったから｜
　　9：就職に有利だと考えたから｜10：部活やサークル｜11：高校の先生の勧め｜12：保護者の勧め｜
　　13：先輩の勧め｜14：親戚、兄弟がいる｜15：確実に合格したかった｜16：センター試験の結果｜
　　17：受験科目が合っていた｜18：その他（具体的に：　　　　　　　　　　　　　　）

④ ■■大学への進路選択の際、参考にした情報？（上位３つまで、理由順に番号でお答えください）　｜3-④｜1位｜2位｜3位｜
　　1：大学ホームページ｜2：大学パンフレット（大学案内）｜3：入試説明会｜
　　4：公開講座・オープンキャンパス｜5：テレビ番組｜6：新聞記事｜7：テレビ広告｜8：雑誌記事
　　9：雑誌広告｜10：交通広告・ポスター・看板｜11：市電広告｜12：書籍・出版物｜
　　13：受験会社WEBサイト｜14：ブログやSNS｜15：高校の先生｜16：知人・友人｜17：家族・親戚｜
　　18：予備校・塾｜19：その他（具体的に：　　　　　　　　　　）

⑤ ■■大学のアドミッション・ポリシー（各学部が求める学生像・入学者選抜の基本方針等）を見たことがありますか？　｜3-⑤｜
　　1：ある｜2：ない

⑥ ■■大学の受験を決めた時期はいつ頃ですか？　｜3-⑥｜
　　1：受験の前年以前（～H30/3/31/）｜2：受験の前年以降夏休み以前（H30/4/1～7/31）｜
　　3：夏休み以降センター試験以前（H30/8/1～H31/1/18）｜4：センター試験以降（H31/1/21～）

注）アンケート用紙は2019年度版を掲載しています。2017～2019年度における質問事項は、
　　年月日を除き同一です。大学名は■で塗りつぶしています。

〔第4章　第4節（その2）〕

⑦　■■大学に入学することに関しての満足度は？　　　　　　　　　　　3-⑦ ☐
　　1：本意（とても満足）｜2：まあ本意（まあ満足）｜3：やや不本意（あまり満足していない）｜4：不本意（満足していない）

⑧　■■大学の学部・学科等に入学することに関しての満足度は？　　　　3-⑧ ☐
　　1：本意（とても満足）｜2：まあ本意（まあ満足）｜3：やや不本意（あまり満足していない）｜4：不本意（満足していない）

⑨　⑦、⑧で回答した満足度の理由について、できるだけ具体的に記入してください。　3-⑨ 左下枠内に記載
　　┌─────────────────────────┐
　　（記述欄）
　　.
　　└─────────────────────────┘

⑩　現時点での■■大学卒業後の希望進路は？　　　　　　　　　　　　3-⑩ ☐
　　1：就職｜2：大学院への進学｜3：未定｜4：その他（　　　　　　　　）

Q4．大学入試についてお聞きします。

①　大学・学部（学科・専攻・専修・領域・コース）を決定する際、「教員免許」を取得できることについて、どの　4-① ☐
　　程度重視しましたか。
　　1：とても重視した｜2：まあ重視した｜3：どちらともいえない｜4：あまり重視しなかった｜
　　5：まったく重視しなかった

Q5．■■大学の広報についてお聞きします。

①　あなたが参加したことがある■■大学の広報活動を教えてください（複数回答可）　5-① ☐☐☐
　　1：夏（8月）のオープンキャンパス｜2：秋（11月）のオープンキャンパス｜3：各地での進学説明会
　　4：大学の教職員による高校訪問｜5：九州地区国立大学合同説明会｜6：参加なし

②　あなたが見たり聞いたりしたことがある■■大学の広報活動や媒体を教えてください（複数回答可）　5-② ☐☐☐
　　1：大学ホームページ｜2：受験生のための大学案内｜3：広報誌（鹿大ジャーナル・鹿大だより）｜
　　4：大学概要｜5：大学紹介（動画）｜6：受験雑誌広告｜7：市電広告（車内広告）｜
　　8：新聞広告｜9：入試広告ポスター｜10：新聞記事・テレビニュース｜
　　11：その他（具体的に：　　　　　　　　　　　　　　　　　　　　）
以下③〜⑤は、①の問いで、「1：夏（8月）のオープンキャンパスに参加された」方に伺います。

③　オープンキャンパスに参加した時期を教えてください。（複数回答可）　5-③ ☐☐☐
　　1：高校入学前｜2：高校1年生｜3：高校2年生｜4：高校3年生｜5：高校卒業後

④　オープンキャンパスの情報はどこから得ましたか？（複数回答可）　5-④ ☐☐☐
　　1：大学ホームページ｜2：大学パンフレット（大学案内）｜3：大学ポスター｜4：高校の先生｜
　　5：知人・友人｜6：家族・親戚｜7：予備校・塾｜8：入試説明会｜9：受験会社WEBサイト｜
　　10：受験雑誌｜11：市電広告｜12：新聞広告｜13　テレビ・ラジオのニュース｜
　　14：その他（具体的に：　　　　　　　　　　　　　　　　　　　　）

⑤　オープンキャンパスに参加されたとき、知りたかった情報は何ですか？（複数回答可）　5-⑤ ☐☐☐
　　1：入試関連情報｜2：教育内容（授業科目など）｜3：卒業後の進路、資格｜4：研究内容｜
　　5：その他（具体的に：　　　　　　　　　　　　　　　　　　　　）

Q6．■■大学ホームページについて

①　1：見たことがある｜2：見たことがない　　　　　　　　　　　　6-① ☐
以下②〜⑥は、①の問いで、「1：見たことがある」と答えた方にお聞きします。

②　ホームページのデザインは見やすいですか？　　　　　　　　　　　6-② ☐
　　1：見やすい｜2：見にくい｜3：どちらでもない

③　探したい情報はすぐに見つかりましたか？　　　　　　　　　　　　6-③ ☐
　　1：見つかった｜2：見つからなかった｜3：載っていなかった

④　探したけれど見つからなかった情報は？（記述式）　　　　　　　　6-④ 左下枠内に記載
　　┌─────────────────────────┐
　　（記述欄）
　　.
　　└─────────────────────────┘

⑤　ホームページの問題点や改善点などがありましたら、記入してください。（記述式）　6-⑤ 左下枠内に記載
　　┌─────────────────────────┐
　　（記述欄）
　　.
　　└─────────────────────────┘

⑥　今後、ホームページに掲載して欲しい情報などがありましたら、記入してください。（記述式）　6-⑥ 左下枠内に記載
　　┌─────────────────────────┐
　　（記述欄）
　　.
　　└─────────────────────────┘

アンケートは以上です。ご協力ありがとうございました。

〔補論 第2節「2」(その1)〕

2016年度　■■大学　オープンキャンパス（広報）アンケート
※　回答は、該当する番号等を〇で囲む問いと、上位順に番号を答える問いがあります。

1.　あなたのことについてお聞きします。

①　現在の学年は？
　1　中学生　2　高校1年　3　高校2年　4　高校3年　5　既卒生等　6　保護者等

②　性別は？　　1　男　　2　女

③　在籍または出身高等学校所在地は？（九州地区以外は、都道府県名でお答えください。）
　1　鹿児島　2　福岡　3　佐賀　4　長崎　5　大分　6　熊本　7　宮崎　8　沖縄
　9　その他　　（　　　　　　　　　　　）

2.　あなたの情報入手手段についてお聞きします。

①　情報収集のための機器の保有状況についてお聞きします。
　・　スマートフォン　　1　持っている　　2　持っていない
　・　携帯電話　　　　　1　持っている　　2　持っていない
　・　パソコン　　　　　1　持っている　　2　持っていない
　・　タブレットPC　　　1　持っている　　2　持っていない

②　あなたが利用しているSNSを教えてください。（上位3つまで）
　1　LINE　　2　twitter　　3　facebook　　4　Google+　5　mixi　　6　Instagram
　7　kakaotalk　8　その他（　　　　　　　　　　　　）　9　利用していない

3.　■■大学についてお聞きします。

①　現時点での■■大学の志望順位は？
　1　第1志望　　2　第2志望　　3　第3志望以下　　4　志望しない

②　志望学部は？（上位3つまで、志望順に番号でお答えください）
　1　法文学部　2　教育学部　3　理学部　4　医学部医学科　5　医学部保健学科
　6　歯学部　7　工学部　8　農学部　9　水産学部　10　共同獣医学部　11　未定・その他

第1志望	第2志望	第3志望

③　志望する主な理由は？（上位3つまで）
　1　国立大学だから　　2　出身地に近い　　3　学生への支援制度が充実している
　4　自分の学力に合っている　5　受験科目が合っている　6　学びたい学部・学科がある
　7　学びたい研究・教員がいる　8　家族（親・兄弟）・親戚が■■大学出身・在籍
　9　取得したい資格があった　10　就職に有利だと考えた　11　部活やサークル
　12　高校の先生の勧め　13　保護者の勧め　14　先輩の勧め　15　親戚、兄弟が鹿児島にいる
　16　確実に合格したい　17　その他（具体的：　　　　　　　　　　　　　　　　）

4.　■■大学では、平成29年度入試より「英検準1級」や「TOEFL　IBT72点以上」など、外部英語試験で一定スコア基準を満たす受験生については、大学入試センター試験の「外国語」を満点とする希望者優遇制度を設けます。この制度についてお聞きします。

①　この制度は、あなた自身の英語の学習意欲を高めてくれる。
　1　とてもそう思う　2　まあそう思う　3　どちらともいえない
　4　あまりそう思わない　　5　まったくそう思わない

②　この制度を活用して、■■大学へ出願したい。
　1　とてもそう思う　2　まあそう思う　3　どちらともいえない
　4　あまりそう思わない　　5　まったくそう思わない

〔補論 第2節「2」(その2)〕

5. ■■大学の広報活動についてお聞きします。

① あなたが見たり聞いたりしたことがある■■大学の広報活動や媒体は？（上位3つまで）

1　ホームページ　　2　大学パンフレット（受験生のための大学案内）　　3　大学概要

4　大学ポスター　　5　大学広報誌　6　Youtube　大学紹介（動画）

7　市電広告（車内広告）　　8　新聞広告　　9　その他（具体的に：　　　　　　　　　）

6. ■■大学のホームページについてお聞きします。

① 　1　見たことがある　　　2　見たことがない

② ■■大学ホームページを見たことがある方にお聞きします。

・ホームページを見る時に一番利用する情報機器は？

1　スマートフォン　　2　パソコン　　3　タブレット端末（iPad等）　　4　携帯電話

・ホームページは見やすいですか

1　見やすい　　　　　2　見にくい　　　3　どちらでもない

・探したい情報はすぐに見つかりましたか

1　すぐに見つかった　2　見つからなかった　3　載っていなかった

③ ホームページで知りたい情報やホームページの改善点があれば記入してください（自由記述）

7. ■■大学のオープンキャンパスについてお聞きします。

① オープンキャンパスに参加した理由は何ですか？　（上位3つまで）

1　■■大学を受験希望　2　大学受験の参考　3　学校の行事　4　先生の勧め

5　家族の勧め　6　友人の誘い　7　その他（　　　　　　　　　　　　　　　　　　　　）

② 今回のオープンキャンパスで知りたかった情報は何ですか？（上位3つまで）

1　入試関連情報　2　教育内容（授業科目など）3　卒業後の進路　4　取得できる資格

5　研究内容　　　　6　設備・環境　　7　部活・サークル　8　入学後の学生生活

9　学生支援制度（学生寮・奨学金・留学など）　10　その他（　　　　　　　　　　　　）

③ 今回のオープンキャンパスへ参加するときに参考にした情報は？（上位3つまで）

1　大学ホームページ　2　高校の先生　3　大学パンフレット　　4　家族・親戚

5　知人・先輩　6　大学ポスター　　7　入試説明会　8　大学の先生の話（出前授業等）

9　予備校・塾　10　受験雑誌・受験会社WEBサイト　11　新聞広告　12　市電広告

13　その他（　　　　　　　　　　　　　　　　　　　　　　　　　　　　　　）

④ オープンキャンパスに参加した感想について、記入してください（自由記述）

⑤ オープンキャンパスへの要望・改善点があれば記入してください（自由記述）

以上ご協力ありがとうございました。

索 引

＜索引＞

著者略歴

竹内正興（たけうちまさおき）

現　在　香川大学人文社会科学系アドミッションセンター教授　博士（教育学）
2014年　鹿児島大学総合教育機構アドミッションセンター　准教授
2020年　広島大学高大接続・入学センター　准教授
2021年　香川大学人文社会科学系アドミッションセンター　教授
現在にいたる

不本意入学になる人とならない人の分岐点
第一志望でなければ不本意なのか

2022年 2月28日　初版　発行

著　　　者　　竹内正興
発　行　所　　広島大学出版会
　　　　　　　〒 739-8512　東広島市鏡山一丁目2番2号
　　　　　　　広島大学図書館内
　　　　　　　TEL 082-424-6226　FAX 082-424-6211
　　　　　　　URL https://www.hiroshima-u.ac.jp/press
印刷・製本　　サンヨーメディア印刷株式会社

ISBN978-4-903068-57-2